Alles Liebe?

NordBuch e. V. (Hrsg.)

Alles Liebe?

Fundstücke:
Prosa und Poesie

ihleo ◐ verlag

Bibliografische Information
der Deutschen Nationalbibliothek

Die Deutsche Nationalbibliothek verzeichnet diese Publikation
in der Deutschen Nationalbibliografie; detaillierte bibliografische
Daten sind im Internet über http://dnb.d-nb.de abrufbar.

Impressum

© ihleo verlag, Husum 2023

Umschlagabbildung:
  MHJ © iStock 2023

Gesamtherstellung
  ihleo verlagsbüro – Dr. Oliver Ihle
  Schlossgang 10, 25813 Husum
  info@ihleo.de, www.ihleo-verlag.de

ISBN 978-3-96666-083-9

Inhalt

Vorwort

Liebe Leserinnen und Leser,

wir haben für alle, die dieses Buch zur Hand nehmen, Geschichten und Gedichte sowie Essays über die „Liebe" ausgewählt. Zugleich präsentieren wir uns damit als Literaturverein NordBuch e. V. in der Reihe *Fundstücke* in einem neuen Outfit.

Mit der Gewissheit, dass wir Menschen – Liebende – uns allem Geschehen und unserer Gefühlswelt stellen können, wollen und müssen, haben Autorinnen und Autoren sich in einem weiteren Werk zeitgenössischer Literatur der Frage gewidmet, was Liebe ist: Wir wollen dem Glück und dem unterschiedlichsten Empfinden von Liebe und Leid mit Herzschmerz und Freude oder Traum wie den Entdeckungen zu der vielseitigen Natur von „Liebe" literarisch auf der Spur sein.

Ihnen werden poetische und liebevolle, zornige und erotische Stimmungen mit einigen Erlebnissen, Erinnerungen und Erklärungen in einem anspruchsvollen Bogen voller Emotionen, Spannungen und Heiterkeit wie traurigen, melancholischen und abenteuerlichen Gefühlen begegnen.

Von den eingereichten Manuskripten hat eine Jury diejenigen herausgesucht, die in diesem Band veröffentlicht werden. Zudem wurden vier Autorinnen und Autoren für die beste Lyrik und die beste Prosa als preiswürdig ausgewählt. Das sind:

* Dr. Rolf Kamradek und Barbara Schleich für Lyrik.
* Jutta Haar und Joachim Frank für Prosa.

Haben Sie Freude daran, den für Sie besten Beitrag zu finden. Das Spektrum der Möglichkeiten, eine Antwort zu den herausfordernden Worten der Liebe und die vielleicht einzig „wahre Liebe" zu finden, ist weit.

Der NordBuch e.V. ist dem Verleger Dr. Oliver Ihle dankbar, dass er sich der Anthologie *Fundstücke für Lyrik und Prosa: „Alles Liebe?"* angenommen hat. Vito von Eichborns Erbe nimmt damit ein erfahrener Lektor, ausgewiesener Literaturliebhaber und etablierter Buchproduzent auf. Sein *ihleo verlag* aus dem Küstenstädtchen Husum ist für außergewöhnliche Bücher, eigene Stimmen und höchstes herstellerisches Niveau bekannt.

Allen Leserinnen und Lesern wünsche ich mit dieser Zusammenstellung des Facettenreichtums der Liebe, und wie wir Liebe individuell erleben wie auch ihren Wandlungen begegnen, spannende und erkenntnisreiche Erzählungen, Geschichten und Gedichte der zeitgenössischen Literatur – mit berührenden, zu Herzen gehenden oder imaginären illustren Momenten, die nachhaltig wirken und erfreuen.

Christel Mirus-Bröer
Vorsitzende NordBuch e. V.

Georg von Sternberg

Alles dreht sich um die Liebe

Da kann einer sagen, was er will: Bei uns Menschen dreht sich mehr oder weniger alles um die Liebe. Es ist ein Thema, das jeden interessiert. Das war schon immer so, nicht erst seit der Steinzeit. In den Epochen davor, so heißt es, etwa vor 60 000 Jahren, kamen unsere Vorfahren aus Afrika nach Asien, nach Nord- und Südamerika, nach Australien und auch nach Europa. Sogar bis dahin, wo heute Bielefeld liegt! Sie lebten in kleinen Gruppen zusammen und zogen gemeinsam umher.

In der Gemeinschaft war der Einzelne geschützter und sicherer. Doch dann wurden die Menschen sesshaft, bezogen Höhlen und Hütten, legten Felder an, hielten Nutztiere und begannen sich räumlich und persönlich von den anderen zu distanzieren. Damit änderte sich für den Einzelnen nicht nur der Umgang mit allen anderen Menschen, sondern auch das Geschehen in der Liebe. Als die Menschen noch in Gruppen zusammenlebten, teilten sie alles miteinander, aßen zusammen und verbrachten die Abende gemeinsam in einer Höhle am Lagerfeuer. Was danach während der Nachtruhe geschah, ist nicht detailliert überliefert, jedoch war einige Monate später nicht immer klar, wer der Vater der Kinder war, die draußen gemeinsam vor der Höhle spielten. Es interessierte aber auch niemanden.

Mit der Sesshaftigkeit kam neben dem Privateigentum – *mein Feld, mein Vieh, meine Hütte, meine Frau, meine Kinder* – und dem Egoismus ein weiteres Gefühl hinzu: die Eifersucht. Eines sonnigen Tages, mitten im Neolithikum, nehmen wir an etwa im Sommer 4995 v. Chr., als die Menschen auch hierzulande sesshaft geworden waren, in Höhlen oder Hütten lebten, vielleicht an einem Fluss im späteren Schleswig-Holstein, beschwerte sich ein Mann laut pöbelnd bei seinem Nachbarn: „Du warst vorhin in meiner Hütte, ohne mich zu fragen! Was hattest du da an meiner Frau rumzufummeln? Ich verbiete das, möchte das nicht mehr! Lasse zukünftig deine Finger von ihren Dingern, sonst kriegste was drauf!"

Bestimmt wurden bald danach Kriege erfunden, die unser Dasein bis heute bereichern. Und Waffen auch, wahre Mord- und Massenmordinstrumente sind entstanden, um möglichst schnell und einfach viele Menschen zu töten. Von der Armbrust zur Atombombe, sozusagen. Das Ganze nennt man beschönigend Kriegskunst. Aber ich schweife ab, denn mit Liebe haben Kriege absolut nichts zu tun und mit Kunst schon überhaupt gar nicht!

Doch zurück zum Thema: Mit der Eifersucht fingen die Probleme an, die uns Menschen seither in der Zweisamkeit beschäftigen. Heute, über 7000 Jahre nach der Pöbelei am Fluss, sind wir Menschen in allem sehr viel weiter. Das Zusammenleben ist juristisch geregelt, unsere Höhlen und Behausungen hatten bis vor Kurzem sogar noch verlässlich Heizung und Warmwasser und der Beischlaf ist, wie wir erleben mussten, juristisch – ach, kacheln wir man besser nicht weiter darauf herum. Schlagertexte beispielsweise sind voll davon, was die Liebe uns Menschen bedeutet: frische Liebe, enttäuschte Liebe, verlorene Liebe, unerreichbare Liebe, alte Liebe, neue Liebe und sowieso alle Varianten von Herz, Schmerz, Tränen und Sehnsucht. Wir erfahren auch, dass das beste Mittel gegen eine alte Liebe eine neue ist, und wir haben längst verstanden, dass ein Kuss die wortlose Sprache der Liebe ist. Aber in den Schlagertexten wird man wohl nie eine Antwort darauf bekommen, was die Liebe genau ist. Zu vielfältig die Varianten, in denen sich die Liebe zeigt, zu unterschiedlich die Gefühle, die jeder einzelne Mensch bei der Liebe erlebt. Es hat wohl jeder seine eigenen Vorstellungen von der wahren Liebe. Aber die Zweisamkeit beschäftigt uns alle täglich: Wer allein lebt, ist meistens einsam, kennt kalte, traurige Nächte und verregnete Tage und sucht sich jemanden zum Schmusen und Zusammenleben. Schon damit die Nächte wärmer werden und die Tage sonniger. Wer gemeinsam mit einem Partner lebt, kennt neben Liebe, Freud' und Leid oft auch zerschmissenes Porzellan, Pöbeleien und Versöhnungsrituale. Dazu gibt es unzählige, humoristische Beispiele, frei nach dem Humoristen Markus Krebs, über die man lachen mag oder auch nicht: „Gestern Abend kam ich hundemüde von der Arbeit, wollte duschen und mich auf die faule Haut legen! Aber die war gar nicht zu Hause!" Oder: „Warum spielen Frauen über 40 nicht mehr verstecken? Weil sie keiner sucht!" Oder: „Er: ‚Liebling, sag mal, wie viel wiegst du?' Sie: ‚Das sag ich nicht!' ‚Och, bitte, wenigstens die ersten drei Zahlen!'" Oder Seitensprünge: Sie sind eine stets aktuelle Problematik und begleiten die Liebenden seit jeher und wohl für immer. Sie passieren zwar Männlein und Weiblein gleichermaßen, jedoch haben es die Frauen bisher verstanden, es so aussehen zu lassen, als würden nur Männer fremdgehen und sie selbst seien unschuldig wie Engelchen mit güld'nen Haaren und güld'nen Flügeln. Sie machen eben die bessere Öffentlichkeitsarbeit!

Dazu stellen wir uns folgende Situation vor:

Claudia sah ihm direkt ins Gesicht: „Warum hast du mir das angetan? Ich dachte, du liebst mich!"

Klaus wich ihrem Blick aus. Was sollte er darauf antworten? So schwieg er, schwieg wie einer, der entdeckt worden war, dessen Treiben aus der Dunkelheit ans Licht gekommen war und der nun nicht wusste, wie sein Treiben zu rechtfertigen wäre.

Traurig, tief enttäuscht, mit Tränen in den Augen, flüsterte sie schluchzend nach einigen Momenten: „Du hattest gesagt, es sei für immer. Nein, du hattest es mir sogar versprochen! Und trotzdem warst du mit irgendeinem billigen, dreckigen Flittchen im Bett!" (Das Flittchen war wahrscheinlich gar keines!)

„Es tut mir leid! Ich hatte es wirklich ehrlich gemeint, aber …"

„Natürlich", klagte Claudia, „natürlich bist du unschuldig. Das war ja klar! Ich hätte auf meine Freundin hören sollen, die kennt sich mit Männern bestens aus, die wusste schon, warum sie mich sehr eindringlich vor dir gewarnt hatte!"

„Ach, sprichst du von – Ramona?"

„Ja, natürlich – von wem denn sonst?"

„Ach, äh …, nur so! Sag mal … Wenn ich dir jetzt versprechen würde, sogar schwören würde, dass sowas nie wieder geschieht, würdest du mir verzeihen? Ich meine es ganz ehrlich!"

Auch an diesem Beispiel sehen wir, dass wir Menschen uns mit der Treue sehr schwertun, zu groß sind die Verlockungen des anderen Geschlechts.

„Und ewig lockt das Weib!" Über die Liebe sind schon unzählige Verse gedruckt, geschrieben oder zu Urzeiten in Tonplatten gekratzt worden. Im alten China, vor 3000

Jahren, wurden Zeichnungen und Texte erstellt, die Praktiken zum abwechslungsreichen Beischlaf darstellen und beschreiben. Aus Indien kam vor etwa 1950 Jahren das Werk „Kamasutra" zu uns. Es gehört zur indischen Tradition der Lehrwerke über Erotik. Es beeindruckte und beeindruckt bis heute vor allem durch textliche und bildliche Beschreibungen von Möglichkeiten und Positionen, die beim Sexualverkehr vorteilhaft sein können und möglich sind. Auch aus dem alten Griechenland sind viele Erkenntnisse zum Thema Beischlaf schriftlich überliefert.

Ein wirklich guter, unbedingt lesenswerter Ratgeber sei hier dringend empfohlen. Der Sozialpsychologe Erich Fromm hat ihn uns hinterlassen. Sein Buch „Die Kunst des Liebens" behandelt das Thema Liebe in der Tiefe und Breite und gibt Antworten auf damit zusammenhängende Fragen. Er sagte dazu: „Es gibt kaum ein Unterfangen, das mit so ungeheuren Hoffnungen und Erwartungen begonnen wird und das mit einer solchen Regelmäßigkeit fehlschlägt wie die Liebe!"

Ach, das macht Hoffnung, er beschreibt in dem Buch die Liebe als eine Kunst, die man erlernen kann. Immerhin.

Elisabeth
Melzer-Geissler

Die Liebe

Die Liebe
ist
wie das Meer
und
wie Ebbe und Flut

Kampf
zwischen
Dürre
und
Landunter

Plätschern
die Wellen
im Gleichmaß
versinkst du
in den Dünen
der Langeweile

Selbst
wo der Himmel

sich spiegelt
tanzen
Wolkenschatten
mit dem Blau
um die Wette
und
mit den Funken
der Sonne

Mutter

Ich wünschte
noch einen
gemeinsamen Blick
in die Dämmerung

Stille
Gespräch
Heiterkeit und
Tränen

Meine
Hand
in deiner

Bevor du wegläufst

Bevor
du wegläufst
denk an
morgen
und
pflanze
Kletterranken
ans Spalier

dass
eine Blüte
sich zur andern
finde
je länger
je lieber*

---

* Geißblattgewächse (Caprifoliaceae), auch „Jelängerjelieber"
genannt

Kariertes Bettzeug

Kästchen für Kästchen
trennt mich von dir

Kreisrunde Gedanken
eingesperrt
im viereckigen Muster
der Gewohnheit

Einer Fliege gleich
gleitet meine Hand
über das Gitter
trifft auf deine und
bricht
die erste Latte im Zaun

Worte
finden
den
Weg
aus dem Labyrinth
der Sprachlosigkeit

Noch einmal

noch einmal …

Klettern
in den Baum
der Kindheit

Im Wipfel
den Himmel
grüßen

Träume
fliegen lassen
gleich Tauben

Mitziehen

noch einmal …

Schwingen
bis zum Rand
der Wolken

Auf und Ab
Zwischenwelten spüren
ohne Angst vor Berührung

Erde
erfassen
im Sprung

Aufrichten

Sibylle Hallberg

Auf dem Holzsteg

Liebe und Glück sind
Zauber und Wunder zugleich
Wertvoller als Gold

Zufällig habe ich vorhin einen Brief an Maria Benemann auf Richards Schreibtisch gefunden. Fassungslos und wie gelähmt habe ich daraus ein Gedicht über seine angebliche Liebe zu ihr überflogen. Nein, es ist nicht für mich – er nennt sie schamlos beim Namen und beginnt jede Strophe mit „Nur für dich"! Hals über Kopf bin ich aus dem Haus gelaufen.

Und jetzt sitze ich hier auf dir morschem Steg am Elbstrand, auf diesem scharfkantigen Stück Treibholz, das mich wie ein Kind auf seinen rauen Knien trägt. Mit geschlossenen Augen lausche ich dem gleichmäßigen Rauschen der auslaufenden Wellen. Dein standhaftes Holzbrett, das ich immer wieder zärtlich streichele, muss vor langer Zeit ein stattlicher Baum gewesen sein, voller Leben in seiner rauschenden Krone. In ihr hätte ich damals gerne gewohnt und alles Schwere hätte mich verschont. Ich aber habe immer unter Menschen gelebt – ich liebe sie doch! Ich spüre genau, wie das Holz seine Schwingungen an mich aussendet, wie es zu mir von seinem eigenen Leben spricht. Sind wir miteinander verbunden und halten uns an den Händen?

Lieber Steg, wie ist es möglich, dass mein Atem schon wieder so ruhig geht? Darf ich dir meine Geschichte erzählen, und wirst du mir Rat geben? Wenn die Sonne untergeht, will ich wieder nach Hause gehen. Ich muss sein Herz mit allen Mitteln der Liebe zurückerobern!

Ich heiße Ida und bin vierundvierzig Jahre alt. Am vierzehnten Januar achtzehnhundertsiebzig wurde ich in Bingen am Rhein geboren. Vater Rhein fehlt mir nicht mehr, seitdem mich das seichte Wasser der Elbe umfängt. Jetzt gerade spüre ich die Strömung bis in meinen Kopf hinauf, sie löst den Knoten in meinem Hirn und macht mir Mut, später die richtigen Worte und Gesten zu finden, um Richard zurückzugewinnen und den letzten Ausweg nicht gehen zu müssen. Du musst wissen, dass ich dem Tode immer ganz nah war, ob überglücklich oder vollkommen verzweifelt. Ich weiß, es war damals nicht fair, ihm zu schreiben, ich würde aus dem Leben gehen, wenn er bei Paula und Hedwig bliebe. Aber verlangt die Liebe nicht nach äußersten Mitteln? Es war doch recht, denn mein zerrissenes Leben fand so seinen Sinn, seine Berechtigung und seine Bestimmung: Und die hieß Richard, heißt immer nur Richard!

Der Weinhandel meines Vaters hat mich nie gereizt. Ich war ein verträumtes Mädchen am Klavier, mit wachsender Leidenschaft für Literatur und Kunst. Nach dem frühen Tod meiner Mutter hatte ich das Lachen verlernt; während meine Schulkameradinnen kichernd die Köpfe zusammensteckten, lebte ich in meiner eigenen Welt, die ich in kleine Gedichte kleidete. Heinz war meine erste Liebe, aber mein strenger Vater zerstörte sie ohne Rücksicht auf meine Gefühle und brach mir damit mein junges, unschuldiges Herz. Durch Zufall lernte ich Stefan George kennen, der mir seine aufregende Lyrik zeigte und mir bald auch den Hof machte. Vom Gespräch mit dem Dichter über die Dichtkunst fühlte ich mich angezogen und bereichert, doch instinktiv spürte ich, dass sein blasser Körper für die Liebe zwischen Mann und Frau gar nicht gebaut war. In der Tat widmet er sich inzwischen der Erziehung und Ausbildung schöner deutscher Jünglinge, erhebt sie zu sittlicher Größe im Sinne der Antike und formt sie zu leidenschaftlichen Helden des Geistes.

Mein Vater setzte alles daran, mich schnell standesgemäß zu verheiraten, und zermürbte mich zusehends mit ständigen Besuchen angeblich geeigneter Kandidaten. Irgendwann sagte ich ja und wurde in Berlin Frau Konsul Auerbach. Mein Ehemann ging seinen Geschäften nach, während ich einen Salon führte und Künstler miteinander bekanntmachte. Ich trug meinen Sohn Heinz Lux unterm Herzen, auf diesem Namen bestand ich, als mir eines Tages wie durch göttliche Fügung Richard begegnete. Kurz darauf war ich ihm heillos verfallen. Die Glut seiner Augen und seiner Gedichte wiesen mir den Weg direkt in sein Herz. Ich wusste, ich würde seine künftige Frau und Muse sein, sein Kompass und die Hüterin seiner Schätze. War ich doch viel reiner und feiner als seine Frau oder seine Geliebte. Ich vermochte ihn in seinem Innersten zu erreichen, so dass unsere Seelen und Körper begannen, sich im Takt der Liebe zu bewegen. Als mein Mann als Betrüger entlarvt wurde, ergriff ich die unverhoffte Gelegenheit und reichte die Scheidung ein. Richard musste ich für sein Glück unter Druck setzen, stand er doch verzagt zwischen drei Frauen. Er konnte sich schließlich nur für mich entscheiden, für die Frau, die er wirklich liebte und begehrte.

Neunzehnhunderteins wurden wir getraut. Meinen Sohn nahm Richard wie sein eigenes Kind an, was meine Liebe zu ihm nur noch erhöht und noch wertvoller gemacht hat. An Heinz Lux hänge ich mit zärtlicher Mutterliebe, die mir täglich aufs Neue versichert, dass diesem einzigartigen Jungen nichts anderes als eine sonnige Zukunft beschieden sein wird.

Die große Liebe, zu der Richard und ich uns von Anbeginn offen bekannt haben, führte uns nicht nur ins Paradies auf Erden, sondern sie bildete auch den stärksten Schild gegen alle bürgerlichen Anfeindungen, und, was nur durch meine Hingabe an ihn möglich wurde, sie beflügelte seine Dichtkunst auf so ungeheure Weise, dass er, Richard Dehmel, von seinen Anhängern bald „der zweite Goethe" genannt wurde. Ohne schamhafte Hemmungen, frei von gesellschaftlichen Fesseln pries er in seinen Versen unser beider sinnliche Verschmelzung. Ich war glücklich und stolz, dass er sich selbst von der Verfolgung aus prüden deutschen Amtsstuben nicht beeindrucken ließ und unsere Liebe unbeirrt mit den aufrichtigsten Worten seiner Lyrik feierte.

Es zog uns hierher, nach Blankenese, ganz in die Nähe von Richards liebem Freund Detlev von Liliencron, wir mieteten eine geräumige Wohnung mit Elbblick und gestalteten sie frei nach unseren Vorstellungen von Stil und Eleganz. Nachdem wir bald Zugang zu Hamburger Künstlerkreisen gefunden hatten, konnte ich meinen literarischen Salon neu beleben. Ich liebe diese geselligen und inspirierenden Zusammenkünfte, trage dabei wertvollen Schmuck zu märchenhaften Gewändern – nicht selten von Richard selbst entworfen – und sehe meine besondere Aufgabe darin, vielversprechende Schriftsteller zu unterstützen und zu fördern. Richard hat lange für die

Veröffentlichung von „Zwei Menschen", seinem großen Roman in Romanzen, gearbeitet, danach an der Gesamtausgabe seiner Werke. Neben unserem Haushalt mit all seinen Festlichkeiten nehme ich mir viel Zeit für lebhafte Korrespondenzen, auch mit meiner Schwester Alice in Mannheim. Sie engagiert sich an vorderster Front im Bund deutscher Frauenvereine und hat mich ermutigt, in Hamburg auch einen Frauenverein zu gründen, um mich auf meine Weise für die Gleichberechtigung einzusetzen. Mir ist schon lange klar, dass die besten Künstlerinnen viel zu wenig wahrgenommen werden, jetzt will ich auch nicht mehr hinnehmen, dass selbst die klügsten Frauen weder Wahlrecht noch Zugang zu höheren Ämtern haben.

Im vergangenen Jahr ist Richard fünfzig geworden und hat sich einen großen Wunsch erfüllt, nämlich die Besteigung des Montblanc. Für mich aber war und ist das Größte das neue Haus in Blankenese, das der Architekt Walther Baedeker für uns gebaut hat und in das wir fünfzig liebe Freunde aus Hamburg und Blankenese zu einer großen Geburtstagsfeier einladen konnten, auf der sie Richard das Anwesen offiziell zum Geschenk machten. Im Vorwege hatte ich unendlich viele Fäden gezogen und immer wieder ausgiebige Gespräche mit einflussreichen Menschen geführt, die meinen geliebten Mann und seine Kunst verehren. Nur so konnte es gelingen!

Mein Leben mit Richard und Heinz Lux schien lange Zeit vollkommen und meine Glückseligkeit ganz ungetrübt. Dabei war mir immer bewusst, dass es in meiner Natur liegt, für meine Träume und Illusionen manches zu übersehen oder auszublenden. Manchmal befällt mich eine innere Unruhe, ja die Vorahnung, übermächtige Kräfte, auf die ich keinen Einfluss habe, könnten meine wunderbare Welt zerstören. Hier bei dir, mit dem Blick auf die weite Elbe, da fühle ich, dass ich mein Herz ohne Furcht öffnen kann und dass du tatsächlich in der Lage bist, die Last von mir zu nehmen. Du gibst mir meine Stärke und meine Sicherheit zurück, die ich eben noch verloren glaubte. Dabei bist du doch nur ein alter, hölzerner Steg, und trotzdem drängt es mich, dir unbedingt anzuvertrauen, dass ich nicht nur einmal schmerzlich erfahren habe, wie Richard von seinen Trieben fortgetragen wurde. Um unseren unvergleichlichen Bund nicht zu gefährden, habe ich in letzter Zeit mit aller Kraft versucht, mit meiner reinen, tiefen Liebe einen Schutzwall um ihn zu errichten.

Diese Maria Benemann hält sich für eine große Dichterin, seit sie einmal Gast in unserem Haus war, und traut sich nun offenbar auch die Rolle der Verführerin zu. Ich werde sie noch einmal einladen und sie auf liebenswürdige, aber ebenso entschlossene Weise mit meinem unerschütterlichen Wall konfrontieren und sie davon überzeugen, dass sie ihn weder mit der größten Anmut noch mit ihrer jugendlichen Schönheit überwinden kann. Ich weiß, ich bin stark und Richard braucht mich wie die Luft zum Atmen. Ich bin Frau Dehmel!

Ich danke dir, mein lieber Steg, ich muss jetzt gehen.

Quellennachweise

Matthias Wegner: „Aber die Liebe" – Der Lebenstraum der Ida Dehmel

Thomas Karlauf: „Stefan George" – Die Entdeckung des Charisma

Ingeborg
Jakszt-Dettke

Du bist überall

Flüsternde Wellen
Harziger Wein
Ouzo zum Sonnenuntergang

Vergangenheit blickt mich an
Lächelt mir zu
Verschmilzt mit dem JETZT

Ich fühle mich
Losgelöst
Frei

Erinnere Dich

Wir streifen
durch Wälder
fragen Bäume nach ihren Namen

erkunden
fremde Straßen
Düfte verzaubern uns

stemmen
uns lachend gegen den Wind
von Himmel und Meer berauscht

Willst Du?

Langsam gleitet das Boot
glitzert und funkelt das Meer
tanzen Spiegel auf den Wellen
Wolkentiere segeln am Himmel

In einem von ihnen bist DU
lächelst verschmitzt, winkst mir zu
stolz auf diesen Logenplatz
die ganze Welt liegt Dir zu Füßen

Ich fühle mich getröstet
Es geht Dir gut da oben?

So viele Tränen
nicht geweint –
erdrücken mich

So viele Schreie
ungeschrien –
ersticken mich

So viele Gedanken
mit Dir geteilt –
befreien mich

Sönke Knickrehm

Frankreich

September 2016, eine Reisegeschichte

Einst wohnte ich am Großneumarkt in Hamburg, in der Steinwegpassage 28, einem Eckhaus von 1878, dessen linker Flügel in der Wexstraße stand und dessen rechter Flügel annähernd rechtwinklig dazu in der Steinwegpassage. Zwischen diesem Haus und dem Neubau der Baubehörde, einem riesigen Klotz aus den sechziger Jahren, erstreckten sich große Parkflächen, die zum größten Teil zur Baubehörde gehörten. Diese Parkflächen blieben nachts meist unverschlossen und wurden deshalb gern von Einheimischen wie von Nachtschwärmern genutzt. Einige kleine Areale, die verschiedenen Besitzern oder Pächtern gehörten, waren mit einfachen Drahtzäunen davon abgeteilt.

Einer dieser Drahtzäune umschloss unser Grundstück von der linken, hinteren Hausecke bis zu einer kleinen Seitengasse, dann an der kleinen Gasse entlang bis zu unserer rechten, hinteren Hausecke. Eingeschlossen von unserem Haus und diesem Zaun war ein kleiner, unterhalb des Straßenniveaus gelegener Hof mit einer noch kleineren betonierten Fläche, auf der die Mülleimer standen und zu der man vom Haus aus über die Kellertreppe Zugang hatte. Zum Parkplatz, der unserem Grundstück benachbart war, sowie zu der kleinen Seitengasse hin erhob sich das Gelände, und auf dieser knapp einhundert Quadratmeter großen Böschung, die wie das gesamte Parkplatzgelände aus Bauschutt und Kriegstrümmern bestand, legte ich meinen ersten Garten an.

Die Mülleimer stellte ich von da an immer ordentlich in einer Reihe entlang der Hauswand auf, um ausreichend Platz für einen Grill zu schaffen, die niedrige Umfassungsmauer des Hofes bot sich – mit Kissen belegt – als Sitzgelegenheit an. Stauden und andere Pflanzen bekam ich geschenkt, einige kaufte ich mir, und Adlerfarn wilderte ich im Wald. Neben einer Steintreppe, die ich angelegt hatte und die in einem Abstand von etwa zwei Metern zur Rückseite des Steinwegpassagenflügels zur Seitengasse hinaufführte, bildete der Adlerfarn schon nach einem Jahr einen größeren Bestand, und auch ein Schlingknöterich, Architektentrost genannt, den ich mit einem Moniereisengitter an der Hauswand emporführte, war ein voller Erfolg. Neben der Steintreppe baute ich mehrere Maurerbütten gestaffelt in die Böschung als Gartenteiche ein, die bei unseren Grillabenden, mit Schwimmkerzen bestückt, eine lauschige Atmosphäre erzeugten.

Eines Sonnabends, während ich in meinem Garten am Wurschteln war, sprach mich eine junge Frau an, die ihr Auto auf dem Behördenparkplatz abgestellt hatte und eigentlich zum Großneumarkt unterwegs war, um diesen und die umliegende Gegend zu erkunden, aber im Vorbeigehen doch neugierig wurde, was es mit dieser kleinen, grünen Oase inmitten der grauen Häuser und der festgewalzten Schotterplätze auf sich haben könnte. Sie blieb stehen, und schnell kamen wir ins Gespräch. Wir plauderten über mein Gärtchen, über den Großneumarkt und die Neustadt, und ich erbot mich, ihr die Gegend zu zeigen. Nachdem ich mich umgezogen hatte, verbrachten wir einen im höchsten Maße erfreulichen Nachmittag und Abend miteinander.

Während unseres angeregten Geplauders stellten wir schon bald fest, dass wir beide überzeugte Auto-Urlauber waren, das heißt, nicht nur mit einem normalen Pkw auf Reisen zu gehen, sondern auch in diesem Auto zu schlafen. Nachdem wir diese Gemeinsamkeit entdeckt hatten und ich Karen – so hieß die junge Frau – gehörig von Südfrankreich vorgeschwärmt hatte, beschlossen wir ebenso schnell, gleich in diesem Sommer gemeinsam mit dem Auto eben dorthin zu fahren.

Einen Urlaub komplett im Auto zu verbringen, bietet ungeahnte Vorteile, die denjenigen Menschen überhaupt nicht bewusst sind, für die es das Größte ist, drei oder vier Wochen bei Vollpension in einem überfüllten Touristenhotel zu verbringen. Wer im Auto Urlaub macht, ist nicht nur mobil ohne Einschränkungen außer der jeweils gültigen StVO, er hat auch die Möglichkeit, an Stellen zu übernachten, die es eigentlich wert wären, dass dort Fünf- oder Noch-mehr-Sterne-Hotels gebaut würden. Wenn diese Hotels aber nicht oder noch nicht gebaut sind, hat der Auto-Urlauber den großartigen Blick auf eine Bergkette, die sensationelle Aussicht über ein Tal oder das leise Plätschern an einem Seeufer ganz für sich allein: Er parkt sein Auto ein wenig abseits der Straße hinter einem Busch und ist quasi unsichtbar, denn er stellt ja nur einen normalen Pkw ab und nicht etwa ein auffälliges Campingmobil, was innerhalb kürzester Zeit die Polizei anlocken würde, die den Weg zum nächsten Campingplatz weisen würde.

Auf der anderen Seite schränkt einen der Urlaub im Auto stark ein und ist nicht für jedermann die richtige

Art und Weise, fremde Länder zu erkunden. Man muss sich bei der Auswahl seiner Reisegarderobe mit dem absolut Notwendigen begnügen, da schließlich auch Küchen- und Waschutensilien untergebracht werden müssen und das Auto ein gemütliches Bett hergeben soll.

Unsere Probleme fingen damit an, dass ich keinen Wagen besaß und Karens Auto, ein VW Käfer, nicht dafür bekannt war, ein erstklassiges Reisemobil zu sein. Allerdings war er mit Liegesitzen ausgestattet – das war unsere Chance.

Von früheren Reisen war ihr geläufig, dass, wenn man diese Sitze aus den Schienen schob, wofür man pro Sitz nur einen Bolzen entfernen musste, und sie vorn in den Fußraum stellte, die Kopfstütze entfernte und die Lehne runterdrehte, dies eine passable Liegefläche ergab. Außerdem musste die rückwärtige Sitzbank ausgebaut und deren Rückenlehne vorgeklappt sein.

Nachdem ich die bewussten Bolzen entfernt hatte und auch sonst weiter nach Plan vorgegangen war, stellte sich heraus, dass die entstandene Fläche zwischen dem Motorraum und dem Handschuhfach etwa einsneunzig lang war und zwischen Motorraum und Lenkrad etwa einsfünfundsiebzig, also sehr knapp für uns beide, aber gerade ausreichend für vergleichsweise junge Menschen, die gelenkig und abenteuerlustig sind!

Unsere Probleme setzten sich gleich bei unserer ersten Übernachtung fort: Ich scheiterte beim Aufpumpen unserer Luftmatratze. Mit einer Fußpumpe, die aussah wie ein halbierter Gummiball mit einem Schlauch daran, pumpte und pumpte ich, aber die Matratze wollte nicht stramm werden. Da ich an diesem Abend sowohl ein wenig Haschisch geraucht als auch dem Alkohol zugesprochen hatte, kam ich erst spät, nämlich als mir die Beine lahm wurden, auf die Idee, die Luftmatratze einer näheren Überprüfung zu unterziehen. Dabei entdeckte ich ein zweites Lufteinlassventil, welches nicht verschlossen gewesen war und deshalb als Luftauslassventil einen prima Job erledigt hatte. Kaum hatte ich den Stopfen in das Ventil gesteckt, dauerte es kaum eine Minute, bis die Matratze gut gefüllt den Autoinnenraum ausfüllte.

Als ein weiterer Fehler erwies es sich bei unserer ersten Übernachtung, dass wir eine Luftmatratze eingepackt hatten, deren Eignung wir vorher nicht überprüft hatten. Der Innenraum des Käfers verschlankt sich nach hinten stark, die Luftmatratze jedoch hatte eine streng rechteckige Form, die sie unter allen Umständen einzuhalten gedachte. Sie bog sich, schmiegte sich mit der rechten und der linken Ecke an die Seiten bis hoch zu den Fenstern und bildete in der Mitte eine Mulde, die zwar das Zwischenmenschliche beförderte, unsere Nachtruhe aber erfolgreich verhinderte.

Als Karen und ich am nächsten Morgen aufwachten, waren wir zwar vergleichsweise gut gelaunt, jedoch auch recht unausgeschlafen, und wir wurden erst etwas wacher, nachdem wir uns gewaschen hatten. Aber auch die Morgentoilette war eine gewisse Herausforderung: Wir hatten zwar einen Wasserkanister mit Hahn mitgenommen, aber der musste natürlich etwas erhöht stehen, damit erstens das Wasser fließen konnte und zweitens wir zumindest die Hände darunterhalten konnten, was nicht ganz leicht zu bewerkstelligen war.

Wir stellten den Kanister auf die rückwärtige Stoßstange des Käfers, nachdem verschiedene Versuche, ihn höher zu platzieren, also beispielsweise auf der Fronthaube oder auf dem Dach, gescheitert waren. Der Kanister stand dabei entweder so schräg, dass das Wasser auf kürzestem Wege gegen das Auto plätscherte und man die Hände nicht unter den Strahl halten konnte, oder er rutschte ab.

Jedenfalls erwies sich die Stoßstange als einzig geeignet für unsere Zwecke, auch wenn wir uns ziemlich weit bücken mussten, um uns zu waschen. Einen Vorteil hatte diese Waschgelegenheit aber doch, zumindest für mich: Karen pflegte es mit der Hygiene sehr genau zu nehmen, weshalb sie sich zum Waschen stets komplett entkleidete und, um an das Wasser zu gelangen, die schönsten Verrenkungen vollführte. Ein Anblick, der mir regelmäßig viel Freude bereitete und meine Fantasie beflügelte.

Später bei einem Kaffee sowie einem mäßig wohlschmeckenden Buttercroissant im Stehcafé einer Bäckerei wälzten wir unser Matratzenproblem hin und her und sannen auf Abhilfe. Nach einiger Zeit kam ich auf die Idee, vor dem Aufpumpen die Ecken umzuklappen und mit Klebeband so am Rest der Luftmatratze zu befestigen, dass die Matratze in etwa die Form des Käferinnenraums annehme.

Am Abend pumpte ich in kürzester Zeit die mit Klebeband präparierte Luftmatratze auf. Wir legten sie in den Wagen – sie passte präzise. Müde wie wir waren, schliefen wir schnell ein, doch nach gefühlt zehn Minuten wachten wir durch einen lauten Knall auf. Karen und ich wurden in die Mitte expediert und gegeneinander geschleudert, und wir erschreckten uns sehr, als wir so unvermittelt aus dem Schlaf gerissen wurden. Das Klebeband hatte den offenbar recht starken Ausdehnungskräften der Luftmatratze nicht standgehalten, die Klebeverbindung hatte sich gelöst und die Matratzenecken waren unter lauter Geräuschentwicklung gegen die Autofenster geschlagen.

Die Dunkelheit verhinderte, dass wir unser Bett wieder in Ordnung bringen konnten, und so beratschlagten wir noch eine ganze Weile, wie unser Problem in den Griff zu bekommen sei. Schließlich schliefen wir zwar ein, doch war nicht mehr viel von der Nacht geblieben, und so wachten wir auch an diesem Morgen wieder recht unausgeschlafen auf. Immerhin hatte unsere nächtliche Diskussion zu einem Ergebnis geführt, was wir ohne Umschweife in die Tat umsetzen wollten.

Wir suchten und fanden einen Supermarkt, tranken bei dem dortigen Stehcafé-Bäcker zunächst einen Kaffee, der uns ein wenig aufbaute, und gingen anschließend sehr viel besser gelaunt in den Markt. Neben anderen lebenswichtigen Dingen kauften wir zwei Rollen Gewebeklebeband, mit denen wir einen neuen Versuch starten wollten, die Luftmatratze zu bändigen.

Dieser erneute Versuch war von nachhaltigem Erfolg gekrönt: Wie beim ersten Mal ließen wir die Luft aus der Matratze, klappten die Ecken ein und befestigten sie mit Klebeband. Dann aber wickelten wir zusätzlich noch einen Streifen drei- oder viermal komplett um die Luftmatratze, so dass die Ecken sich nicht mehr befreien konnten. Unser Schlaf war für den Rest des Urlaubs gesichert.

Von Stund an konzentrierten wir uns ganz auf unsere Reise, wir genossen die Landschaften und kleinen Städte, die Geschäfte mit dem fremdartigen Angebot und die Flohmärkte, die in manchen Orten abgehalten wurden. Nichts störte mehr den geplanten Verlauf der Reise.

Seit einigen Tagen bereits durchstreiften Karen und ich Frankreich auf dem Weg nach Süden, und es gab keinerlei sprachliche Probleme, da wir entweder im Supermarkt einkauften, wo es nur am Käse- oder Wursttresen nötig war, eine Gewichtsangabe in der Art von: „Cent grammes, s'il vous plaît, Madame", zu machen, oder aber in Lokalitäten, in denen meine bescheidenen Sprachkenntnisse ausreichten. Ich wusste, dass ein Alsterwasser landessprachlich „demi panaché" hieß, dass es aber üblicherweise ausreichte, „un demi" zu bestellen, oder aber, in unserem Falle, zwei, also „deux". Und wenn es uns nach etwas Cappuccino-Ähnlichem gelüstete, dann bestellten wir „deux cafés au lait", zwei Kaffee mit Milch – im Idealfall heißer Milch –, oder „deux grands cafés crème", zwei doppelte Espressi mit etwas geschäumter Milch, und hier reichte es meistens, wenn man „deux grands crèmes" bestellte.

Ich bestritt die meiste Konversation, obwohl ich nie Französisch gelernt hatte, denn Karen weigerte sich beharrlich, noch ein Wort mit den Einheimischen zu reden, nachdem ihr Folgendes passiert war: Sie hatte sich, während ich den Wagen lenkte, an ihren Französischunterricht in der Schule erinnert, sich verschiedenste Formulierungen durch den Kopf gehen lassen, die Sätze probehalber vor sich hingemurmelt, um dann, nachdem wir in einem kleinen Ort angehalten hatten, einem wirklich freundlichen, zuvorkommenden und hilfsbereiten Franzosen ihre zwei oder drei fein ziselierten Sätze zu präsentieren, und der hatte, in der Annahme, dass Karen des Französischen mächtig sei, da sie ja so wundervolle französische Sätze gesagt hatte, freundlich, zuvorkommend und hilfsbereit, aber auch sehr schnell geantwortet und damit bei Karen totale Verwirrung erzeugt und hinterlassen – sie hatte nichts verstanden.

Fortan war es an mir, nach dem Weg zu fragen, im Café oder im Restaurant zu bestellen und andere „Gespräche" zu führen, allerdings gab es Ausnahmen, bei denen Karen sich überwand: Schuhgeschäfte und Damenoberbekleidungsläden. Da gingen ihr die Bezeichnungen der Konfektionsgrößen flüssig über die Lippen! Ansonsten verließen wir uns auf meine Methode – den gekonnten Einsatz von Händen und Füßen, ein freundliches Lächeln und einen fragenden Blick sowie einige eingestreute „S'il vous plaît, Madame" oder, wenn's besser passte, „Monsieur" –, mit der ich auch vergleichsweise erfolgreich war. Bis uns reisebedingte Herausforderungen an sprachliche Barrieren führten, die mit meinem üblichen Repertoire nicht zu überwinden waren.

Je weiter wir nach Süden fuhren, desto wärmer wurde es, und da das auch für die Nächte galt, öffneten wir zum Schlafen die Fenster ein wenig, damit die Luft zirkulieren und Wärme sowie Atemfeuchtigkeit abziehen konnten. Allerdings kriegten auch alle möglichen blutgierigen Nachtschwärmer mit, dass bei uns sozusagen die Bar eröffnet war, und wir hatten zum wiederholten Male ein Problem, das gelöst werden wollte.

In der folgenden Nacht legten wir ein Handtuch über die Tür, bevor wir sie schlossen, und zwar so, dass es mit einer langen Seite außen über das Fenster hing und drehten dann im Schutz dieses Handtuchs das Fenster auf. Das funktionierte recht gut, aber leider nicht hundertprozentig, und jeder, der schon einmal sein Schlafzimmer mit einer Mücke geteilt hat, weiß, dass 98 Prozent zwar eine hundertprozentige Sicherheit bei einem Vaterschaftstest bedeuten, wenn jedoch der Feind zu Tausenden um den Wagen sirrt, sind zwei Prozent Unsicherheit schon fast ein Todesurteil.

Ein Moskitonetz wäre in dieser Situation passend gewesen oder zumindest etwas Vergleichbares, ein engmaschiges Gewebe, zum Beispiel ein Fliegengitter oder ein Stück Gaze. Also gingen wir in einen Laden mit Haushaltsartikeln, Campingzubehör sowie Markisen- und anderen Stoffen. Leider verstand in diesem Laden niemand, was wir wollten, obwohl wir unseren Wunsch vielfach wiederholten, denn Gaze war, im Gegensatz zu unserer ganz selbstverständlichen Annahme, weder ein französisches noch ein in Frankreich geläufiges Wort.

Nach diesem erfolglosen und blamablen Auftritt kamen wir auf die sensationelle Idee, im Wörterbuch nachzuschlagen, was man in Frankreich an Stelle des vermeintlich französischen Wortes Gaze wohl benutzt, und wir lernten ein wunderbares, neues Wort: „le tull!" Ein kleines Stück dieses wunderbaren Stoffes, dessen Namen wir nie wieder vergessen sollten, bescherte uns fortan friedliche Nächte und süßen Schlaf.

Einige Tage später machten wir den gleichen Fehler noch einmal und tappten sprachlich gesehen in eine dem „le tull" vergleichbare Falle. Unser Wasserbehälter war leckgeschlagen und wir benötigten dringend einen neuen. Wir suchten und fanden wieder ein Geschäft, das sich mit dem Verkauf von Camping- und Haushaltsartikeln befasste, und wollten dort einen Wasserkanister kaufen, den wir, in der irrigen Annahme, dass das deutsche Wort Kanister sich aus dem Französischen herleitet, mit den Worten: „Un canistre, s'il vous plaît, Madame" verlangten.

Als wir auch dieses Mal wieder ein total verständnisloses Gesicht präsentiert bekamen, insistierten wir nicht, sondern gingen zwischen den Regalen auf die Suche, bis wir die besagten Wasserkanister fanden. Ich spulte jetzt mein beschränktes, aber erfolgreiches Fremdsprachenprogramm ab – auf das gewünschte Objekt zeigen, lächeln, fragenden Blick aufsetzen sowie mit fragender Intonation: „S'il vous plaît, Madame?" sagen, und schon lächelte Madame zurück und klärte uns auf: „Ahh, un bidon!"

Mittlerweile waren wir annähernd perfekt ausgestattet, Karen und ich verstanden uns allerbest, und die Luftmatratze hielt weiterhin brav ihre Form. Wir näherten uns dem Zentralmassiv und den Cevennen, dem Gorges de l'Ardèche und den anderen tiefen Tälern, die der Gardon und der Tarnon durch den Karst gegraben hatten, den Causes (so heißen in Frankreich die Hochplateaus) und den Badeplätzen an den Flüssen, und ich konnte mit meinem reichen Erfahrungsschatz zum Thema Urlaub in Südfrankreich brillieren.

Und wir lernten täglich dazu. Zum Beispiel, dass in der Mitte von Nirgendwo, weitab jeglicher Zivilisation ein irrer Gärtner sein Unwesen trieb, der kleine und größere Büsche und Sträucher neben der Straße durch Formschnitt zu Kuben und Würfeln formte. Dass ein relativ kurzer, allerdings heftiger Regenguss eine normale, kleine Straße in den Bergen innerhalb von Sekundenbruchteilen in einen reißenden Bach verwandeln konnte. Dass Jesus schon mal eine Baseball-Kappe mit New-York-Initialen tragen kann, da er am Kreuz festgenagelt ist und sich nicht wehren kann. Dass ein Fotofachgeschäft durchaus den Namen „Clic-Clac-Boom-Tralala" führen kann. Dass manches, was im Deutschen männlich ist – zum Beispiel der Bahnhof, der Turm, der Mond –, im Französischen weiblich daherkommt und umgekehrt – die Rhone, die Sonne. Dass Nacktschnecken nicht nur orangefarben sein können, sondern dass sie zusätzlich einen schwarzen Kopf haben können und dann wie Gummiteufel von Haribo aussehen. Und schließlich – ganz wichtig –, dass wir beisammen bleiben wollten, Karen sich für mich entschieden hatte und auch ich ihren guten Argumenten erlegen war.

Jahre später kamen Karen und ich einmal darauf zu sprechen, was uns am anderen anfangs am meisten faszieniert hatte, was den Ausschlag gegeben haben könnte, uns auf eine Bindung einzulassen, die mittlerweile über dreißig Jahre andauert, ungezählte Streitereien und Schreiereien, einige Krisen und ebenso viele Versöhnungen überstanden hat. Ich jedenfalls war über die Jahre der festen Überzeugung, Karen sei gleich zu Anfang unserer Bekanntschaft von meiner Energie und meinem Willen, aus einer kargen Schuttparzelle am Großneumarkt einen Garten zu formen, hingerissen gewesen. Doch da war ich total auf dem Holzweg gewesen. In diesem denkwürdigen Gespräch erklärte mir Karen, die für ihre ehrlichen und direkten Einlassungen bekannt ist, dass ausschlaggebend für ihre Entscheidung für mich einzig und allein meine damalige Vorliebe für Urlaub im Auto war, die auch heute noch aktuell ist, sowie meine Reiseleiter- und noch mehr meine Reisebegleitertalente.

Antje Thietz-Bartram

Zärtlichkeit

Leise sag' ich deinen Namen
vor mich hin.
Immer wieder,
als läg in seinem Klang
ein Zauber drin.
Immer wieder
tönt betörend und
beruhigend zugleich
Deine Stimme in
mein Reich.

An Ihn

Du bist der Fels in meinem Leben,
der stetig und ohn' Unterlass
die Sicherheit hat mir gegeben
und weiß auch stets das rechte Maß.

Ich bin die Woge in dem deinen,
die dich umspült und umtobt
und dich mit Lachen und mit Weinen
umgibt – und dann den Schöpfer lobt.

Die Ernte des Jugendtraumes

Der Winter 1945/46 war hart. In den überbelegten Häusern herrschte die Not. Ich war 16 Jahre alt und lebte in Preetz, einem kleinen Ort mit damals 20 000 Einwohnern. Auf Preetz waren keine Bomben gefallen, nur auf das 21 Kilometer entfernte Kiel. Der Marktplatz war das Zentrum, von dem die Straßen sternförmig ausgingen. Zur Kirche stieg die Kirchenstraße etwas an. Wer diese kleine holsteinische Stadt nicht kannte, ahnte nicht, dass hinter diesem Markt in der Kirchenstraße der Kirchsee einen parallelen länglichen Wassermarktplatz darstellte.

Ja, es war immer etwas los auf diesem zentralen See, der durch die Schwentine und viele andere Seen mit Plön und Kiel verbunden ist. Im Sommer gab es die Gartenlokale. Man konnte Boote mieten, und jeder Preetzer, der ein Seegrundstück hatte, war mit seinem Paddel- oder Ruderboot unterwegs. Zum Segeln war der See zu klein. –

Nun aber, im harten Winter, dem ersten im Frieden, als viele noch in der Gefangenschaft waren – so auch mein Vater –, zog es die Menschen hinaus aufs Eis. Ich war mit den andren Kindern aus Kiel von der Schule gekommen. Meistens fuhren wir noch per Anhalter. Nur morgens ging ein Zug für die Arbeiter zu den Werften, die demontiert werden mussten. Wir Schüler verabredeten uns so bald wie möglich auf dem Eis. Zu Hause hatte meine Mutter, die selbst immer gern „Bögen" gelaufen war, mir die alten Schlittschuhe von ihrem Vater, der sehr kleine Füße gehabt hatte, vom Boden geholt.

Als ich wenig später bei Böhlk, dem Textilgeschäft am Markt, durch die hintere Tür in den Garten ging, setzte ich mich auf den Steg, um die Schlittschuhe anzuziehen. Das war mühsam. – Plötzlich verschwand die Sonne hinter einem Schatten. Ich sah auf. Ein großer Junge strahlte mich mit seinen rehbraunen Augen an und fragte, ob er mir helfen dürfe. Es war Klaus. Wir kannten uns als Fahrschüler. Er war zwei Klassen über mir, aber ich hatte ihn bisher kaum bemerkt.

Meine Hände waren ziemlich kalt geworden. Als ich endlich aufstehen und laufen konnte, bot er mir einen Handschuh an. Er war riesig und warm. Seitdem sprachen wir öfter mal ein Wort miteinander. Manchmal trug Klaus auch meine Aktentasche und brachte mich zur Schule.

Als es Frühling geworden war, verabredeten wir uns zu einem Spaziergang. Unterwegs sagte Klaus Gedichte auf: „Frühling lässt sein blaues Band wieder flattern durch die Lüfte …" Ja, hellblau erschien mir die Welt, noch nicht rosa, aber himmelblau. Ich meine auch heute bestimmt, dass alles blühte. Als wir an eine Lichtung gekommen waren, zog Klaus seinen Mantel aus. Sanft drückte er mich ins Gras. Ich schloss die Augen. Er begann mir das Märchen von Dornröschen zu erzählen. Ich musste lächeln. Den Schluss kannte ich. Ich wartete darauf. Dieses Märchen erschien mir unerträglich lang. Dann war es so weit. Sein Mund drückte sich sachte, dann fest auf meinen. Wir standen auf.

Es wurde ein wunderschöner Sommer. Klaus hatte ein Boot bei dem Pastoratsgarten liegen. Er war ungeheuer geschickt. Ich nähte aus einem alten Bettlaken ein Segel, das er mir aufgezeichnet hatte, für sein großes Paddelboot. Klaus ließ das Schwert bei unserem Schmied anfertigen, und die Spanten wurden von einem alten Schrank meines Onkels aus Kiel ersetzt. Kaum waren wir aus der Schule gekommen, ging es auf den Kirchsee, den Lanker See. Oft landeten wir im Schilf und küssten uns, dann hörten wir einander auch wieder Vokabeln ab.

Eines Tages begann unsere Tanzstunde. In unseren kleinen Ort war ein Lehrer gekommen. Klaus konnte schon tanzen. Wir wurden immer dazu ausersehen, die Polonaise anzuführen. Als der Abtanzball kam, hatte ich kein Kleid. Meiner Mutter fiel ein, dass sie ihr eigenes Abtanzballkleid noch haben müsse, und so war es: Das Kleid war heil: rosa und weißgestreifter Voile. Ich ging zur Schneiderin. Puffärmel, hochgeschlossen mit gesmokter Passe, damit der Busen Platz hatte, so wurde es. Für Klaus sollte das Kleid eine Überraschung sein. Als er mir am Abtanzballabend einen Blumenstrauß mit rosa Steinbrech aus seinem Garten und weißem Wiesenschaumkraut, das er auf den Wiesen gepflückt hatte, überreichte, war ich sprachlos. Wieso kannte er diese Farben? Er war zur Schneiderin gegangen und hatte sich einen Flicken geben lassen. –

Als wir nachts nach Hause gingen, durch den Brunnenweg, blieb Klaus stehen. Der Mond schien so hell und klar, wie ich ihn noch nie gesehen hatte. Er sagte: „Sieh Knickschen" – wie ich genannt wurde –, „der Mond scheint uns an. Er weiß, dass wir uns lieben. Es sind da auch zwei Sterne, die immer aufeinander warten werden, bis sie verschmelzen." Ich glaubte fest, dass der Mond zuschaute. Er sah so unglaublich menschlich aus. Dann trotteten wir weiter Arm in Arm durch den Brunnenweg die Treppen hinauf zum Kirchplatz, an dem die Pastorate und der Gemeindesaal lagen.

Unten wohnte der Organist. Um den Rasen war ein Metallgitter, darauf setzten wir uns. Und Klaus begann Opern-, Operettenlieder zu singen: „Dein ist mein ganzes Herz …" Klaus hatte einen ausgezeichneten Tenor. Als wir uns am nächsten Morgen alle auf dem Bahnhof trafen, um zur Schule zu fahren, sagte Reinhart, der Sohn des Propstes: „Stellt euch vor, es hat ein Verrückter auf dem Kirchplatz Opernlieder gesungen, gar nicht mal schlecht, aber wir sind alle aufgewacht und wollten ihn gerade verjagen. Da war es vorbei."

Weihnachten kam. Ich strickte Klaus Strümpfe und stickte auf den einen „Aus", auf den anderen „Liebe". Ob er die Strümpfe zwei Jahre später andersherum angezogen hat? Aus meinem japanischen Lackschränkchen hatte ich einige gehütete Kerzen genommen, ganz dünne, und sie auf dem kleinen Mahagonitisch aufgebaut. Eine weiße Hohlsaumdecke lag festlich darunter. Ich zündete die Kerzen an. Als Klaus die Strümpfe ausgepackt hatte, zog er mich zu sich auf den Sessel, und wir schmusten. Plötzlich roch es erbärmlich nach Brand und Rauch. Alles stand in Flammen. Der Tisch weist heute noch kleine schwarze Punkte dort auf, wo die Kerzen gestanden hatten.

Eines Abends fand in Preetz ein großes Fest statt. Alle freuten sich, dass mein – Vater zurück war. Ich trug das geliebte karierte Bettschlupenkleid (Dirndl ähnlich). Aber ich erfuhr auch an dem Abend, als ich mit Klaus vom Fest zu meinen Eltern hinübereilte, dass mein Vater mit offener Tuberkulose heimgekommen war. Was das alles für uns bedeuten sollte, konnte ich noch nicht ermessen.

Der Propst besuchte meinen Vater. Er war gerade aus der Schweiz gekommen und sagte: „Das Leben ist schön." Mein Vater verstand ihn nicht. Fünf Tage später fuhr die

Vorhut ins Lager: Jochen und Reinhart, der Sohn des Propstes. Herr Dressel, unser Organist, legte Wert darauf, dass diese beiden guten Bässe rechtzeitig zurückkommen würden. So fuhren sie per Anhalter, wie damals üblich. Reinhart, Klaus' bester Freund und Klassenkamerad, verunglückte tödlich … Die Welt verdunkelte sich. Dabei schien die Sonne heiß vom Himmel, die Himbeeren reiften. In schwarzen Kleidern pflückten wir sie und gingen in die Kirche zu Reinharts Sarg. Wir pflückten Sonnenblumen und nagelten sie fest. Für uns alle war dies das einschneidendste, erschütterndste Erlebnis unserer Jugend. Reinhart war ein so guter, begabter Junge, er wollte Theologe werden. Dies beschlossen nun all seine Freunde. Es waren sieben. Auch Klaus gehörte zu ihnen. Er wurde Pastor.

Und als vor wenigen Jahren unser Sohn Christian als Arzt im Praktikum tödlich verunglückte, saß hinter meiner Bank ein unbekannter Mann, der immer näher zu mir hinrückte. Es war Klaus. Später gab er mir die Hand und erklärte sein Nahesein. An der Stimme erkannte ich ihn vollends. Es war im August 1990. Wieder Sonnenblumen und dieselben Lieder, die ich ausgesucht hatte. Ich begriff nicht, dass ich nun die Mutter war …

Im Frühjahr 1948 kam mein Vater in ein Lungensanatorium nach Tönsheide. Es war zu weit, ihn zu besuchen. Um 5 Uhr musste man den ersten Zug nehmen, umsteigen. Es war im Mai, als meine Mutter, wieder an einem Donnerstag, so früh unterwegs war.

Plötzlich hörte ich es im Elternschlafzimmer am offenen Fenster rütteln, in dem ich schlief. Dann war Klaus in meinem Bett und küsste mich intensiv. Instinktiv kreuzte ich die Beine. „Du, wir sind endlich allein, komm, lass dich fallen." Als er mein Abwehren bemerkte, stöhnte er: „Du liebst mich nicht." „Oh, wie ich dich liebe! Aber bitte nicht, ich werde sogleich schwanger. Was soll werden? Du musst als angehender Pastor ein Vorbild sein. Ja, sag, dass ich vom Kirchturm springen soll, ich würde alles für dich tun." Dies war meine Überzeugung. Klaus stand auf. Ich brachte ihn zur Haustür. Alle schliefen noch. Auf dem Bahnhof trafen wir uns wie immer um 7 Uhr wieder. Wir lachten mit den anderen, als wenn nichts gewesen wäre.

Aber unsere Beziehung hatte einen Riss bekommen. Wenn es damals die Pille gegeben hätte? So aber begannen wir uns zu quälen. Als die Sommerferien kamen, besuchte ich meine Freundin in Bosau am Plöner See. Klaus und ich beschlossen, dass wir uns dort treffen wollten, um in Ruhe über unsere Zukunft nachzudenken.

Klaus kam lange nicht. Ein großes Gewitter braute sich über dem See zusammen. Ich rief im Pastorat an und fragte, ob das Boot abgefahren sei. Als ich zurückkam, war Klaus gottlob da. Meine Freundin hatte auch einen Freund dabei. Wir sangen die schönsten Lieder und zogen uns nachts einen dicken Trainingsanzug zum Schlafen an.

Ich beschloss, Klaus zu schreiben, dass wir uns trennen müssten, damit jeder sich um seine Angelegenheiten kümmern könnte. Ich mich um meine Eltern, er sich um seine Schule, da das Abitur bevorstand. Ich würde immer auf ihn warten … Diesen Brief steckte ich in seinen Briefkasten. Wenige Stunden später hatte ich die Antwort: „Du willst also nicht mehr. Wer hat dich gehalten, wer hat sich gesorgt und gemüht, damit Du Dich nicht an den ersten Besten verlierst? Man setze nie auf Dankbarkeit. Vielleicht erhört der Herrgott mich, dass er Dir den Hochmut und falschen Stolz nehme."

Ich war schockiert. Das hatte ich nicht gewollt. So beschloss ich am nächsten Morgen, wenn Klaus die Hühner füttern würde, zu ihm zu gehen, zu ihm zu sprechen, mit ihm zum Bahnhof zu gehen, alles klarzustellen. – Es war noch dunkel, als ich mich auf die Kellertreppe setzte. Klaus' Mutter, die ich immer sehr gern gehabt hatte, hörte uns reden und bat mich hinauf. Dann ging ich mit Klaus zum Bahnhof. Ich hatte keine Mappe mitgenommen und beschloss, auch an diesem Tag aufzuräumen, innen und außen, dazu konnte ich die Schule nicht gebrauchen. Ich erklärte Klaus, wie ich alles gemeint habe, dass er mich missverstanden habe. Als wir an die Ecke kamen, an der es rechts zum Bahnhof geht, links in die Platenstraße, sagte Klaus: „Es ist vorbei. Du hast es so gewollt." – Ich blieb stehen und sah wie versteinert zu, wie Klaus dem Bahnhof zueilte. Als ich aus der Sekundenhypnose erwachte, strebte ich nach links, nochmal nach links, nicht auf mein Elternhaus zu, sondern dem Uferweg zum Postsee entgegen. Mein Leben war beendet. Dies würde ich nicht verkraften. Mit so verzweifelten Gedanken erreichte ich das seichte Ufer. Ich marschierte, ohne nachzudenken, so wie ich war, hinein ins Wasser. Ich merkte nicht, dass meine Waden schon nass waren, meine Knie. Erst als das kalte Wasser meine Oberschenkel erreichte, blieb ich stehen. Wie lange, weiß ich nicht. Unbewusst hatte ich eine Kneippkur gemacht. – Jedenfalls hatte ich auf einmal einen klaren Kopf. Ich strebte dem Ufer zu und dachte: Bin ich verrückt, wegen so eines Kerls sich das Leben zu nehmen! Die Eltern sind krank, sie brauchen dich. Ich eilte nach Hause und durch den Hintereingang. In der Praxis war schon Betrieb. Ich zog mir etwas Warmes an. Dann ging ich zum Friseur und ließ mir die Haare abschneiden.

Auf dem Abiball 1950 traf ich meinen späteren Mann.

Auch Klaus war eingeladen. Als er mich zum Tanzen aufforderte, sagte er: „Du siehst ja wieder entzückend aus, aber seit du nicht mehr mit mir befreundet bist, hat dein Charakter sichtlich gelitten, sagen alle."

Ich verlobte mich im 1. Semester. Klaus ging zum weiteren Studium nach Heidelberg. Nur selten hörte ich etwas von ihm, zum Beispiel, dass er geheiratet hatte, heiraten musste.

Mein Mann und ich zogen 1958 mit zwei Kindern nach Hamburg. Als der jüngste Sohn Christian geboren wurde, es war 1964, musste ich morgens um 6 Uhr aufstehen, um die Flasche zu bereiten. Ich hatte das Radio angestellt und lauschte einer Predigt. Es kam mir alles so bekannt vor. Ich stellte die Flasche hart auf den Tisch und dachte, diese Gedanken können nur von Klaus kommen. Und siehe, die Stimme aus dem Radio sagte: „Sie hörten Klaus Seefeld aus Hamburg." Na also, dachte ich, er ist's. Und dann: Hamburg. Eine Schulfreundin brachte uns bald zusammen, mit den verschiedenen Ehepartnern. Einige Tage später rief Klaus mich an. Er verabredete sich mit mir im Alsterpavillon. Er rückte mir den Stuhl zurecht und bestellte: „Martini on the Rocks." Klaus erzählte und ein amüsiertes Lächeln umspielte seinen Mund: „Als ich in den Ferien mit einer Jugendgruppe eine Segelreise machte, wurde ich gebeten: ‚Ach, Herr Pastor, Sie sehen ja aus wie James Bond. Sie hatten doch sicher eine tolle Jugendliebe. Bitte erzählen Sie uns davon.‘ Und ich begann unsere Geschichte zu erzählen vom Dornröschenkuss und der Tanzstunde und alle Einzelheiten unserer wunderschönen Jahre. Alles lauschte gespannt. Als ich geendet hatte, war Stille. Ich muss lange geredet haben, denn alle verkrochen sich danach in die Kojen. Ich war selbst ganz gefangen von dem zurückgeholten Erlebten. Am nächsten Morgen schien die Sonne hell. Ich hatte mit Segelkommandos zu tun und die nächtlichen Ausführungen vergessen. Da kam ein besonders netter Junge zu mir und sagte: ‚Ich möchte mich im Namen der Gruppe für die fantastischen Geschichten mit dem blonden Mädchen bedanken. Sie haben sich das gekonnt ausgedacht, aber es war schön.' Wie findest du das? Ich habe es dabei belassen."

Einige Wochen später rief Klaus an. Er kam mit einem weißen Mercedes, den er sich geliehen hatte. Wir machten einen langen Spaziergang. In seiner Ehe kriselte es. Er fragte mich: „Komm, wir wollen es versuchen, wir gehören zusammen." – „Aber ich habe drei Kinder." – „Das macht nichts. Es kommt auf die Frau an, die man liebt, nur darauf." Ich dachte an mein Baby, das meinem Mann mit seinen blauen Augen so ähnlich sah. Ich schüttelte den Kopf. Klaus fuhr mich heim. Ich wäre gern Pastorenfrau geworden.

Als 1973 eine Freundin aus unserer Jugendzeit, die 1958 mit ihrem Mann nach Kanada ausgewandert war, ihre Kinder zu mir schickte, rief ich Klaus an. Er war der Einzige, der mit mir zusammen einen Einblick in unsere Jugend geben konnte. Klaus kam sofort, besuchte uns an der Ostsee. Er brachte einen bunten Nolde-Blumenstrauß mit und dazu ein dickes Buch mit Bildern von Hundertwasser: „Regentag", „Wasser, das vom Himmel fällt, und das Wasser, das von den Augen fällt."

Auf einer Beerdigung, ungefähr zehn Jahre später, merkte ich erst, als der Pastor den Mund aufmachte, dass es Klaus war. Als ich ihm die Hand gab, sagte er, es gibt so viel zu sagen. Ich besuchte ihn eine Woche später im Pastorat. Wir setzten uns auf die Fensterbank und sprachen von unseren Jahren. Seine Freundin rief an. Als Klaus in den Ruhestand ging, hat er sie geheiratet.

Meine Mutter starb einige Monate vor unserem Sohn Christian. Klaus schrieb: „Ich verehrte Deine Mutter als eine der großen Frauen. Ich mag diese Frauen, stolz, oft unnahbar, nicht leicht zu überzeugen, es sei denn, sie werden eingebunden in die sich entwickelnden Gedanken. Sie hat es niemandem leicht gemacht, sich zu nähern, aber jeder Schritt, der gelang, lohnte sich. Ich denke gern an den großen Raum, an das Licht auf den schönen Möbeln, die Gespräche, sofort auf das Wesentliche zielend – das habe ich von ihr angenommen.

Ich meine, dass Deine Fähigkeit, Schweres und Unmögliches zu ertragen, die Gabe Deiner Mutter ist. Ich habe in diesen Tagen an Dich gedacht."

So war bei dem Tod unseres Jüngsten nichts mehr zu schreiben. Die Gegenwart war mehr als ein Zeichen lebenslanger Achtung, Verbundenheit und Treue: die Ernte des Jugendtraumes.

Ursula Schark

Sturm und der Baum

Tanz der Baumwipfel
wiegend im Wind
von Seite zu Seite
nickend mit den Zweigen
Spaß macht
Je stärker der Sturm
Orchesterrauschen
die Melodie
Geklimper der kleinen Blätter
auf Tasten
Mozart Chopin
erklingt
wohltuendes Grün
vor dunstig grauer
Wolkenfahrt

Im Sterben die Liebe finden

Pudrig weiß so weiß
ganz weich so weich
von Herz zu Herz
Liebe
wie so ausgefüllt
so tief berührt
wie an dem Tag
als Mutter starb

Die alte Frau
die junge
das blauäugige Kind
in einer Person
Doch
immer ist sie da

Geschwister

Wir waren vier
traurig
halten sich
drei
an den
Händen

Ein Baum

Maigrünen
Sonnenschein durchleuchtete
Blätter
richten mich auf
zufrieden
gehe ich
nach Haus

Haiku

Grüner Wind weht leicht
Frühlingsduft zieht durch das Blau
Wiese teppichweich

Den Baum umarmen
sein Blättergrün umarmt mich
Zellensauerstoff

Brigitte Harkou

Sichtweise

Hannes schaute auf die Uhr: 14.10 Uhr. Er beschleunigte seine Schritte etwas. Jetzt war Annegret schon unterwegs, ihr Seminar war gegen 14 Uhr zu Ende gewesen und sie hatte sich bestimmt gleich auf den Heimweg gemacht. Er setzte sich in sein Auto, das er wieder in einer Nebenstraße geparkt hatte. Hanna wollte es so. Er fuhr los und dachte über die vergangenen zwei Tage nach. Hanna war eine wundervolle Frau, fröhlich, klug und vor allem so ganz anders als Annegret. Er hatte sie vor einem Jahr kennengelernt, als er im Netz auf der Suche nach etwas Abwechslung war. Die Ehe war ihm ein wenig langweilig erschienen und Hanna bot ihm genau das, was er suchte. Sie lebte allein, war unabhängig und konnte ihre Zeit nach seiner planen. Zuerst hatten sie sich nur einmal im Monat gesehen und Hannes hatte ihr von Anfang an klar gemacht, dass er seine Frau nie verlassen würde. Nach über 20 Jahren Ehe tat man das nicht mehr so leicht. Hanna war damit zufrieden gewesen, aber ihm reichte es bald nicht mehr. Sie sahen sich nun fast jede Woche und Hannes konnte sich jetzt vorstellen, ganz und gar mit ihr zusammenzuleben. Aber was war mit Annegret? Nun, er musste mit ihr reden. Eine großzügige Abfindung würde die Sache vielleicht vereinfachen.

Annegret schaute auf die Uhr: 14.10 Uhr. Jetzt würde Hannes sich gewiss schon auf den Weg gemacht haben. Er wollte bestimmt vor ihr zu Hause sein. Wie gut sie ihn doch kannte. Nicht nur, dass sie schon lange von der Geliebten wusste, nein, sie war sich sicher gewesen, dass er ihr angebliches Seminar nutzen würde, um einmal über Nacht bei der Fremden zu bleiben. So hatte sie Zeit genug gehabt, ihre Sachen in die neue Wohnung in der Esmarchstraße zu bringen. Die Katze wartete dort schon auf sie. Es fiel ihr schwer, das schöne Haus in Mönkeberg aufzugeben, das sie sich gemeinsam gebaut hatten – schwerer, als Hannes zu verlassen. Sie schloss energisch den Kofferdeckel, legte den Brief auf den Esstisch und schloss die Tür hinter sich ab. Den Schlüssel warf sie in den Briefkasten. Nun begann ein neues Leben und es würde nicht so langweilig werden wie das alte!

Hanna schaute auf die Uhr: 14.10 Uhr. Sie ging ins Wohnzimmer und räumte die Sektgläser in die Küche. Sie atmete tief durch. So lange war sie noch nie mit Hannes zusammen gewesen – und das würde sie auch nie wieder sein. In den letzten Wochen war es ihr schon zu viel gewesen. Sicher, Hannes war ein interessanter Gesprächspartner und im Bett auch nicht zu verachten, aber auf Dauer sehr anstrengend. Nein, das wollte sie nicht mehr. Er musste in zwanzig Minuten zu Hause sein, dann würde sie ihn anrufen und dies kleine Intermezzo beenden.

Cornelia Zurawczak

Linde Lüfte

Linde Lüfte, Hoffnungsschimmer,
eine neue Zeit bricht an.
Frost und Kälte wird nicht schlimmer,
jeder strahlt und freut sich dran.

Es gab viele dunkle Stunden,
Unbehagen, trübe Zeiten.
Kummer scheint nun überwunden.
Herz und Seele woll'n sich weiten.

Schau nach vorn und nicht zurück.
Nun woll'n wir die Zukunft bauen.
Jedem Wesen ein Stück Glück,
jeder soll dem Leben trauen.

Zuversicht und Freundschaft blühen,
Wege gehen Hand in Hand.
Zwietracht soll sich nur verziehen,
Menschlichkeit ist's, uns verband.

Selbstliebe?

Lieb den andern wie dich selbst.
Das ist doch ein alter Hut!
Was du mir hier unterstellst!
Andre lieben kann ich gut!

„Halte ein in deinem Zorn.
Der Teil war mir nicht so wichtig.
Lies mal hinten und nicht vorn.
DAS verstehst du noch nicht richtig!"

Mich zu lieben fällt mir schwer.
Ist das denn tatsächlich wichtig?
„JA!", brüllt es nun laut hierher,
„ohne funktioniert's nicht richtig!"

Nun heißt's üben, Tag für Tag,
um den Zauber ganz zu heben.
Für mich und die ganze Welt
wünsch ich mir ein schönes Leben.

Keine echte Wahl

Ich denk an dich, hab keine Wahl,
versuch's doch zu vermeiden.
Denn nach dem ersten Sonnenstrahl
kommt meist das große Leiden.

Es kann mit uns nicht sein
und wär's auch noch so schön.
Ich rede auf mich ein,
versuch es zu versteh'n.

Geh weg, du Traum der Nacht,
den ich am Tag noch träume.
Glück, Wärme vorgemacht,
am End' nur Sehnsuchtsschäume.

Ich flieh' in die Natur.
Sie soll die Schmerzen heilen.
Wald, Wasser, Feld und Flur
lädt ein mich, zu verweilen.

Der Schmerz ist schnell ganz weit,
an frischer Luft zumal …
Da flüstert es erneut.
Hab' keine echte Wahl.

Nochmal lieben ...

Lange her ist das Gefühl, Leidenschaft kenn ich nicht
mehr.
Davon war ich überzeugt, die Erfahrung wog zu schwer.
Hatte mich längst arrangiert und es lange akzeptiert,
eingerichtet ganz allein, Herz war sorgsam interniert.

Und so sollte es auch bleiben, hatte keine Lust zu leiden.
Hatte es auch längst verlernt, Liebeswiesen zu beweiden.
War das Spiel der Leidenschaften, Lebenslust wohl zu
entfachen,
späteren Kummer denn auch wert? Hör den innren
Zweifler lachen.

Hab mein Leben schon genossen, engagier mich unver-
drossen.
Bin für jeden Spaß zu haben, doch allein, hab ich be-
schlossen.
Arrangiere große Feste, mach aus allem stets das Beste.
Sehe Menschen, treffe mich, feire gerne, habe Gäste.

Dieser Abend geht zu Ende. War sehr schön, voll Hoch-
gefühl.
Glücklich, prall voll Euphorie knistert jedes Molekül.
Denn ich sah in fremde Augen, Augen voller Offenheit.
Und sie schienen mich zu fragen: Bist du für dein Glück
bereit?

Wärme breitet sich nun aus, Energie durchflutet mich.
Kopf hat nur noch den Gedanken: Denkt er heute auch
an mich?
Hoffnung macht sich in mir breit und ein Hauch „Was
wäre, wenn …“
Das Gefühl kenn ich nicht mehr, das ich noch Verwirrung nenn'.

Außerdem, es passt so gar nicht. Alter und Famili-
enstand.
Doch das Herz, es pocht noch lauter, dehnt sich aus, ist
längst entbrannt.
Mir wird heiß und mir wird kalt, kann gar nicht mehr
richtig denken.
Muss mich wirklich konzentrieren und mit Macht die
Schritte lenken.

Und am Ende bleib ich doch im vertrauten Kämmerlein.
Aber ich spür hin und wieder in mein großes Herz hinein.
Ja, es ist nicht ganz verdorrt, in den langen, harten Zeiten.
Wird sich, wenn die Zeit bereit, dann auch für die Liebe
weiten.

Kriemhild Martina Magyarn

Alles hat seine Zeit

Er stand vor meiner Tür, als die ersten Schneeflocken in diesem Winter fielen, die ihn umtanzten und kurz auf seinem schwarzen Fell verharrten: ein junger, magerer, langgestreckter schwarzer Kater. Er blickte mich aus tiefgrünen, mystischen Katzenaugen an. An seiner Haltung erkannte ich, dass er ein Streuner war, bevor ich mich später davon überzeugen konnte. Er musste schon einige Zeit unterwegs gewesen sein. Sein dichtes, schwarzes Fell zeigte Spuren von Verwahrlosung. In seiner Reglosigkeit und Einsamkeit rührte er mich zutiefst an. Ich glaube, es war Liebe auf den ersten Blick bei mir. Ich ging langsam einige Schritte auf ihn zu, bückte mich, streckte meine Hand aus und streichelte ihn. Er wich nicht zurück. „Streunerkater, wo magst du nur herkommen", sagte ich zu ihm. „Hast du schon einmal ein Zuhause gehabt, oder hat das Katerstreunen dich einfach umhergetrieben? Was magst du alles in deinem jungen Leben erlebt haben?" Ich schätzte ihn auf etwa ein- bis eineinhalb Jahre ein. Plötzlich ein leises, tiefes Maunzen. Auf einmal kam Bewegung in ihn. Er stolzierte an mir vorbei ins Wohnzimmer und begann das Terrain zu inspizieren. Als ich ihm folgte, sah er mich an und gab so etwas wie ein Knurren von sich.

„Du hast bestimmt Hunger und Durst", sagte ich zu ihm und holte aus der Küche eine Schale verdünnte Milch und den Rest von gebratener Leber vom Mittagessen und stellte alles vor ihm hin. In Windeseile hatte er die Milch ausgetrunken und die Leber in kurzen Bissen verschlungen. Dann begann er hektisch sein Fell zu putzen. Er legte Wert auf Körperpflege. Danach inspizierte er die ganze Wohnung, schnupperte an Möbeln, Teppichen, Fußböden und Gegenständen, kam zurück ins Wohnzimmer, sah mich an, legte sich dann in den weichen Sessel und gab mir zu verstehen, dass das jetzt „sein" Sessel war. Ich betrachtete ihn lange in seiner jungen Anmut, eingerollt lag er da. „Bitte bleib bei mir, Streunerkater", sagte ich. „Ich werde dafür sorgen, dass dein Fell bei mir wieder schön glänzt, dass du dich wohlfühlst und wieder eine ungewöhnliche Katzenschönheit wirst." Bevor ich ins Bett ging, streichelte ich ihn. Er blinzelte kurz und schlief weiter. Gegen fünf Uhr morgens stand er vor meinem Bett und forderte sein Frühstück. Vielleicht hatte er meine Bitte zu bleiben verstanden.

Am nächsten Morgen besorgte ich alles, was ein Katzenwesen braucht. Und Streunerkater blieb. Ich nannte ihn Odysseus. Er musste schon längere Zeit unterwegs gewesen sein, zwar nicht so lange wie der Sagenheld, aber er zeigte Würde, Stärke und Abenteuergeist wie der sagenhafte Held.

Nachts mischte er sich manchmal in die Gesellschaft der Katzenkavaliere und kätzischen Abenteurer und Abenteurerinnen und kam frühmorgens immer wieder zurück. Am Tag streifte er durch die umliegenden Gärten und sonnte sich.

Wir hatten eine gute Zeit zusammen mit Spielen und Schmusen in meinem Bett auf dem Kopfkissen.

Einen ganzen Winter lang blieb Odysseus bei mir. Als die ersten goldgelben Narzissen die Wiese hinter dem Haus in einen leuchtenden Sternenteppich verwandelten und die Vögel in den Laubbäumen ihre Frühlingslieder zwitscherten, wurde Odysseus unruhig. Er maunzte vor sich hin, lief ruhelos umher, schaute in Fernen, die nur er als mystisches Katzenwesen ahnen konnte, blickte nachts zum Sternenhimmel und Vollmond, als könnte er von dort die Antwort auf die mystische Fernsehnsucht in sich finden, die ihn rief, aufzubrechen in unbekannte Katzenwelten. Der blaue Frühlingshimmel war wie eine Verheißung. Als der Frühlingswind über die Narzissen wehte, die nicht zum Fortgehen bestimmt waren, kam die Schafherde auf dem Weg zur höher gelegenen Bergwiese vorbei. Odysseus, der die Schafe schon lange wahrgenommen hatte, bevor ein menschliches Ohr sie hätte wahrnehmen können, stand auf der Terrasse und zitterte vor Aufregung. Als die Herde auf dem schmalen Weg in Richtung Bergwiese hinter dem Haus angekommen war, gab es für Odysseus kein Halten mehr. Er lief zwischen die Tiere, umkreiste sie, wich den Hirtenhunden aus, kam zurück, und das Spiel begann von Neuem. Ich war auf die Terrasse getreten und sah dem Treiben zu. Der Schäfer hielt inne, zog seinen Hut und rief mir scherzhaft zu: „Soll ich die schwarze Samtpfote mitnehmen, das Spiel scheint ihr zu gefallen?"

Odysseus unter der Obhut des guten Hirten. –

Ehe ich antworten konnte, hatte Odysseus entschieden. Er kam zu mir zurück und blickte mich an. Einen Augenblick wie eine Ewigkeit. Der dunkle Engel Schmerz. Der Blick fiel in meine Seele. Dann lief er der Herde nach. Bevor er in der Biegung verschwunden war, drehte er sich noch einmal zu mir um.

„Was du liebst, lass frei. Kommt es zurück, gehört es dir. Für immer." (Konfuzius)

Ich ließ alles so, wie Odysseus es zurückgelassen hatte: seinen Futternapf, die Getränkeschale, Körbchen, Spielzeug, seine Lieblingsmaus auf der Decke in „seinem Sessel". Es blieb die Erinnerung in mir an sein kätzisches Baritonsingen, wenn er schnurrte, unser Schmusen, die Wärme seines Fells, unser gemeinsames Spielen, seine tiefe Gelassenheit, seine sensiblen Sensoren, wenn er bei mir war und es mir nicht gut ging, sein Seelentrost. Alles, was er mir geschenkt hatte. „Du willst Odysseus doch wiederhaben", sagte meine Freundin zu mir. „Warum suchst du ihn nicht über die Medien, über Zeitungsanzeigen, Suchmeldungen am Schwarzen Brett im Supermarkt, stell eine Belohnung in Aussicht." Ich schüttelte den Kopf. „Konfuzius", erwiderte ich. Sie sah mich irritiert und besorgt an. Ich winkte ab. „Ach, lass es", sagte ich.

Der Frühling, der Sommer, der Herbst, der Winter vergingen. Der Frühling, der Sommer des neuen Jahres waren vorbei. Im Herbst formierten sich die Zugvögel zur großen Reise in den Süden. Die Laubbäume hielten die letzten bunten Blätter fest, von denen der Wind die meisten der Erde geschenkt hatte. Als die große Buche vor dem Dachfenster ihr letztes Blatt verloren hatte und sie kahl, schutzlos und wie ohne Trost wirkte, stand Odysseus vor meiner Tür. Er war erwachsen geworden, groß und schön. Er blickte mich an wie beim ersten Mal.

Odysseus, ich habe dich freigelassen. Aus Liebe. Du hattest die große Katzenfreiheit.

Was ist Liebe? Ein Mysterium höherer Ordnung? Ein strahlender Glanz? Ein wärmendes Licht? Ein Augenblick wie die Ewigkeit? Ein Pfeil, der mitten in unsere Seele trifft? Der dunkle Engel, dem wir ausgeliefert sind?

Odysseus, jetzt leben wir schon über sieben Jahre zusammen. Du bist zu mir zurückgekommen, nach all der Zeit. Jetzt bist du bei mir. Für immer. In unseren „Traumstunden" sitzen wir am Fenster. Du eng bei mir. Du singst mir dein kätzisches Schnurrbaritonlied. Und wir lassen die Zeit vergehen. Bis die Zeit uns gehen lässt. „Alles hat seine Zeit."

Anna Malou

Wiedersehen

Nach langer Zeit,
in der die Zeit stillstand,
in der die Zeit nicht vergangen ist,
in der die Gedanken immer wieder
Besuche machten,
in der die Zeit zu einer Ewigkeit
verkommen ist.

Eine andere Zeit,
nun, jetzt, auf einmal,
ist die Zeit da
für Freude und Glück,
für Abenteuer und Frohsinn,
für Zeit füreinander.

Und nach dieser Zeit
kommt wieder eine andere,
eine Zeit zum Erinnern
an glückliche Tage,
die hoffen lassen auf eine
neue Zeit.

Mutter

Es klingelt, sie wartet auf eine Reaktion. Doch nichts, kein Laut ist zu hören. „Mutter, bist du da?", kommt als Frage. Nichts, immer noch nichts. Noch einmal die Frage: „Mutter, bist du da? Mach auf, ich bin es!" Mit schlurfenden Schritten nähert sie sich, langsam, als ginge es darum, zu zeigen, dass nichts auf der Welt mehr wichtig ist.

Die Tür öffnet sich und eine kleine, zierliche Frau mit weißen Haaren, mit einem blassen Gesicht und hohlen Augen kommt zum Vorschein. Jedoch, sie hat blaue Augen, blitzend, lebendig. „Mutter, ich will dich abholen, um mit dir spazieren zu gehen, wir sind verabredet", gibt sie als Erklärung. Jedoch sieht die Mutter sie an, jetzt mit einem stumpfen Gesichtsausdruck und sagt sehr bestimmt: „Nein, ich will nicht."

Durch den geöffneten Türspalt zwängt sie sich, die Mutter, ihre Mutter, gibt ihr keinerlei Raum, damit sie hindurchgehen kann. Und dann, als sie im Flur steht, ist sie nicht sicher, ob ihre Mutter sie überhaupt erkennt. „Geht es dir gut?", fragt sie sicherheitshalber erneut. Pause – nichts – keine Reaktion. Da nimmt die Tochter die Mutter in den Arm und ein Sonnenstrahl durchbricht die blauen Augen der alten Frau. „Na, gut", sagt sie, „ich komme." Langsam, alle Bewegungen in Zeitlupe, beginnt sie sich anzuziehen. „Soll ich dir helfen?", kommt als Frage von der Tochter. „Nein, ich kann das", antwortet die Mutter. Es vergeht fast eine Viertelstunde, bis die alte Dame so weit ist, schließlich muss sie sich die Haare vor dem Spiegel auch noch frisieren. Eigentlich völlig unwichtig in ihrem Alter, oder?

Mit dem Fahrstuhl geht es nach unten, Mutter und Tochter gehen eingehakt, und nun freuen sich beide, beide lächeln ihr gleiches, so prägnantes Lächeln. Draußen scheint die Sonne, es ist noch warm, Spätsommer, und die Tochter denkt, dass ihre Mutter eigentlich viel zu warm angezogen sei für dieses schöne Wetter. „Aber Mutter ist erwachsen, das muss sie schon selbst wissen", denkt die Tochter etwas unsicher. Und sie denkt noch mehr: „Hoffentlich hat Julia ihre Schulaufgaben fertig, wenn ich wieder zu Hause bin. Und die Wäsche muss noch in den Trockner. Und für morgen vorkochen muss ich auch noch. Und die Zeitung muss zur Nachbarin. Und bei Sabine anrufen muss ich noch. Hoffentlich ist sie wieder gesund."

Inzwischen haben sie die Straße erreicht und laufen langsam im Tempo der Mutter den Bürgersteig entlang in Richtung See. Dort kann man immer so schön auf der Parkbank sitzen. Doch da kommt ihnen Frau Peters entgegen. Die alten Damen begrüßen sich freundlich, herzlich und haben endlos Zeit für ein Gespräch im Sonnenschein. Sie treffen sich heute nicht mehr so oft wie früher, es ist einfach alles zu schwierig geworden. Die Tochter tritt von einem Bein auf das andere, wartet und tritt wieder vor und zurück. Die Sonne scheint und erwärmt das Gespräch. Und sie wartet immer noch. Schließlich, nach einer weiteren Viertelstunde, haben die alten Frauen ihr Gespräch beendet und Mutter und Tochter können weiterlaufen.

Und es dauert nicht lange, da haben sie die Parkbank erreicht, stets ihr Ziel bei ihren Ausflügen nach draußen. Im Laufe eines Lebens werden die Ausflüge ins Glück eben kürzer. Sie sitzen nebeneinander, die Sonne erwärmt ihr zögerliches Gespräch, und doch, das Gesicht der Mutter ist jünger geworden in der letzten halben Stunde. Und die Tochter denkt wieder an zu Hause, an ihre Pflichten, daran, dass alles manchmal schwierig ist. Auch ist sie müde von der Arbeit, hatte Ärger mit ihrem Chef und fühlt sich heute nicht besonders gut. Ihre Mutter erzählt wieder einmal von früher, die Geschichten, die jeder schon hundertmal gehört hat, und doch, sie, die Tochter, hört wieder zu, tut interessiert, wieder einmal.

„Ach, ja, und die Schulter tut mir immer noch weh, ich weiß auch nicht, es ist manchmal einfach furchtbar", meint die Mutter plötzlich und reißt ihre Tochter aus ihren Gedanken, Gedanken an zu Hause, an die Arbeit, an ihre finanziellen Sorgen.

Und schließlich fragt die Tochter: „Na, Mutti, wollen wir wieder zurück?"

„Ach eigentlich ist es noch so schön, und ich habe noch Zeit", meint die Mutter daraufhin.

Und so sitzen sie weiter auf der Bank und ihnen geht ein wenig der Gesprächsstoff aus. Und so schweigen sie, schweigen weiter, schweigen wieder, so wie früher, wo man auch nicht über alles miteinander reden konnte.

Doch nach einer weiteren halben Stunde meint die Tochter: „Du, Mutti, ich muss jetzt los, wir sollten jetzt zurückgehen, denn Hans kommt nachher und der ist immer sauer, wenn er kein Essen bekommt."

„Na gut", meint die Mutter, „ich komme ja schon."

Und so erheben sie sich, und langsam schlurfend, sichtlich erschöpft, laufen beide zurück zur Wohnung der alten Frau.

Zu Hause angekommen, dauert es endlos, bis sich die Mutter, ihre Mutter, ihren Mantel ausgezogen hat, bis sie ihre Hausschuhe gefunden hat. Die Tochter sieht auf ihre Uhr, mehrmals. Und Mutter hat auf einmal noch mehr zu erzählen. Und die Tochter sieht wieder auf ihre Uhr, noch einmal. „Ja, ich weiß, du musst los", bemerkt da die Mutter und auf einmal sieht sie sehr winzig und sehr mitgenommen aus. Ihre Augen blicken trübe und das Blau leuchtet nur noch halb so intensiv.

Auf dem Weg nach Hause denkt die Tochter daran, wie es früher war, auch früher gab ihr die Mutter so manches Mal keinen Raum, ließ sie als junges Mädchen nicht das machen, was sie eigentlich wollte, auch beruflich nicht. Und nun ist sie trotzdem hier bei ihr, denn sie ist ihre Mutter.

Als die Tochter geht, denkt die alte Frau daran, dass sie früher stets auf ihre Tochter warten musste, als diese klein war. Immer wieder. Sie denkt daran, dass sie früher auch immer tausend Dinge tun musste. Und nun?

Der Kreislauf des Lebens holt eben jede Mutter ein.

Renate Folkers

Für Dich

Viele Jahre Lebenszeit,
das ist enorm,
oft nicht erreicht.
Du bist in Form
das sieht ein jeder,
hast Dein Leben gut im Griff.
Betriebsamkeit die Antriebsfeder,
Freundlichkeit Dein Fahrgastschiff.

Auf dieses Schiff ludst Du mich ein
wie selbstverständlich zuzusteigen,
solang ich mag Dein Gast zu sein,
um hier- und dorthin abzuzweigen.

Auf Pfaden, die wir nie gegangen,
entdeckten wir das junge Grün.
Von jenem neuen Lenz gefangen,
dem tausend bunte Blumen blüh'n.

Der Frühling schwand, nicht seine Blüten.
Ihr Duft schuf wonnevoll die Welt
aus Sommertraum und Vogelbrüten,
Wildschwein und Reh im Weizenfeld.

Beate Bartoschewski

Tagebuchnotizen

6. 3. '20

Ein Tiefausläufer löst den anderen ab. Kopf und Augen mögen es, wenn's nicht blendet. Schatten ist mein Ding, aber muss es dabei ständig dermaßen nass und windig zugehen? Trotz alledem genoss ich meine kleinen Ausflüge in die Umgebung. Außerdem kann ich mir nun über Folgendes sicher sein: Die Regenkleidung hält zuverlässig dicht.

Herrmann Löns, sogenannter Heidedichter. Auch in Schleswig-Holstein sind Straßen und Schulen nach ihm benannt. Wo ich schon mal hier bin, dachte ich gestern, kann ich mich ja mal auf seine Spuren begeben und mir ein wenig Bildung über diesen Dichter zulegen. Also fuhr ich wieder nach Walsrode, der Ort hat den Namenszusatz ,Herrmann-Löns-Stadt', zu dem dort befindlichen Heimatmuseum, welches jedoch erst im April öffnen sollte. In unmittelbarer Nähe stieß ich eher zufällig auf die Bronzestatue des Dichters. Ich stieg vom Fahrrad, um mir das Werk genauer anzuschauen, als mich ein Mann mittleren Alters ziemlich rüde ansprach: „Was glotzen Sie sich dieses Oberarschloch an!? Und denn noch als Frau … Versteh ich nicht … Oder wissen Sie gar nicht, was für'n Verbrecher das war?" Mein Erschrecken schnell überwindend entgegnete ich: „Na, wenn der wirklich so ein Verbrecher gewesen sein sollte, wie Sie behaupten, dann würde man ihm doch wohl nicht an jeder Ecke auf diese oder jene Weise begegnen." „Sind Sie so naiv, oder tun Sie nur so? Brauchen nur Ihr Wikipedia aufmachen; da können Sie sehen, was für 'ne Person das war! Antisemit, Frauenverachter – der hat Frauen gequält und ausgebeutet –, Rassist und Alkoholiker. Die Nazis haben sich seine Volkstümelei, das ganze Heimatgetue ausgiebig zu Nutze gemacht. Die Rechten von heute singen sicher gern seine vertonten Verse! Und Sie sind anscheinend auch eine von denen, die es einfach nicht wissen wollen!"

Ich schaute dem hageren Mann, von dessen Schirmmütze einzelne Regentropfen herabfielen, ins Gesicht. Wenn ich auch Spott in seinen Augen las, so war da auch etwas Gutmütiges. Er war mir irgendwie sympathisch. Zugleich schämte ich mich natürlich. Meine Unwissenheit war peinlich, und ich beeilte mich zu sagen, dass es mir wohl bewusst sei, dass es sehr oft geschehe, dass Leute, die es absolut nicht verdienen, öffentlich hohes Ansehen genießen.

„Tja, was auch immer Sie mir damit zu verstehen geben wollen ...", sagte er. Ich sah, ohne richtig zu sehen, meinen Kopf mit dem über den Helm gestülpten neongrünen Regenschutz in seinen Augen gespiegelt.

Regen hatte erneut eingesetzt. Hastig wendete ich das Rad, so dass ich fast mit dem Vorderrad über seine Gummistiefelfußspitzen rollte. (Was für ein herrliches Wort! Gibt's das überhaupt? Oder hab' ich das eben erfunden ...?)

Ich weinte. Plötzlich und unvermutet. Furchtbar war das. War zu wackelig auf den Beinen, um einfach aufzusteigen und abzuhauen. So eilte ich schiebend, das Rad als stützenden Gehwagen verwendend, den Lenker umklammernd, davon.

„Halt! Hallo, bleiben Sie doch stehen, bitte!" Er holte mich ein, seine Fingerspitzen berührten kurz ganz, ganz leicht die hässliche Jacke an meinem Ellenbogen. „Entschuldigen Sie; was fehlt Ihnen? Warum weinen Sie? Ich bitte Sie; bleiben Sie doch endlich stehen!"

„Ich hab's einfach so satt, ständig und ständig kritisiert zu werden. Alle hacken auf mir rum! Lassen Sie mich gefälligst in Ruhe!"

Es war wie in einem kitschigen Film. Ich hasste mein Selbstmitleid. Wehleidigkeit war mir von jeher ein Gräuel, und doch war ich nicht in der Lage, den Tränenfluss zu bremsen. Im Gegenteil; als er sich für seine Grobheit, wie er meinte, entschuldigte, und je freundlicher und mitfühlender er war, desto heftiger heulte ich Rotz und Wasser.

„Kommen Sie. So lasse ich Sie auf gar keinen Fall gehen!"

Und ich, ich hatte immer noch Puddingbeine. War mir sowieso alles egal. Nur irgendwo sitzen. Am besten sofort. Er stellte sich mit seinem Vornamen vor. Georg. Ich schwieg dazu. Bot an, das Rad zu schieben, was ich ablehnte. Auf den gut sichtbaren Aufkleber, den Max an den Rahmen geheftet hatte, „Muddi ist die Beste", hinweisend, meinte er lächelnd: „Na, Ihre Tochter oder Ihr Sohn hat Sie offensichtlich gern." Auch dazu sagte ich nichts. War mit Gehen beschäftigt. Nach nur wenigen Metern hatten wir einen Asia-Imbiss erreicht, und ich spürte Stabilität in die Beine zurückkehren.

„Sie sind eine bemerkenswerte Frau", sagte er verschmitzt lächelnd, nachdem wir an einem der Tischchen saßen, und er für jeden von uns ein Kännchen Jasmintee bestellt hatte, „wenn auch ein bisschen unhöflich, da Sie

mir Ihren Namen noch immer nicht verraten wollen ...,
Meiner ist übrigens Georg."

„Flirten Sie etwa mit mir?", fragte ich ziemlich aggres-
siv. Schlagartig entwickelte sich sein stilles Lächeln zu so
lautem Lachen, dass die Leute am Nebentisch sich zu uns
umdrehten.

„Schöne Frau, bin so durch und durch schwul; schwuler
geht nicht! Aber Sie haben schon irgendwie Recht. Flirte
tatsächlich, aber ohne die geringsten Absichten." Lachfältchen erstreckten sich um die braunen Augen fast bis zu den
Schläfen hin. Ein wenig Grau im feinen Haar, Geheimrats-
ecken. Kräftige, gesund aussehende Zähne, spitze, gerade
Nase im schmalen Gesicht. Alter schwer einschätzbar.

Wir tranken sehr, sehr viel Tee. Am Ende war mir ein
bisschen schlecht. Das merkte ich allerdings erst, nachdem
ich ihm, in der Zeit rückwärtsgehend, quasi mein gesamtes
Leben erzählt hatte. Beginnend mit Helena und ihrer Ausstellung, fortfahrend mit Weihnachten mit Mutter, Max,
Olga und all den Kindern, erwähnte die Fehlgeburt, und
dass Bruno und ich kinderlos geblieben sind. Ungefähr an
dieser Stelle verlor ich mich fast in detaillierten Beschreibungen von mit Jani geteilten Erlebnissen. Wieder strich
seine Hand beinah unmerklich über meinen Arm, aber
dieses Mal störte kein Jackenärmel die sanfte Berührung.
„Und vor Weihnachten? Was war da los?"

So konnte ich mich auf den berühmten „Roten Faden"
besinnen und berichtete – zeitweilig unter Tränen, derer
ich mich nun jedoch nicht mehr schämte – vom Kauf des
atlantiktauglichen Bootes durch die Erbschaft der Tante,
vom Schiffbruch, dem Verlust von Brunos Logbuch, von
der Säge- und Entrümpelungsaktion in Haus und Garten, von der Radtour zum Familienfest nach Berlin. Den
Krebs erwähnte ich nur kurz und recht lustlos; sprach da-

für gern ausführlicher über die Zeit, die Bruno und ich gemeinsam mit Max in dessen Haus lebten. Ja, selbst von Rudi erzählte ich ihm. Und natürlich vom Ei.

Jetzt, jetzt sei aber erst einmal die Reise nach Spanien dran. „Dort ist mir Verständnis sicher. Vielleicht auch Ergänzungen in der einen oder anderen Art", fügte ich noch hinzu.

Selten unterbrach er mich mit Bemerkungen wie: „Krass, ganz schön hart, Ihr Leben ..." (fühlte mich kurz an Max erinnert, denn auch er benutzt häufig das Wort „krass", und fürchtete kurz, er wolle zum Du übergehen), oder Zwischenfragen, wie zum Beispiel: „Wünschen Sie sich eigentlich, dass Ihr Mann bald wieder zu Ihnen kommt?" oder: „Die Beziehung Ihrer Schwester, Ihrer Kinder und Ihnen kapier' ich nicht. Zwei Mütter sozusagen; geht das ...?"

„Womöglich fahre ich deshalb weite Wege, um die Antworten auf Ihre Fragen zu finden", sagte ich zu meinem eigenen Erstaunen über diese, wie ich finde, ziemlich schwülstige Aussage, die jedoch genau das ausdrückte, was ich fühlte.

„Aber eigentlich hab' ich doch noch gar keine Fragen gestellt, oder ...?", meinte er da fast kleinlaut.

Beim Niederschreiben erfasst mich wieder neu tiefe Verwunderung über diese Begegnung. Wie nur war es möglich, dass ich zu diesem fremden Manne so unbegrenzt Vertrauen fasste und ihm stundenlang sogar die intimsten Dinge erzählte!?

Nachdem der Wirt uns ungebeten einen Teller mit Frühlingsrollen hingestellt hatte, mit den Worten: „Guten Appetit! Geht aufs Haus", forderte ich ihn, meine neue Bekanntschaft, auf, jetzt doch bitte auch aus seinem Leben zu berichten.

„Verheiratet, politisch einigermaßen engagiert und kinderlos."

„Ich dachte, Sie sind homosexuell … Da geht das mit Kindern ja sowieso nicht", meinte ich blöde.

Und er daraufhin: „Wenn ich Sie nicht so nett finden würde, würd' ich jetzt aufstehen und gehen! Also: bin mit meinem Mann verheiratet! Das ist möglich heutzutage …", er lachte spöttisch. „Wir hatten überlegt, ein Pflegekind aufzunehmen bzw. zu adoptieren; die Hürden, unser Ziel zu erreichen, waren uns aber entschieden zu hoch. Allerdings sind wir glückliche Onkels von etlichen Nichten und Neffen, und außerdem bin ich Erzieher und daher tagtäglich von Kindern umgeben. Mein Leben ist nicht spektakulär hier in der Heide. Aber es ist ganz genauso, wie ich es – jedenfalls momentan – haben möchte."

Fassungslos über die eigene Dummheit stotterte ich so etwas wie eine Entschuldigung, wozu er abwinkend meinte: „Schon gut. An sowas sind wir gewöhnt."

Irgendwann klingelte sein Handy, und sich selbst unterbrechend, wandte er sich an mich: „Mein Mann fragt, ob Sie mitkommen wollen. Er hat was gekocht."

Zwar rührte mich diese Einladung; dennoch zog ich's vor, für mich zu sein und in die Jugendherberge zurückzukehren.

Sein gesamtes Verhalten hatte sich von dem der doch zumeist so vorwurfsvollen Meckerer unterschieden. Keine seiner Fragen oder Äußerungen war abwertend gewesen. Ja, gekennzeichnet war jede seiner Aussagen durch mitfühlendes Interesse.

Kürzlich verwendete ich das Wort „Blickwinkel". Kein Winkel mehr seit gestern. Dank der gestrigen Begegnung ist mir dieses Wort in den Sinn gekommen: „Blickfeld".

Ein neuer Tag, und ich erlaube mir schreibend einen Blick über dieses Feld. Als flöge ich hoch oben. Ein losgelöster, wilder Vogel. Mit Gelassenheit das Leben überschauend.

Ja, Unschlüssigkeit, Unwissenheit sind nicht zu übersehen. Na, und; ich lebe! Kann doch jederzeit etwas drehen, womöglich verbessern, ändern. Wenn ich's nur will. Es ist einfach. In Ruhe, und die Zeit nehmen, die ich brauche. Denn auch die Opern von Rossini z. B. – diese Meisterwerke mit dem tollsten Temporeichtum – mussten schließlich Note für Note exakt von ihm zu Papier gebracht werden … Wenn ich will, kann ich Bruno bitten, zu mir zu kommen. Wenn ich will, kann ich mich bemühen, über meinen beschränkten Tellerrand zu sehen. Wenn ich will, kann ich versuchen, Lügen, die es da gibt zwischen Olga und mir, zu beseitigen. Die „Leichen aus dem Keller holen", wie es so schön heißt. Alles steht mir offen, wenn ich nur will. Ich weiß nicht, was ich will. Und ob überhaupt. Vorerst eher nicht.

Streiche den Zettel mit seiner Adresse, seiner Handynummer sowie seinem Namen glatt und lege ihn zwischen die Seiten meines Notizhefts. Während er ihn beschriftete, hatte er gefragt: „Wollen Sie mir nicht endlich Ihren Namen verraten, meinen wissen Sie schließlich auch …?"

Und ich sagte: „Bruno nannte das Boot ‚Hilde'. Heiße genauso." Nicht zu fassen! Was für eine verrückte Antwort.

Da hatte er eine meiner Hände in die seinen genommen, den Blick meiner Augen suchend, und erst langsam und dann ernst sprechend: „Um das mal klarzustellen: Nicht Sie wurden nach dem Boot benannt, sondern das Boot nach Ihnen!"

Und bereits vor der Tür des Lokals stehend, meinte er noch: „Guck' Nachrichten, bitte!" (Da hatte er mich doch tatsächlich fast unbemerkt geduzt.) „Das mit dem neuartigen Virus sollte keiner von uns auf die leichte Schulter nehmen. Wir haben ein Auto. Am Wochenende könnten wir Sie nach Kiel fahren. Sie können doch später, wenn das alles vorüber ist, immer noch zu Ihrer Kusine und der Bildhauerin reisen. Übrigens kenne ich ihre Werke aus dem Internet. Rufen Sie mich an, wenn Sie das wollen. Wir besitzen auch einen Fahrradträger fürs Auto. Außerdem gebe ich zu, dass ich allzu gern das Ei sehen würde. Bin ein Verehrer der Frau Marea."

Der Fernsehapparat war rasch gefunden.

Bleibe eine weitere Nacht hier. Will mir über ein paar Dinge unbedingt Klarheit verschaffen, bevor ich höchstwahrscheinlich morgen früh die Fahrt fortsetze.

Bedaure, die Tagesschau gesehen zu haben, denn jetzt weiß ich nicht, wie ich all diese Bilder und Berichte aus dem Kopf bekommen soll: Feuerpause in Syrien, viel zu ernst blickende Kinder in einem überfüllten Flüchtlingslager, Politiker, die sich nicht mehr die Hände reichen, hohe Infektionszahlen in ganz Europa, besonders in Italien, wo es an Schutzkleidung und Personal fehle, Krankenhausstationen, auf denen sich vorbereitet wird, Kurzarbeit bei Lufthansa, und ja, der internationale Frauentag; von ihm war ebenfalls die Rede. Wie immer wurde der Mangel an Gleichstellung kritisiert. Und für morgen und die folgende Woche sind Regen und Wind angekündigt.

Uta Franck

Aus der Tonart gefallen

Ich bin aus der Tonart gefallen
weil du das Meer in den Augen hast
in dem ich das Schwimmen lernte
an den Nacken des Vaters gehängt
Salzwasser trägt

Ich bin aus der Tonart gefallen
weil du den Klang in der Stimme hast
wie die Krabbenfischer am Meer
die bei kommender Flut
den Hafen verlassen

Ich bin aus der Tonart gefallen
weil du den Sturm in den Haaren hast
der aus Nordwest bläst
und bei Springflut Löcher
in die Deiche frisst

An die Lahnungen klatscht das Wasser

Nur Liebende
wandern allein übers Watt
vor heiseren Seevogelschreien
sie hören das leise Klingen im Schlick
An die Lahnungen klatscht das Wasser

Nur Liebende
riechen das Salz auf der Haut
und den Teer von gestrandeten Hölzern
sie sehen den Sand fahl meerwärts wehen
wenn abends der Wind von Land kommt

Nur Liebende
stemmen sich gegen den Sturm
weil die Einsamkeit wächst
Nebelhorn tönt

Augenblick
für Karl Krolow

Scheu kam ich an und sehr verletzt
ich hörte zu er sprach von sich
Ich spürte sein Wohlwollen jetzt
und ich vergaß die Angst um mich

Und als ich meine Angst vergaß
verriet ich schweigend mehr als er
Er wusste nicht wer vor ihm saß
und redete von sehr weit her

Des Augenblickes Leichtigkeit
doch immer noch zur Flucht bereit
Den Blick der raschen Augen

flüchtig auf mich
erkundete er sprechend sich
Wir wollten füreinander taugen

Wolf-Ulrich Cropp

Liebe in Zeiten von Corona

Für Paul war es Liebe auf den ersten Blick. Sie begegneten sich auf dem Jungfernstieg. Sahen zufällig in dasselbe Schaufenster des Juweliers Wempe. Für Sekunden nur. Er sah ihre Augen: dunkelgrün, von einem feinen Lidschatten umrandet. Die geschwungenen Augenbrauen, eine hohe Stirn. Einen Haaransatz, der unter dem Hut schwarze Locken vermuten ließ.

Paul, ein junger Anwalt, der überaus eloquent und charmant sein konnte, sprach sie, ganz einfach so, von der Seite an. Er fühlte sich wie vom Blitz getroffen. Und sie war nicht abgeneigt, ihm zu folgen. Also schlenderten sie über die Straße, setzten sich gemeinsam auf eine Bank an der Außenalster, um etwas zu plaudern. Sie hieß Claudia, studierte Psychologie im letzten Semester.

Sie bat ihn, eine Maske anzulegen. Paul Krüger entsprach ihrem Wunsch. So unterhielten sie sich eine ganze Weile mit gedämpften Stimmen.

Claudia beklagte die Zeit, in der weder Bekanntschaften noch Freundschaften oder Flirts möglich seien. Es gebe keine Berührungen mehr, keine Umarmungen, geschweige Liebkosungen. Man gehe sich ständig aus dem

Weg. Ja, sie sei überzeugt, dass die Kontaktarmut zur Vereinsamung führe und seelische Schäden verursache. Wesensveränderungen hätten sich bereits bei jüngeren Menschen beiderlei Geschlechts herausgestellt.

Paul pflichtete ihr bei: „Was für ein Jahr liegt hinter uns! Corona ist wie ein Brennglas über die Welt gezogen und hat unbestechlich alles aufgedeckt, was wir vielleicht gerne mal aus den Augen verlieren: unsere Abhängigkeit, aber auch unsere eigene Leistungsfähigkeit, unsere Urteilskraft, aber auch unser Streitpotential, unseren Gemeinsinn und unseren Egoismus …"

„Oh ja," fiel Claudia ihm zustimmend ins Wort. „Corona hat uns auch wieder etwas über verschüttete Werte nachdenken lassen. Perspektiven haben sich verschoben. Manches Unmögliche wurde praktisch über Nacht möglich. Undenkbares denkbar. Neben den vielen Einschränkungen, die wir alle hinnehmen müssen, haben sich aber auch neue Möglichkeiten, gar Chancen ergeben. Chancen, um eine bessere Zukunft zu gestalten? Neue Schritte gehen, die sonst lange auf sich hätten warten lassen. – Doch wir müssen in der Pandemie sehr viel Ungemach ertragen: wirtschaftlich, sozial, emotional, vielleicht auch politisch. Was mir besonders Sorgen bereitet, ist, dass die Seele, die Psyche, Verhaltensweisen unter Corona leiden, respektive Veränderungen verursachen. Im Anfangsstadium kaum erkennbar, wird die Seele heimtückisch angegriffen, irreparabel manipuliert!"

„Hinzu kommt: Krisen dieser Art sind ein Fest für Populisten, denn sie müssen nicht an Lösungen arbeiten, sondern beschränken sich darauf, Ängste zu schüren, Wut zu befeuern und Widersprüche auszuschlachten. Corona ist eine Zeit der Angst und Unsicherheit, bisweilen der

Wut über vermeintlich ungerechte Entscheidungen", warf Paul ein.

„Der Staat ist nicht klüger. Aber er kann seine Fehler verpflichtend machen", sagte Claudia und lächelte hinter der Maske, was Paul an ihren Augen erkannte.

„Das Coronavirus wurde von Menschen binnen kürzester Zeit um die Welt getragen. Auch andere Viren, die den Menschen eigentlich nicht betreffen, sind zur Pandemie-Gefahr geworden. Forscher warnen seit Jahren davor!"

„In der Tat, da stimme ich Ihnen zu."

In der Beurteilung der Situation waren sich die Diskutanten einig. Erkannten eine fast harmonische Gemeinsamkeit im Geiste. Da schwang sogar Vertrautes mit. Das fühlte Paul. Der Zufall hatte sie zusammengeführt. Er war dankbar, und er war sich sicher, auch Claudia müsste Ähnliches empfinden.

Eine so schöne Übereinstimmung durfte nach einem einzigen Gespräch nicht ausklingen. Also verabredeten sich die beiden für den nächsten Tag auf derselben Bank.

Paul passte das Rendezvous sehr gut. Sein Büro lag im Neuen Wall, wenige Schritte entfernt. In der Mittagspause gelangte er rasch an die Alster.

Claudia konnte sich die Zeit recht frei einteilen. Vom Dammtor, in Uni-Nähe, hierher war für sie ein willkommener Spaziergang.

So trafen sich Paul und Claudia immer wieder auf ihrer Bank, die man schon Liebesbank nennen konnte. Er war nämlich verliebt. Ließ sich jedoch nichts anmerken. Insgeheim hoffte er, dass Amors Pfeil auch Claudias Herz berührt hätte.

Sie diskutierten über Psychologie, ihr Lieblingsthema, Politik, Ökonomie, Kunst und philosophierten, wie die Welt zu verbessern sei … Geistig kamen sie sich Schritt für Schritt näher. Paul, nun richtig verknallt, sehnte die anregenden Gespräche regelrecht herbei. Auch glaubte er, dass Claudia sein Empfinden teilte.

Nach dem fünften oder sechsten Treffen wuchs sein Wunsch, sie näher kennen zu lernen. Stets erschien sie in einem grauen Mantel, dem Hut und der medizinischen weißen Maske, die Mund und Nase vorschriftsmäßig verdeckte.

Noch nie hatte Paul ihr Gesicht gesehen, bis auf die grünen Augen, die ihn von Anfang an faszinierten.

Heute nahm er sich ein Herz und fragte: „Claudia, bitte, darf ich Sie für heute Abend zu mir einladen. So gern würde ich Sie bei einem Gläschen Wein, einem kleinen Imbiss einmal etwas näher kennen lernen. Wären Sie einverstanden?"

Claudia wandte sich ab. Blickte über die Alster, wo Gänse und Schwäne lustig turtelten. Dann schaute sie Paul prüfend an, ihre Augen leuchteten, als sie antwortete: „Ja, gern."

Pauls exklusive Dreizimmerwohnung lag im ersten Stockwerk in der Isestraße.

Als es um 19 Uhr klingelte, fühlte er sich ganz leicht, so, wie Glück sich anfühlt. Er öffnete. Sie stand in der Wohnungstür. Eigentlich wie immer: grauer Mantel, Hut, Mund-Nasen-Schutz. Nur die Schuhe waren dieses Mal keine Turnschuhe, sondern hochhackige Pumps in auffallendem Rot.

Sie trat in die Wohnung. Paul vernahm das fordernde Klacken ihrer Absätze, die sich ihm näherten. Er wich zurück. Claudia tat so, als ob sie sich heute das erste Mal begegneten. Jedoch in einer gänzlich anderen Rolle.

Paul war erst perplex, lächelte schief, spielte aber mit. Er ging davon aus, dass sie die Maske abstreifen, ihm lachend entgegentreten, das Theater, als charmante Einlage, gleich beenden würde.

Weit gefehlt. Claudia spielte das überraschende Stück, als wäre es eine Uraufführung.

„Nix da!", sagte sie bestimmt, als Paul sie für einen Begrüßungskuss an sich ziehen wollte.

„Was sucht eine so schöne Frau in meinen bescheidenen vier Wänden?", sagte Paul und spielte den Amüsierten.

„Das fragst du noch? Du hast mich bestellt. Also, ich bin nicht umsonst hier. Und Küssen kostet extra!" Claudia schob ihn vor sich her. „Wo ist dein Schlafzimmer?"

Er stieß mit dem Rücken die Tür auf. Sie standen vor seinem Bett.

„Nun mal her mit den Scheinen. Vorkasse, wenn ich bitten darf. No money, no honey!"

Ihre ordinäre Sprechweise belustigte Paul. Er fand es wunderbar, dass sie ihn jetzt duzte.

„Was bekommst du?", fragte er schnippisch.

„Den ganz normalen Nuttentarif. Für's Kommen das Doppelte."

Er legte einige Scheine auf den Nachttisch. Sie zählte aus dem Augenwinkel mit.

„Ich hab's gewusst, du bist einer von der spendablen Sorte. Oder einfach nur scharf auf mich?"

„Beides!", sagte Paul und lächelte, er wurde von Claudias Nummer animiert.

Der Anwalt musste sich jetzt beherrschen, sie nicht zu berühren. Ein schwer bezähmbarer Drang stieg in ihm auf. Paul wunderte sich über ihre Stimme: Die feine, mädchenhafte Tonlage, die er an der Alster so genoss, versteckte sich hinter der groben, provozierenden Sprache. Ihm konnte sie nichts vormachen, sagte sich Paul. Ich erkenne ihre Stimme, selbst wenn sie chinesisch reden würde.

Sie waren wie zwei Kinder, versunken in ein Spiel, das kein Erwachsener begreifen würde. Für Paul agierte Claudia auf unbekanntem Terrain.

„Nun mach schon!", bat Paul.

„Was denn?", sagte sie listig. „Was soll ich machen?"

„Dich ausziehen! Ich kann nicht mehr an mich halten." Der Anwalt griff nach ihr.

„Finger weg! Anfassen erst, wenn ich es dir erlaube."

Claudia legte den Hut ab – tatsächlich hatte sie blauschwarze Locken –, knöpfte langsam ihren grauen Mantel auf und legte ihn über eine Stuhllehne. Nun stand sie in einem scharlachroten Wollkleid vor ihm. Das Kleid war hauteng, brachte Po und Busen zur Geltung. Paul glotzte auf ihren Körper und sagte: „Nackt kostet extra – nicht wahr?" Beide lachten. Es sollte ein Scherz sein.

Das scharlachrote Kleid glitt an ihr herab. Jetzt war sie nackt, wie Gott sie geschaffen hatte, und begehrenswert. Eine Aphrodite mit Maske. In Pauls Lenden tat sich etwas. Sein Verlangen war fast schmerzhaft. Er wollte ihr den verdammten Mund-Nasen-Schutz herunterreißen, sich auf sie stürzen.

Sie verpasste ihm eine schallende Ohrfeige. Erschrocken wich er zurück. Kam sich vor, als schlüge er aus einem reinen, unendlich fernen Himmel hart auf die Erde.

Ihr Blick schweifte an Paul vorbei, landete auf einem Wandspiegel, in dem sie sich sah. Ihr verführerisch-hämisches Grinsen riss ab. Ihre Augen verengten sich erschrocken zu engen Schlitzen.

„Wie sehe ich denn aus? Mein Gott, bin ich das? Wo bin ich überhaupt? Wer hat mich hierhergebracht? Was wollen Sie von mir? Was haben Sie mit mir vor? Und was ist das für ein ordinäres Kleid?" Claudia schluchzte hilflos.

Paul, der sich wieder gefangen hatte, breitete die Arme aus, wollte sie trösten.

Doch sie wich schreckhaft zurück. Geduckt klaubte sie ihre Kleidung zusammen.

„Bitte, bitte, tun Sie mir nichts. Lassen Sie mich einfach gehen!", flehte sie, streifte sich den Mantel über, schlüpfte in die Schuhe. Hastete zur Haustür, verwirrt, wie ein in Panik geratenes Tier. Riss die Tür auf und rannte die Treppe hinab.

Paul stand an der Schwelle, blickte verstört wie in ein schwarzes, unbegreifliches tiefes Loch …

Renate Labusga

Sehnsucht nach Glück

Endlich angekommen! Dem trostlosen Dezemberwetter entflohen. Beim Verlassen des Flugzeuges die warme Luft spüren und durchatmen. Das Gesicht in die Sonne halten und merken, wie gut das tut! Lotte ist jetzt überzeugt, dass sie die richtige Entscheidung getroffen hat. Entgegen allen Einwänden von Tochter Katja und der Familie hat sie beschlossen, die Weihnachtstage und den Jahreswechsel auf Fuerteventura zu verbringen. Sie will nicht nur von Erinnerungen leben, sondern die Vergangenheit noch einmal aufleben lassen. Nur so kann sie etwas Neues für sich beginnen.

Tief in ihrem Herzen hatte Lotte einen Sehnsuchtsort. Einen Ort, wo sie vor fünfzehn Jahren das große Glück fand, es aber nicht festhalten konnte. In ihren Träumen war sie in der Vergangenheit oft dort. Aber sie hat es nie zugelassen, dass die Gefühle von damals ihr Leben mit der Familie beeinträchtigten. Je näher der Tag der Abreise kam, umso aufgeregter und unruhiger wurde sie. ,Hoffentlich laufe ich nicht vierzehn Tage traurig am Meer entlang und wünsche mir, zu Hause zu sein‘, so ihre stille Befürchtung. ,Egal, entschieden ist entschieden, ich fliege!‘ Auf dem Flug waren die Ereignisse von damals plötzlich so nah, als wäre es gestern gewesen. Auch damals kam sie allein an.

Ihr Mann lebte für seine Arbeit als Anwalt und fand wenig Zeit für gemeinsame Unternehmungen. Erst recht nicht für einen langen Urlaub in der Sonne. Er wanderte lieber in den Bergen, wenn er sich Urlaub gönnte. Dabei konnte Lotte ihn nicht immer begleiten, da Tochter Julia noch zu klein war. So blieben immer nur ein paar Tage Bodensee oder manchmal die Nordsee für den gemeinsamen Urlaub. Sonne und Wärme am Meer, und das im Winter! Uwe sah keine Möglichkeit in seinem Zeitplan, um ihr diesen Wunsch zu erfüllen. Das verletzte Lotte sehr.

Später war die Tochter ausgezogen und lebte bei Frankfurt und sie waren wieder zu zweit. Eine ungewollte Leere stellte sich ein. Fünfundzwanzig Jahre lang hatte sich alles um Familie gedreht, inklusive Schwiegereltern. Ihr Beruf als Leiterin von Reha-Sportgruppen machte ihr Spaß, aber sie wollte sich jetzt unbedingt einen Wunsch erfüllen.

Sie liebte ihre Familie, aber fühlte sich so unbeachtet. Sie entschied sich kurzerhand: ‚Dann fahre ich eben allein.‘ Augenblicklich buchte sie vierzehn Tage in einem Clubhotel auf Fuerteventura. Wärme, Geselligkeit und Sport, genau das brauchte sie jetzt.

Auf der Insel angekommen, war sie voller Tatendrang. Das Sportangebot war wirklich wunderbar. Vor dem Frühstück lief sie an den Strand und schwamm einige Minuten. Danach schmeckte das Frühstück vom Buffet umso besser. Es war so herrlich, direkt am Meer zu sein. Sie vermisste Uwe und nahm es ihm übel, auch dieses Mal keine Zeit zu haben! Am dritten Tag hatte sie sich schon eingelebt und bereute ihre Entscheidung nicht.

Nach dem Frühstück entdeckte sie eine freie Liege mit herrlichem Meerblick und machte es sich bequem. Das eintönige Geräusch der Wellen war so entspannend. Sie schloss die Augen. Plötzlich bemerkte sie einen Schatten über sich und schreckte hoch. Verwundert schaute sie auf einen Mann, der unvermutet auf allen vieren halb unter ihrer Liege lag.

„Was soll das werden?", fragte sie. Sie dachte gleich an Diebstahl oder Ähnliches.

Er krabbelte unter der Liege hervor, schaute sie mit hochrotem Gesicht an und stammelte etwas: „Verloren … Verlegt … Armbanduhr?"

Beide brauchten einen Moment, um eine sinnvolle Unterhaltung zu führen. Er stellte sich als Johannes Ebel vor. Seine Armbanduhr hätte er auf der Liege vor einer halben Stunde noch gehabt. Nur hier könne er sie vergessen haben! Gemeinsam hoben sie die Liege zur Seite. Und da lag auch die vermisste Uhr!

Als Entschädigung für den Schreck lud er sie zu einem leckeren Cocktail ein. Er war so jungenhaft und charmant, dieser Johannes. Es war, als würden sie sich lange kennen. Johannes war auch verheiratet, er lebte in Wien, war selbstständig und hatte zwei erwachsene Kinder. Er war fünfzig Jahre alt und sah unverschämt gut aus. Wenn er lachte, bildeten sich zwei Grübchen auf seinen Wangen und seine Augen waren so blau wie das Meer.

Lotte strich sich instinktiv durch die Haare, das machte sie immer, wenn sie ratlos war: Johannes und sie hatten sich Hals über Kopf ineinander verliebt!

Der Verstand wollte keine Experimente zulassen, aber die Gefühle hatten den Verstand ausgeschaltet. Sie passten so gut zusammen, hatten den gleichen Humor, die gleichen Vorlieben.

So vergingen zehn wundervolle Tage wie im Traum. Beide waren nicht mit dem Ziel auszubrechen in den Urlaub geflogen. Nun kämpfte Gefühl gegen Vernunft.

Sie wollten fünfundzwanzig Jahre mit der Familie nicht einfach beenden. Aber beide spürten auch, dass ihre Gefühle füreinander nicht nur ein Flirt waren. Jeder für sich lief zwei Stunden alleine am Strand entlang, tosende Wellen um sich und brodelnde Gefühle in sich. Lotte setzte sich am Rande der Steilküste auf einen Stein, trocknete ihr Gesicht und hatte ihre Entscheidung getroffen. Johannes und sie kamen fast gleichzeitig an ihrem Lieblingsplatz an, dem Ort, an dem sie sich das erste Mal getroffen hatten. Beide umarmten sich wortlos. Ihnen fehlten die Worte und beide wussten nicht, wie der andere sich entschieden hatte.

Unter Tränen sagten beide, dass diese Tage Träume bleiben sollten. Zu Hause erwartete sie die Realität: der Alltag, die Familie und Verpflichtungen. So wollten beide keinen Kontakt in der Zukunft und diese Tage als Kostbarkeit in ihren Herzen bewahren. Traurig, aber dankbar, dass sie sich begegnet waren.

Beide saßen sie an diesem letzten gemeinsamen Abend unter der Palme neben dem Pool und hielten sich ganz fest. Sie wussten, dass es kein Morgen für sie gab! Am nächsten Tag flogen beide wieder in ihr altes Leben zurück.

Lotte hatte so manches Mal diese Erlebnisse vor Augen, aber sie wusste, dass sie nicht anders handeln konnte: ihre Familie war da. Sie war hier nicht unglücklich. Manchmal fragte Uwe sie, wo ihre Gedanken seien. Dann erschrak sie und sagte: „Alles ist gut."

Seit sie mit fünfundsechzig Jahren Witwe geworden war, kamen die Bilder von damals immer öfter wieder, und sie fasste den Entschluss, ihren Sehnsuchtsort noch einmal zu besuchen, fast zwei Jahre nach dem Tode ihres Mannes wollte sie diesen Ort noch einmal sehen!

Sie sitzt im Taxi, das sie in das Club-Hotel von damals bringt. Die ganze Anlage ist nicht mehr so, wie es damals war, sie wurde komplett umgebaut. Aber das Meer ist genauso nah und faszinierend.

Lotte erkundet das gesamte Umfeld und findet den Ort, an dem sie Johannes kennen gelernt hatte. Fast unwirklich tauchen die Bilder von damals vor ihren Augen auf. Sie denkt: ‚Bald ist Weihnachten, und ich begegnete hier meiner Vergangenheit.‘ Aber sie will die Tage genießen und nicht Trübsal blasen.

Sie muss sich sputen, denn sie hat sich zu einem Pilates-Kurs angemeldet. Das ist für sie neu, und sie möchte es einmal ausprobieren. Als Letzte kommt sie in den Raum und hat gar keine Zeit zum Begrüßen der acht Teilnehmer. Nach dieser Stunde sind alle begeistert und gehen zu einer Saft-Bar, um sich bekannt zu machen. Mit O-Saft im Glas dreht Lotte sich zu einem Gast um, den sie von der Seite ungefähr auf ihr eigenes Alter schätzt. Im selben Moment tut er das Gleiche und Lotte fällt das Glas aus der Hand. Ein paar strahlend blaue Augen schauen auf sie.

„Johannes?“, stammelt sie fragend.

Er wird blass, nickt und nimmt sie in den Arm.

Beide weinen vor Glück. Fünfzehn Jahre sind wie weggefegt! Die gleichen Gefühle wie damals sind wieder da. Johannes erzählt ihr, dass er seit vier Jahren Witwer ist und inzwischen schon dreimal in diesem Club war, weil er sich ihr hier immer nah gefühlt hatte. Nachdem beide so langsam begreifen, dass dies jetzt kein Traum ist, sondern die Wirklichkeit, erklären sie fast gleichzeitig: „Ich lass dich nie wieder los.“

Arm in Arm machen sie einen Spaziergang am Meer und haben sich so viel zu erzählen.

Das Meer ist fast still geworden, als hätte es voller Ehrfurcht zugehört. Lotte schaut Johannes ernst an: „Kneif mich einmal, damit ich weiß, dass du wirklich bei mir bist."

„Ja, es ist kein Traum mehr. Ich halte dich in meinem Arm und ab jetzt glaube ich an Wunder."

Barbara Schleich

Libellenzauber

Es ist
als hätt' mit einem
Flügelschlag
Die Seele dein
mich kurz berührt
als ich am Wasser stand
und lauschte
versunken in die Schönheit
der Natur

die letzten Gedanken
nahm die Strömung mit
allmählich kam die Sonne durch
und die Welt um mich
erstrahlte hell und licht
just da kam das Flügelwesen
und mit ihm die Erinnerung an dich

all das geschah
in diesem einen Augenblick
noch bruchstückhaft
wie Puzzleteile fügt sich alles
in diesem einen Augenblick
zu einem Ganzen

Flügelwesen, Seelenbild
schön und warm
Freundschaft
für immer?

Eiertanz

Friede, Freude, Eierkuchen
Leben, Lachen, Liebe suchen
Dich finden
uns verbinden
zwei gleichgesinnte Seelen
das letzte Stück
gemeinsam gehen
sehen
wo und wie
wir landen
stranden
reden, schweigen,
lachen, weinen
küssen
bis wir es wissen
uns vermissen
träumen
von unentdeckten Räumen

Dich und mich
neu entdecken
erwecken
was noch verborgen
geborgen
sein
heute und morgen
zu zweit
Herzensbeben
erleben

hier und heute
steht die Zeit
für uns bereit
es zu versuchen

zwei letzte Stück vom Kuchen

Das A & A der Liebe

Anima
Anima und
Anima und Animus
Anima, Animus und ich
UND?

Animus
Animus und
Animus und Anima
Animus, Anima und Du
UND

EIN WIR

Bunte Vielfalt

Regenbogen
gespannt
von Dir zu mir
von hier nach dort
von Land zu Land
von Kontinent zu Kontinent
Brücken bauen
lasst uns

Sascha Zurawczak

Das Mädchen im Wald

Ich erinnere mich noch genau an den Tag, an dem ich Mia das erste Mal traf.

Es war der traurigste Tag meines damals noch sehr jungen Lebens. Ich war gerade sechs Jahre alt geworden. Meine Eltern hatten zu jener Zeit beschlossen, dass es für ein so fantasiebegabtes Kind wie mich besser wäre, auf dem Land aufzuwachsen. Wahrscheinlich hatten sie es gut gemeint.

Es widersprach aber komplett dem, was mir vorschwebte. Ich war gezwungen, mein Zuhause und all meine Freunde zurückzulassen. Dabei hatte ich mich schon auf unsere gemeinsame Einschulung gefreut. Im Kindergarten hatten wir uns ausgemalt, wie sich uns die Wunderwelt des Lesens und Schreibens eröffnen würde.

Jetzt sollte ich an einen mir völlig unbekannten Ort ziehen. Meine Einschulung würde in einer kleinen Grundschule im Nachbarort stattfinden. Mit Sicherheit kannte ich dort kein einziges Kind. Auch das neue Zuhause gefiel mir nicht besonders. Es war ein altes Bauernhaus, das für uns umgebaut wurde. Die Arbeiten waren noch nicht abgeschlossen. Zu großen Teilen war es noch eine Baustelle. Unser neues Haus wirkte daher nicht sehr heimelig auf mich. Meinen Eltern entging meine Niedergeschlagenheit natürlich nicht. Doch sie waren zu sehr mit unserem Einzug beschäftigt und hofften wohl, dass sich das Problem bald von selber erledigen würde, sobald ich mich etwas eingelebt hatte. Meine Mutter schlug mir vor, nach draußen zum Spielen zu gehen. Während sie, gemeinsam mit meinem Vater und den Umzugshelfern, unsere Möbel und den Hausrat einräumte. Direkt hinter unserem Haus lag ein Wald, der sich perfekt als Abenteuerspielplatz zu eignen schien. Meine Eltern rieten mir, immer in Sichtweite unseres Hauses zu bleiben. Natürlich sollte ich auch nicht mit Fremden reden. Ein ziemlich allumfassender Ratschlag, da für mich an diesem Ort alles und jeder fremd war.

Als ich den Wald betrat, kam ich mir plötzlich vor wie in einer anderen Welt.

Ich stand inmitten gewaltiger Laubbäume. Zwischen ihren Blättern fluteten Sonnenstrahlen den Forst wie Säulen aus Licht. Von allen Seiten zwitscherte und piepte es. Überall um mich herum pulsierte das Leben. Dann sah ich sie. Ein Mädchen. Sie war ungefähr in meinem Alter und hatte lange, blonde Haare. Das ließ sie fast wie ein Feenwesen erscheinen. Der Effekt wurde noch davon verstärkt, dass sie mitten in einer der Lichtsäulen stand. Wie gebannt schaute sie zum Laubdach empor. Sie hatte mich noch nicht entdeckt. Natürlich war ich hoch erfreut, eine potenzielle Spielkameradin entdeckt zu haben.

„Hallo, du da …“, rief ich dem Mädchen zu. Sie wandte sich zu mir und sah mich mit großen Augen erstaunt an. Anscheinend hatte sie nicht damit gerechnet, hier jemanden zu treffen. Ich ließ mich davon nicht beirren und lief begeistert auf sie zu. „Hallo!“, sagte ich erneut, als ich vor ihr stand. „Wohnst du auch hier in der Nähe? Also, ich bin gerade mit meiner Familie dort hinten eingezogen. Wie heißt du denn?"

So begeistert ich auf sie einredete, so zurückhaltend verhielt sich das Mädchen. Mein Auftritt muss ziemlich plump gewirkt haben. Schließlich rang sie sich doch dazu durch, mir zu antworten. „Ich … Ich heiße Mia", sagte sie.

Zufrieden mit der gelungenen Kontaktaufnahme grinste ich sie freundlich an. „Also, hast du vielleicht Lust, mit mir zu spielen? Außer dir habe ich hier noch kein anderes Kind gesehen. Und alleine spielen ist doch blöd!"

„Oh …, okay", antwortete Mia schüchtern. „Aber dort hinten ist ein Bach. Der ist ziemlich gefährlich. Da sollten wir aber lieber nicht spielen."

„Kein Problem", erwiderte ich. „Ich soll sowieso in der Nähe unseres Hauses bleiben."

Daraufhin schenkte mir Mia tatsächlich ein erstes Lächeln. Sie tippte mir sanft an die Schulter.

„Du bist!", kicherte sie vergnügt, drehte sich um und lief davon. Ich nahm lachend die Verfolgung auf.

Als ich an diesem Abend nach Hause kam, musste ich mir von meinen Eltern erst einmal eine Gardinenpredigt anhören, die sich gewaschen hatte. Tatsächlich hatte ich bei meinem Spiel mit Mia die Zeit vergessen und gar nicht bemerkt, wie die Dämmerung hereingebrochen war.

Natürlich hatten sich meine Eltern Sorgen gemacht. Ihre Erleichterung über meine Rückkehr löste sich nun in Ärger über meine Gedankenlosigkeit auf. Ich ertrug den Rüffel.

Mein Treffen mit Mia hatte meinen anfänglichen Missmut über unseren Umzug ins Gegenteil gewandelt. Zumal wir uns für den nächsten Tag erneut zum Spielen verabredet hatten.

Natürlich berichtete ich meinen Eltern von den Ereignissen. Die Nachricht, dass ich so schnell eine Freundin gefunden hatte, besänftigte meine Eltern ein wenig. Von diesem Tag an traf ich mich regelmäßig mit Mia, immer an derselben Stelle im Wald. Wir verbrachten dort unsere ganze freie Zeit. Zu uns nach Hause kam Mia nie. Ich habe auch nie gesehen, wo sie eigentlich wohnte. Sie hat niemals wirklich von ihrem Zuhause oder ihrer Familie berichtet. Irgendwie war das auch nicht nötig. Immer wenn ich zu unserem Treffpunkt kam, war Mia da. Ich genoss unsere gemeinsame Zeit, ohne etwas zu hinterfragen.

Als ich schließlich in die Schule kam, hoffte ich natürlich, zusammen mit Mia eingeschult zu werden. Als ich sie darauf ansprach, meinte sie nur, dass sie wohl nicht auf die gleiche Schule gehen könne wie ich, weil die Umstände das nicht zuließen. Natürlich fragte ich, was sie damit meinte. Erklären konnte oder wollte sie das offenbar nicht.

So wurde ich, wie schon befürchtet, eingeschult, ohne auch nur ein Kind in meiner Klasse zu kennen. Allerdings war ich nicht der Einzige, dem es so erging. Das machte es leicht, sich untereinander anzufreunden. Meine neuen Kontakte beschränkten sich allerdings nur auf die Schule, da meine Mitschüler teilweise sehr weit auseinander wohnten, in dieser ländlichen Gegend. Uns nach der Schule einfach mal zu treffen, war nicht so einfach. Da ich Mia hatte, war das für mich nicht weiter schlimm. Natürlich berichtete ich ihr von meinen Erlebnissen in der Schule. Sie hörte mir gebannt zu und interessierte sich nicht nur für meine neuen Freunde, sondern auch für das, was wir schon alles gelernt hatten. Ich sollte ihr sogar meine Hausaufgaben mitbringen, damit sie sich diese anschauen konnte. Ich wusste zwar immer noch nicht, was es mit ihrer Schule auf sich hatte, aber Hausaufgaben schien es für sie nicht zu geben.

Als wir älter wurden, verbrachten Mia und ich immer mehr Zeit miteinander. Das lag daran, dass ich begann, mich von meinen Eltern abzunabeln. Diese waren sehr mit der Erziehung meines inzwischen geborenen, kleinen Bruders beschäftigt. Mia und ich waren bei jedem Wetter im Wald. Für Regen, Schnee und Sturm hatten wir uns einen Unterschlupf aus Ästen, Zweigen und allem, was wir im Wald fanden, zusammengezimmert.

Inzwischen waren wir aus Spielen wie Fangen oder Verstecken herausgewachsen. Dafür quatschten wir über alles Mögliche. Wir lachten viel, egal ob es überhaupt etwas zum Lachen gab oder nicht. Als ich die ersten Musikgruppen für mich entdeckte, wollte ich auch Mia dafür begeistern. Einige Songs, die ich ihr vorstellte, fielen tatsächlich auf fruchtbaren Boden. Andere ließen sie kalt. Ich versuchte etwas zu finden, das Mias Geschmack entsprach. Schließlich fanden wir eine Musikrichtung, die uns beiden gefiel.

Häufig verbrachten wir unsere Zeit in unserem Verschlag, Rücken an Rücken sitzend, jeder mit einem Kopfhörer im Ohr und ganz vertieft in unsere Lieblingslieder.

Je älter Mia wurde, umso mehr fiel mir auf, wie hübsch sie war. Ich verrate wohl nicht zu viel, wenn ich sage, dass ich begann, mich in sie zu verlieben. Doch wie das eben so ist, wenn sich aus Freundschaft mehr entwickelt: Es machte alles komplizierter.

Inzwischen hatte ich die Grundschule abgeschlossen und besuchte eine weiterführende Schule im nächstgrößeren Ort. Mein Schulweg war länger und dank des erweiterten Stundenplans und anspruchsvollerer Hausaufgaben hatte ich nur noch abends Zeit, Mia zu sehen. Ich redete mir ein, dass es an der mangelnden Zeit lag, dass es mir schwer wurde, ihr meine Gefühle zu gestehen. Irgendwann würde sich schon eine Gelegenheit ergeben. Es gab auch keinen Grund, etwas zu überstürzen. Schließlich hatten wir alle Zeit der Welt – so dachte ich zumindest.

Inzwischen war ich vierzehn Jahre alt. Der Wald, in dem ich so viele Jahre mit Mia verbracht hatte, war mir inzwischen bestens bekannt. Mein Lieblingsplatz war immer noch die Stelle, an der Mia schon seit acht Jahren jeden Tag auf mich wartete. Auch heute stand sie dort, auf der sonnigen Lichtung. Als ich sie diesmal wahrnahm, stockte mir der Atem. Ihr engelhaftes Äußeres erschien noch deutlicher. Einzig der traurige Blick, den sie mir zuwarf, störte das Bild.

„Was ist denn mit dir los?", fragte ich besorgt.

„Ich muss dir etwas sagen", erklärte sie mit niedergeschlagenen Augen. „Wir können uns bald hier nicht mehr treffen."

Es fühlte sich an, als hätte mir jemand hart in den Magen geboxt. „Was … Aber warum?"

Mia sah betreten zu Boden. „Das kann ich dir nicht so einfach erklären", behauptete sie. „Aber Morgen werde ich von hier weggebracht. Ich werde dann nicht mehr zurückkehren können. Deshalb wollte ich mich von dir verabschieden."

Ich spürte, wie meine Augen feucht wurden. Auch Mia schien mit den Tränen zu kämpfen.

Wir hatten unsere Kindheit miteinander verbracht. Sie war immerhin meine erste große Liebe.

Ich wusste, dass dies womöglich die letzte Gelegenheit war, ihr meine Gefühle zu gestehen. Doch erneut brachte ich nicht den Mut dazu auf.

Stattdessen ergriff Mia das Wort. „Ich wollte mich von dir verabschieden und mich bei dir bedanken. Dank dir konnte ich so etwas wie eine normale Kindheit erleben. Obwohl das eigentlich unmöglich war, haben wir eine Menge Spaß miteinander gehabt. Das hat mir viel bedeutet."

„Mia, ich muss dir etwas sagen …", begann ich.

Mia lächelte nur. Dann küsste sie mich sanft auf die Lippen.

„Das weiß ich doch", hauchte sie.

Am nächsten Tag kam die Polizei zu einer Befragung zu uns nach Hause. Spaziergänger hatten an diesem Morgen im Wald eine schreckliche Entdeckung gemacht. In einem Bach war das Skelett eines sechs Jahre alten Mädchens gefunden worden. Es soll dort wohl seit etwa acht Jahren gelegen haben. Die abschließende Untersuchung stand zwar noch aus, doch die aktuelle Spurenlage besagte, dass das Kind beim Spielen in den Bach gefallen war und ertrunken sein musste. Die Identität des Mädchens war mittlerweile auch geklärt. Es handelte sich um Mia Bergdorf. Ein Mädchen, das zwei Monate bevor wir in unser Haus gezogen waren, verschwunden war. Man hatte damals nach ihr gesucht. Da ihre Eltern gerade in einer schmutzigen Scheidung steckten, hatte man sich jedoch mehr auf ihre Familie und deren Umfeld konzentriert.

Mias sterbliche Überreste wurden auf dem Friedhof in unserem Dorf beigesetzt.

Ich besuche sie heute noch. Erschienen ist sie mir nie wieder.

Birgit Marks

Der Truthahn

Der Truthahn, er ist – oh, wie wahr –
ein Hühnervogel sonderbar.

Mit rotem Kopf und dazu blau
schlägt er ein Rad so wie der Pfau.

So aufgeplustert wirkt er doppelt groß.
Sein Kopf ist kahl: ganz nackt und bloß.

Zischend sein Rad er schlägt
und sich zu gerne aufregt.

Vom Schnabel ihm ein Würmchen hängt,
wenn balzend er die Hennen drängt.

Er kann es ein- und ausfahren, von Zeit zu Zeit,
wenn er dazu bereit.

Unter'm Kopf am Hals sein Hautlappen,
gierig und schnell verschlingen große Happen.

Sein ‚Putern' hört man schon von fern.
Ich hab' diesen Vogel gern.

Und ist er hocherfreut vor Glück,
ruft er begeistert laut ein „Quick".

Auch sein Lied beizeiten ist zu hören.
Lasset Euch davon betören.

Und habt Ihr's schon geseh'n?
Seine Augen sind so wunderschön.

Bitte nennt ihn niemals hässlich.
Sein Wesen ist so unvergesslich,

so faszinierend doch zugleich.
Wer ihn besitzt, ist daher reich.

Oh, ich liebe dieses Tier.
Es ist des Hofes reinste Zier!

Puter gibt's in Bronze, Weiß, Beige und Braun.
Sie sind gar lieblich anzuschau'n.

Doch ihn zu schlachten, möcht' ich Euch nicht raten.
Ich mag den Puter nicht als Braten!

Um ihn zu schützen, kommt er auf meine rote List',
weil er meines Herzens Wonne ist!

Amsi

Der eisige Wind treibt Schneeflocken an meiner Balkontür vorbei. Jetzt im Winter brauchen die freilebenden Wildvögel zusätzliches Futter, um überleben zu können. Die Tage sind kurz und damit auch die Zeit für die Nahrungssuche. Gleichzeitig steigt der Energiebedarf der Vögel, damit sie dem Tod durch Erfrieren entkommen. Aus diesem Grund habe ich eine Futterschale auf meinen Balkon gestellt, die mit Haferflocken und Rosinen gefüllt ist: die Nahrung für die Insektenfresser. Zusätzlich hängt ein Meisenknödel am Balkongitter.

Da sehe ich auch schon den ersten Vogel auf meinen Balkon hüpfen. Es ist ein dunkelbraun gefärbtes Amselweibchen, das direkt die Futterschale ansteuert.

Ich stehe auf und gehe zur Balkontür. Als ich aus dem Fenster blicke, sehe ich die Amsel aus der Schale fressen. Dabei sitzt sie auf dem Schalenrand. Als sie satt ist, verweilt sie noch für einige Zeit auf dem Balkon und sieht mich mit ihren dunklen Augen an. Auf der Brust ist sie wunderschön gesprenkelt. Ich nenne sie Amsi. Jetzt beginnt eine einmalige Erlebnis-Geschichte mit ihr, die es wert ist, aufgeschrieben zu werden.

Amsi besucht jetzt regelmäßig meinen Balkon, um zu fressen. Ich füttere sie noch bis in den Frühling hinein. Schließlich bringt sie auch ihren Mann mit, einen tiefschwarz gefärbten Amsel-Hahn.

Eines Tages beobachte ich ihn dabei, wie er mehrere Rosinen aus der Schale in seinem Schnabel aufreiht, um sie dann fortzutragen. Sicher will er sie an seine Jungen verfüttern, die inzwischen irgendwo in der Nähe geschlüpft sind. Aber das kann ich nur vermuten. Aus der hohen Kastanie, die vor unserem Haus steht, ertönen die Bettelrufe vieler kleiner Singvögel. Ob sich hier das Amselnest befindet? Es liegt zu hoch oben für mich und ist unter den Blättern zu gut versteckt, um es herauszufinden. Ich lasse die Vögel lieber in Ruhe, denn ich will sie nicht stören.

Das Amselweibchen erkennt mich wieder. Ich bin diejenige, die es im Winter gefüttert und vor dem Hunger- und Kältetod bewahrt hat. Immer wieder sucht es meine Nähe und kommuniziert mit mir: „Tüt-tüt-tüt, tüt-tüt-tüt-tüt!" Auch ich spreche mit der Amsel und rede sie mit „Amsi" an. Und Amsi ist schlau. Sie weiß ganz genau, dass sie gemeint ist, wenn ihr Name von mir genannt wird.

Immer wieder möchte sie mir etwas zeigen. So demonstriert sie mir einmal direkt vor meinen Augen, wie gut sie einen Regenwurm fangen kann: ständig pickt sie an dieselbe Stelle im Boden, bis sie schließlich einen großen, dicken Wurm aus der Erde zieht.

„Klasse, Amsi", lobe ich sie.

Eines Abends im Spätsommer sitze ich noch auf meinem Balkon, als es beginnt, dunkel zu werden. Ich frage hörbar, wo Amsi jetzt wohl sein mag, ob sie schon auf ihren Schlafbaum geflogen ist. Prompt kommt die Antwort aus einem Busch in der Nähe: ein zartes, leises „Tüt!". Amsi weiß ganz genau, dass sie gemeint war.

Als wieder der Herbst und damit die Vogelfütterung beginnt, treffe ich Amsi neben dem Fußweg vor unserem Haus, wo ich das Futter für die Körnerfresser ausgestreut habe. „Amsi, dein Futter ist auf meinem Balkon. Du musst auf meinen Balkon kommen", sage ich ihr. Und sie hat mich verstanden. Wenig später hüpft sie auf meinen Balkon.

Morgens macht sie sich durch ihr „Tüt-tüt-tüt-tüt" bemerkbar, bevor sie mit ihrem Frühstück beginnt. Ihr Mann folgt ihr regelmäßig. Manchmal sehe ich auch jeden Vogel einzeln auf meinen Balkon kommen. Dann wechseln sich die beiden ab.

Als das Frühjahr naht, sage ich – nur testweise: „Und Amsi will nie brüten und keine Jungvögel großziehen", denn ich bin mir doch nicht sicher, ob sie wirklich zu dem Männchen gehörte, und frage mich, ob sie schon mal gebrütet hat?

Doch weit gefehlt. Als ich in der nächsten Brutsaison draußen unterwegs bin, landet Amsi mit Nistmaterial im Schnabel auf einem Zweig direkt vor mir und gibt mir mit ihrem ständig wiederholten „Tüt-tüt-tüt-tüt" zu verstehen, dass sie selbstverständlich brüten will.

Als ob sie meine Bemerkung ganz genau gehört und verstanden hätte.

Ich bin verblüfft.

Amsi ist sehr wachsam. Entdeckt sie einen Feind, wie zum Beispiel eine Katze, beginnt sie sofort, laut zu zetern.

Im Spätsommer präsentiert mir Amsi dann ihre vier erwachsenen und inzwischen flügge gewordenen Jungvögel. Sie hüpfen im Pulk vor ihr her, während Amsi hinter ihnen auf sie Acht gibt, bis sie alle schließlich im Gebüsch verschwinden. Welch ein Bruterfolg!

Amsi ist wirklich einmalig. Wenn sie mich in der Küche werkeln oder singen hört, weil das Fenster leicht geöffnet ist, macht sie gleich mit einem „Tüt-tüt-tüt" auf sich aufmerksam. Amsi ist schlau, und sie antwortet mir stets.

Eines Tages gehe ich für eine Woche auf Reisen. Dabei sehe ich auf dem Weg zum Bahnhof Amsi mit ihrem Hahn auf dem Rasen vor unserem Mietshaus rumwühlen, was typisch für Amseln ist. „Tschüß, Amsi! Tschüß, Amsi-Hahn! Bis in einer Woche!", rufe ich den beiden zu. Dabei blickt mich das Männchen kurz an. Er weiß, dass ich sie, die beiden Vögel, meine.

Vor Kurzem habe ich eine Vogeltränke gekauft, die jetzt auf meinem Balkon steht. In diesem Dürresommer ist sie auch dringend notwendig. Doch wird sie auch von den Vögeln genutzt, oder ist das Wasser daraus nur verdunstet? Eines Tages im Juni bekomme ich Gewissheit: ja, sie wird benutzt. Ich sehe Amsi wieder auf meinen Balkon und dann zur Tränke hüpfen. Aus der Nähe beobachte ich, wie sie auf dem Rand sitzt und ein paar große Schlucke daraus nimmt. Vertraut blickt sie mich durch die Fensterscheibe an und sieht dabei sehr niedlich aus.

Im Hochsommer, als es einmal sehr heiß ist, finde ich Amsi im Gebüsch unter einem schützenden und Schatten spendenden Blätterdach, wo sie ausharrt.

Nur dort ist es für sie erträglich.

Im September dagegen ist es noch angenehm warm, aber nicht mehr heiß. Ich beobachte Amsi dabei, wie sie sich auf dem Gehweg vor unserem Haus sonnt. Sie ist älter geworden, ist aber immer noch ein wunderschöner Vogel. Deutlich ist ihre Gefiederzeichnung, die Sprenkel, zu erkennen, als sie die letzten wärmenden Sonnenstrahlen des Sommers genießt.

Wie mag es mit ihr weitergehen?

Vor kurzer Zeit meinte ich, sie weiter weg in einem neuen Revier gesehen zu haben.

Vor einem Supermarkt hüpfte sie auf dem Gehweg in meine Nähe. Wahrscheinlich wurde ihr Hahn aus seinem alten Revier vertrieben, und sie musste ihm folgen. Trotzdem kam sie noch zum Trinken auf meinen Balkon. Sie mag sich nicht von mir trennen.

Ich wünsche ihr jedenfalls noch ein schönes, gesundes und langes Leben.

Rudolf Thiel

Kauzig

Es war Ende Mai. Abends, es dämmerte schon, machte ich noch einen Rundgang zur Werkstatt und um das Haus. Was flog denn da? Breite Flügel und etwas größer. Könnte es eine Eule gewesen sein? Am Ende unseres Grundstücks haben wir einen mächtigen Wald. In den Grundmaßen ergeben sich 20 × 20 Meter oder sagen wir lieber 400 Quadratmeter, das hört sich größer an. Darauf stehen dreizehn Fichten und Kiefern, 35 Jahre alt und circa fünfzehn Meter hoch, und eine Esche.

Am letzten Maitag bekam ich mit, dass sich dort ein Kauz eingefunden hatte. Meine Vermutung war also richtig. Dieser Kauz wurde von drei Krähen attackiert, wodurch ich erst auf ihn aufmerksam wurde. In den nächsten Tagen kamen weitere drei Käuze zum Vorschein. Für zwei Tage fand sich auch noch eine Waldohreule in den Tannen ein, die sich abends auf die Baumspitze setzte.

Es gibt bei uns alles Mögliche an Vögeln, Tauben, Elstern, die wie Hühner über den Rasen laufen, und Krähen. Da sind noch die Amseln, die sich körperlich anstrengen müssen, um Regenwürmer aus dem Boden zu ziehen. Außerdem Spatzen, Buchfinken, Meisen, Rotkehlchen, Gartenrotschwanz sowie Bachstelzen. Irgendwo hat auch der Zaunkönig seine Bleibe, den man kaum sieht, dafür aber wunderschön singen hört. Selbst im Winter hatten wir einen Graureiher auf dem Dach. Während des Fotografierens kam ein Buntspecht und setzte sich an einen Baumstamm.

Zuerst hatten unsere Käuze einen Ast der Kiefer als Stammplatz. Mal saßen alle nur nebeneinander wie aufgefädelt, dann wieder auseinander zu 1-1-2 oder 3-1. Zuletzt saß jeder woanders, so dass man die oberen Äste mit den Augen absuchen musste. Was auffiel, war, dass zwei zusammensaßen, während ein kleinerer oft abseits hockte. In letzter Zeit flogen sie schon mal hierhin und mal dorthin.

Sogar in Hausnähe kamen sie, wobei sie kurze Schreie ausstießen, zur Verständigung untereinander. Am Tag waren sie dann wieder „Wald" und ganz still. Am Abend des 19. Juni machte ich noch meinen Kontrollgang zur Werkstatt und sah einen Kauz auf der Spitze eines Nachbarbaumes sitzen. Es war ca. 23.00 Uhr, als er seine Flügel bewegte und abhob. Ich hatte gleich das Gefühl, dass die Zeit mit ihnen vorbei war.

20 Tage hatten uns die Käuze eine ungewöhnliche Zeit beschert. Nun ertappt man sich dabei, dass der Blick immer wieder in die Äste abschweift. Nur 20 Tage, aber wir vermissen unsere gefiederten Freunde. Was uns bleibt, sind einmalige Fotoaufnahmen zur Erinnerung. Nun hoffen wir, dass sie im nächsten Jahr wiederkommen!

Horst Ewert

Geh still mit mir am Meer entlang

Komm mit, ich zeig dir meinen Strand,
bemalt vom Sonnenuntergang.
Ich bitt dich, halte meine Hand,
geh still mit mir am Meer entlang.

Segler kreuzen heim im Wind,
denn Dämmerung legt sich übers Meer.
Gern spielt' ich früher hier als Kind,
doch fiel der Abschied mir nicht schwer.

Die Ferne schien mir morgenrot.
Träumt' mich mit jedem Schiff hinaus.
Doch irgendwann kommt jedes Boot
nach seiner Fahrt zurück nach Haus.

Die Heimat, Meer und grünes Land
und Reetdächer hinter dem Deich,
und deine Hand in meiner Hand,
so könnt es sein, das Himmelreich.

Meerblau

Gelb in den Dünen
träumt fern heut von mir
leuchtend der Ginster
vom Sommer mit dir
Durch seine Blüten
schickt rufend der Wind
Hoffnung auf Tage
die meeresblau sind

sommer am meer

blond war mein sommer
sonnengebleicht das ufergras
abseits weißer strände
sehnsuchtsbucht
die außer uns
nur die wellen fanden
bis heute geheim
du in meinem arm
das erste mal
kaum fassbares glück
jedes wort von dir
und dein bild
für die ewigkeit
bewahrt in einem stillen
winkel des herzens

Melancholie

(dem Heimatmeer Ostsee)

Du meine kühle, blonde Geliebte,
fühl mich dir näher, je ferner ich bin.
Tanzen werd ich mit dir beim Wiedersehn.

Meine Spuren nimm dann im Wellentakt,
und ich werd dich, Geliebte, umarmen,
bis du fließend meinen Händen entgleitest.

Werd dich küssen und die Freudentränen
salzigschön schmecken auf meinen Lippen
und erinnernd fühlen auf meiner Brust.

Über deinen welligen Ufergrund
werde ich mit stillen Flügeln gleiten
und die Brandung sanft über mir fühlen.

Am Strand sitzend hör ich dir wieder zu.
Deine Geschichten sind noch die gleichen,
meine Geschichten sind allein für dich.

Joachim Frank

Kartoffelsalat

Ein Mann sitzt in der S-Bahn. Er trägt ein Jackett mit Fischgrätenmuster. Darunter einen weinroten Pullover. Der Schlips mit einem weiß-rot-blauen Streifenmuster ist perfekt unter den Kragen des weißen Hemdes gebunden. Der Scheitel seines spärlichen weißen Haares gibt seiner Frisur ein letztes bisschen Struktur. Der Mann sitzt leicht nach vorn gebeugt, er stützt sich mit seiner linken Hand auf den Knauf seines Schirmes.

Die S-Bahn fährt in Richtung Innenstadt. Gleich ist es 19 Uhr.

Der Mann lächelt. Er zieht eine Augenbraue hoch, als die Frau ihm gegenüber etwas sagt. Ihre ebenfalls weißen Haare sind sorgfältig frisiert. Sie trägt einen dunkelroten Blazer, eine weiße Bluse und eine dunkelgraue Hose. Eine Brosche an ihrem Revers glänzt im kalten Licht. Die Spitzen der sorgfältig geputzten Schuhe beider berühren sich fast.

Wie ausgeschnitten sitzen sie sich gegenüber, umringt von Tattoos und Piercings, von mobiler Telefon- und Unterhaltungselektronik, von engen Jeans und Turnschuhen – auch von geschlossenen Augen, offenen Mündern, leeren Blicken.

Die beiden Alten reden über Kartoffelsalat. Sie erzählt ihm, auf wie unterschiedliche Art und Weise man den zubereiten kann. Sie weiß, dass ihr Kartoffelsalat ihm nie so schmeckt – nie so schmecken kann! – wie der seiner Mutter. Aber auch kein anderer. Sie weiß außerdem, dass ihm kein Kartoffelsalat der Welt besser schmeckt als ihrer.

„Aber man könnte doch mal …", wendet sie ein.

„Nein", unterbricht er ihren Versuch milde und bestimmt.

Schweigend lächelt sie und legt ihre Hand auf seine, die noch immer auf dem Knauf des Schirmes ruht.

Rendezvous

Ob sie kommen wird? Heute – am 1. August – ist bereits ein ganzer Monat vergangen, und der Zeitpunkt ist nun gekommen, an dem wir uns verabredet haben. Jetzt, während ich aus dem Wagen steige, um sie an dem verabredeten Treffpunkt wiederzusehen, bin ich mir längst nicht mehr sicher, ob sie sich noch an ihr Versprechen erinnert. Und wenn, frage ich mich, wird sie mich überhaupt wiedersehen wollen?

Ein Monat ist eine lange Zeit, wenn wichtige Entscheidungen zu treffen sind, die das eigene Leben maßgeblich beeinflussen können. „Ich brauche Zeit zum Nachdenken", hatte sie am Ende unseres Gespräches gesagt und nach einer langen Pause hinzugefügt: „Ja, so machen wir's: Am ersten Mittwoch im August um elf Uhr treffen wir uns hier am Pinguin-Brunnen wieder. Entweder komme ich dann allein – oder eben in Begleitung."

Als ich den Rosengarten erreiche, blicke ich auf meine Uhr. Ich bin ein bisschen zu früh dran, und weil es heute schrecklich heiß ist, beschließe ich, im Schatten der Blutbuchen zu warten, in deren Mitte sich der Pinguin-Brunnen befindet.

An jenem 1. Juli war kein so schöner Tag wie heute. Der frühe Sommer hatte eine Pause eingelegt. Deutlich kühler als die Tage zuvor war es, und sogar kräftige Regenschauer hatte der Wetterbericht angekündigt. Genau das richtige Wetter, um mir einen lang gehegten Wunsch zu erfüllen. Also spazierte ich unter einem grauen Himmel durch den Stadtpark, um mir endlich die von August

Gaul vor über hundert Jahren geschaffene Figurengruppe von sechs Pinguinen anzuschauen. Heute zwar leider nur noch ein Nachguss*, gewiss, aber ich war dennoch sehr neugierig darauf. Seit Langem faszinierten mich die Tierfiguren dieses Berliner Künstlers, dessen Werk durch einen sonderbaren Zufall wesentlich beeinflusst worden war** und bis heute höchste Anerkennung genießt.***

---

* Die Figurengruppe wurde 1912 oder 1914 (hier widersprechen sich die Angaben) von August Gaul (1869–1921) geschaffen und 1925 gestiftet. Die Originale befinden sich im Depot des Gartenbauamtes. Zwar überstanden sie den Krieg, nicht aber die Sammel- und Zerstörungswut mancher Besucher. Selbst die Nachbildungen wurden vielfach beschädigt, so dass der Pinguin-Brunnen 2010 grundlegend saniert werden musste.

** Seit der Bildhauer August Gaul 1890 eine Dauerfreikarte für den Berliner Zoologischen Garten gewonnen hatte, betrieb er dort intensive Zeichenstudien, die als Grundlagen für seine späteren Tierfiguren dienten. Gauls Plastiken gelten als Vorläufer der Moderne und genießen bis heute einen hervorragenden Ruf.

*** „August Gaul trat als Souverän der deutschen Tierdarstellung des Fin de Siècle und der ersten beiden Dekaden des 20. Jahrhunderts hervor. Sein Weg führte konsequent zur Tierplastik. Die gebundene, auf die klare Kontur ausgerichtete Form findet sich bei vielen seiner animalischen Geschöpfe wieder. Gauls Silhouetten-Kleinplastik setzte stilistische Marksteine für die kommende Moderne. Seine zum Teil spielerischen Raumarbeiten halten bewusst Abstand zum Repräsentationsgeist des Denkmals. Tierseele und nicht Tieräußeres auszudrücken, konnte er in Pariser und Berliner Museen an hervorragenden Beispielen altägyptischer Tierplastik studieren. August Gauls zeitgenössischer Erfolg hatte in der geglückten Kombination von öffentlicher wie privater Auftragskunst und eigenem Stil etwas Sensationelles. Gauls „Tierchen" wurden vergeblich klassifiziert mit Beschreibungen wie *naturalistisch, nicht-impressionistisch* oder *liebenswert putzig*. Dass seine Werke, vor allem die Plastiken im Freien, lieber unerkannt bleiben als gefeiert werden – lieber gestohlen als beschädigt, lieber berührt als lange

Nicht, dass ich ein großer Kunstkenner wäre, aber Skulpturen können mich begeistern, besonders wenn sie in Parks stehen. Es ist weniger ihr künstlerischer Wert – den ich im Übrigen kaum einzuschätzen weiß –, sondern es ist diese spezifische Symbiose, die mich fasziniert: Wie eine Plastik durch die sie umgebenden Pflanzen mit Grün-, Braun- und Grautönen gefärbt und farblich eingepasst wird, wie sie Zeit, Wind und Wetter altern lässt – gerade so, als befinde sie sich auf dem Weg, organisch zu werden, um mit den Pflanzen zu verwachsen, um mit den Bäumen, Blumen und Gräsern ihrer Nachbarschaft im Zyklus der Jahreszeiten zu erblühen und zu verwelken, eins zu werden mit der Natur.

Meinen Wagen hatte ich an der Saarlandstraße abgestellt, schlenderte in Richtung Lese-Café, durchstreifte den jetzt in voller Blüte stehenden Rosengarten und schaute umher, bis ich am Rande des Parks jenes geheimnisvolle Dunkel entdeckte, in dem sich nach dem Lageplan der Pinguin-Brunnen befinden musste. Und tatsächlich: Inmitten einer Gruppe gewaltiger Blutbuchen gelangte ich an mein Ziel. Wie unter der Kuppel einer Kathedrale, aus der mattes Licht scheint, plätscherte das Wasser einer kleinen Fontäne inmitten der sechs knapp einen Meter kleinen Pinguine. Die standen auf einem achteckigen Beckenrand aus Beton, der ein rundes Bassin umsäumte, in das das Wasser des Brunnens aus zwei Öffnungen floss.

Aus allen möglichen Blickwinkeln schaute ich beim mehrmaligen Umrunden der Figurengruppe auf die

---

betrachtet, lieber umfunktioniert als aufgegeben werden, gehört heute zum Schicksal seines Oeuvres." Quelle: Museum Georg Schäfer, Schweinfurt. Auszüge aus dem Flyer zur Ausstellung „August Gaul. Kleiner Tierpark. Das Schicksal der Skulptur", 2011.

bronzenen Pinguine, die sonderbar einzeln wirkten – geradezu individuell vereinzelt. Wie sich deren Köpfe reckten, neigten, senkten, streckten, wie sie selbstvergessen einander zu- und abgewandt auf der Balustrade hockten: ein erstarrter und zugleich bewegter Moment, ergänzend belebt vom Wasserspiel in ihrer Mitte. Ihre Aufmerksamkeit gilt nur ihnen selbst und vielleicht noch dem sie umgebenden Park, nicht aber dem Betrachter. Bei näherem Hinschauen stellte ich überrascht fest, dass die Körper gar nicht detailgetreu, sondern eher grob und glatt, sogar ein wenig plump gefertigt sind. Aber ihre Körperhaltungen sind derart wesenstypisch getroffen, dass ich ihre Bewegungen zu spüren meinte. Gar nicht satt sehen konnte ich mich, und es eröffneten sich bei jedem Schritt um den Brunnen herum neue Facetten einer bewegten Ruhe, die dieses Ensemble ausstrahlte.

Um auszuruhen, setzte ich mich auf eine Bank. Für Momente brachen Sonnenstrahlen aus dem kreisförmigen Ausschnitt des grauen Himmels, den die Kronen der Blutbuchen wie ein Kreis umrahmten, und matter Glanz fiel auf Brunnen, Pinguine und Pflanzen. Im Hintergrund links leuchtete das Rosarot des Rosengartens. Das Wasser des Brunnens plätscherte wie immerwährend und übertönte wohlwollend den schwachen Straßenlärm aus der Ferne – ganz so, als sollten letzte Störungen der Außenwelt von dieser Idylle ferngehalten werden. Silberkerzen und Prachtspiere, Farne und Funkien, Waldmeister und Schaublatt ragten aus dem Meer von Grün und zogen einen sanft bewegten Vorhang über Teile des Brunnens.

Zufrieden lehnte ich mich zurück, schaute in die Richtung des Rosengartens, von wo sich eine Frau langsam in gebeugter Haltung näherte. Sie schritt durch die dicht umrankte Ziegelpergola, die diesen Platz umfasst, und setzte sich auf eine Bank direkt gegenüber auf der anderen Seite des Brunnens, so dass unsere Blicke, wenn sie sich treffen würden, eine Achse direkt durch die Mitte des Brunnens gezogen hätten. Ich schaute durch die Pinguine hindurch auf die ältere Frau, die im tiefen Schatten der Bäume zusammengesunken auf der Bank kauerte. Sie war unauffällig gekleidet und hatte kurzgeschnittenes, graues Haar. Irgendetwas hielt sie in den Händen, und ich glaubte zu erkennen, dass sie sogar bebte oder zitterte, jedenfalls saß sie nicht entspannt dort, und mich schien sie gar nicht bemerkt zu haben. Weinte sie?

Es macht mich verlegen, wenn ich jemanden sehe, der traurig ist. Man kann keinen Trost spenden, weil man dessen Leid nicht kennt und als Fremder kein Recht hat, nach der Ursache zu fragen. Die Frau verharrte eine ganze Weile in dieser Haltung. In Abständen erschütterte ein Zittern ihren Körper. Ganz deutlich konnte ich jetzt herunterlaufende Tränen in ihrem Gesicht sehen. Sie beugte sich immer wieder über das, was sie in den Händen hielt. Es mochte sich um ein Päckchen, ein Glas oder ein sonstiges Gefäß handeln. Sie hielt es fest umklammert.

Es ist nicht meine Art, mich in die Angelegenheiten fremder Menschen einzumischen, aber die Frau schien nun von einem regelrechten Weinkrampf erschüttert zu werden. Wie von selbst erhob ich mich und ging zu ihrer Bank hinüber.

„Darf ich mich einen Augenblick zu Ihnen setzen? Kann ich Ihnen irgendwie helfen?", fragte ich.

Weil sie mich nicht gehört zu haben schien, wiederholte ich meine Frage. Sie sah mich mit verweinten Augen an und machte eine Geste, die alles und nichts bedeuten konnte. Ich setzte mich neben sie, aber weit entfernt ans andere Ende der Bank, sagte nichts und blickte auf die Pinguine, die von dieser Seite viel mehr von dem üppigen Grün verdeckt waren als von gegenüber. Heimlich lugte ich zu den Händen der Frau hinüber, um zu sehen, was sie verborgen hielten. Aber es war tatsächlich nur ein leeres Marmeladenglas.

Weil ich nicht wusste, was ich sagen sollte, erschrak ich ein wenig, als sie mich unerwartet fragte: „Mögen Sie Tiere?"

„Wieso?"

„Weil Sie sich hier zu den Pinguinen gesetzt haben."

„Eigentlich sind es eher Skulpturen von Tieren, die mich interessieren."

Sie schaute mich verblüfft an.

„August Gaul", sagte ich, woraufhin sie die Stirn runzelte, den Kopf schüttelte und sagte: „Kenne ich nicht."

„Der hat wunderbare Tierskulpturen gefertigt, und eine davon steht hier direkt vor uns. Dieser Pinguin-Brunnen." Meine Erklärung schien sie nicht zu interessieren, denn sie senkte den Blick und schaute wieder in ihr leeres Marmeladenglas. Erneut erschütterte ein Beben ihren Körper.

„Darf ich fragen?", sagte ich.

„Kuddel", sagte sie.

Ich verstand nicht, aber mir kam ein schauriger Gedanke: „Kuddel?"

Sie kramte in ihrer Tasche und holte ein Portemonnaie heraus, klappte es auseinander und hielt es mir hin. Ich glaubte zu wissen, was folgen würde, aber auf der Innenseite war das verknitterte Bild eines schwarzbraunen Hundes zu sehen.

„Kuddel war mein …, ja, mein Ein und Alles, das war er. Und nun …" Sie schluchzte. „Wissen Sie, Tiere können genau die gleichen Krankheiten haben wie Menschen. Er hatte Krebs. Alles haben wir versucht, aber letzte Woche hat die Tierärztin gesagt, dass es keine Hoffnung auf Heilung mehr …" Sie brach ab und wurde von einem heftigen Weinkrampf geschüttelt. Ich wartete, bis sie sich wieder etwas beruhigt hatte, dann fragte ich vorsichtig: „Und – dieses Glas?"

Sie zuckte die Schultern: „Ich habe seine Asche überall verstreut. Auf all den Plätzen und Wegen hier im Stadtpark, auf denen wir fünfzehn Jahre lang zusammen gegangen sind. Die wir beide so liebten. Wo Kuddel nach Herzenslust schnüffeln und herumrennen konnte, wo wir uns ausgeruht und gespielt haben. Im Sommer sind wir oft zum Pinguin-Brunnen gegangen, um uns im Schatten abzukühlen, und ich habe uns dann immer ein bisschen Wasser daraus geschöpft."

Ich merkte, dass ihr das Erzählen guttat, und unterbrach sie auch nicht, als sie stockte. Schließlich fuhr sie fort: „Ich habe eine kleine Wohnung in Barmbek, gar nicht so weit weg. Jeden Tag sind wir hergekommen – in unser Paradies. Und jetzt?" Sie drehte sich mir zu.

Weil mir kein Trost einfiel, fragte ich: „Darf ich Sie in das Café da hinten einladen?"

Sie schüttelte den Kopf: „Nein, nein, vielen Dank. Da sitzen all die fröhlichen Hundebesitzer, die sich nach der Runde mit ihren Lieblingen auf einen Kaffee treffen. Das halte ich nicht aus."

Nach einer Weile fragte ich: „Sagt man nicht, dass man über den Tod seines Hundes am besten hinwegkommt, wenn man sich einen neuen zulegt?"

Sie schaute mich an, blickte wieder in das Glas in ihren Händen. Beim Aufstehen sagte sie: „Vielleicht haben Sie Recht. Aber ich brauche noch Zeit."

„Schauen Sie sich in einem Tierheim um", riet ich ihr, stand ebenfalls auf, reichte ihr die Hand und fragte: „Wollen wir uns in genau einem Monat wieder treffen?"

Jürgen Bernien

Haiku

Vollmond scheint aufs Bett
Träume verzaubern das Licht
LÜ-STERNE tanzen

Zartknospe im Busch:
spürst Begierden zum Leben
und gehst duftend auf

Cello und Flöte:
wundervolles Duett klingt
zum Sonnengipfel …

Sinnesverwandlungen

Ich sehe den Klang,
ich höre den Duft.
Ich schmecke die Lust,
ich fühle den Zank.

Du riechst, was du fühlst,
du denkst, was dich hält,
gehst in deiner Welt,
schwimmst, dass du kühlst.

Wir verzeih'n das Malheur.
Wir fliegen weit weg.
Sind gern hier am Fleck.
Wir lieben uns sehr.

Aus dem Schatten

Du, meine „Sonne", gibst mir Schatten,
wenn überhitzt ich handeln möcht'.
Suchst keinen Prinzen, eh'r den Knappen,
der dir entspricht, nicht selbstgerecht.

Du springst nur an mit „Seelenzündung"
und dörrst sonst aus, wirst blass und kalt.
Ich schau in deiner Augen Mündung,
fühl' mich getroffen, klein und alt.

Tief verschattet geh' ich in mich,
durchdring' mein Dunkles mehr und mehr.
Letztendlich *die* Tür: „HIER BIN ICH",
und hell und warm wird's um mich her.

Ich spür', wie Lebenskraft mich treibt,
entzünd' die Glut, sehn' DICH herbei
(Ob sie es fühlt? – Wo sie nur bleibt?).
Der Weg ist doch vertraut und frei!

Ich send' dir meine Sonnenstrahlen:
Dein Schatten liegt jetzt hinter dir.
Du kommst mir nah, willst mit mir malen:
Die Farben passen DIR UND MIR. –

Christiane Bender

Die Entdeckung der Liebe zu meinem Sohn Thien

Ich lebte im Zustand permanenter Aufgeregtheit. Es fiel mir nicht schwer, die neuen Prioritäten und eine völlig andere Einteilung der Zeit in meinem Leben zu akzeptieren. Obwohl mein Zeitplan früher auch ohne Kind voll ausgebucht war, entdeckte ich Zeitreserven, die ich nutzen konnte: Ich saß nicht mehr stundenlang im Bistro, um dort alle verfügbaren Zeitungen von hinten nach vorne zu lesen. Das Fernsehgerät wurde stillgelegt. Auf die zeitfressenden abendlichen Telefonate über Nichtigkeiten verzichtete ich gern. Verabredungen traf ich nur noch themenzentriert, in beruflicher Absicht. In einem Leben ohne Zeitpuffer verlernt man allmählich die Kunst des Small Talks, der assoziativen Plaudereien, die zwar die Beziehungen zu anderen Menschen liebens- und lebenswert machen, aber die Zeit mit meinem Sohn zu verbringen, war mir viel wichtiger.

Mit Leichtigkeit und ohne jegliches Bedauern nahm ich die Veränderung meines Lebens wahr. Zwischen mir und dem Kind empfand ich eine außerordentlich starke körperliche Nähe. Von Anfang an. Kaum vorstellbar für mich, dass ein Geburtsvorgang die enge Beziehung zum

Kind noch mehr intensiviert hätte. Es gewöhnte sich so schnell an meinen Körper, suchte sich anschmiegsame Positionen zum Schlafen heraus, kratzte und fummelte, um sich zu beruhigen, an winzigen Unebenheiten meiner Haut, an kleinen Vertiefungen oder an Pickeln herum, bis sie sich entzündeten. Es sah ganz danach aus, als würde Thien später einmal Schönheitschirurg werden.

Faszinierend und überwältigend waren vor allem die tiefen Blicke, mit denen das Kind mich manchmal ansah, so als würde es auf den tiefen Grund meiner Seele blicken und alles von einer höheren metaphysischen Warte aus erfassen. Wahrscheinlich schauen alle Babys so durchdringend, berauscht von den Farben, Tönen und Schwingungen, die sie umgeben und die ihre Aufmerksamkeit bannen. Aber ich empfand, dass diese Blicke mir allein galten, nur mir.

Bei Arthur Schopenhauer las ich, dass sich die Liebenden irren, wenn sie glauben, das Wesen ihrer Liebe sei das einzigartige Gefühl für den Anderen um seiner selbst, seiner Individualität willen, welches sie einander wechselseitig entgegenbringen. Der Geschichtsphilosoph G. W. F. Hegel hat dafür den wunderbaren Begriff „im Anderen bei sich selbst sein" gefunden. Kratzbürstig wendet dagegen der große Stilist und Philosoph Schopenhauer ein: alles Illusion, alles Irrtum, zumeist verhängnisvoll. Liebe sei lediglich ein Gattungsgeschehen, nichts Persönliches, sondern vom Willen der Menschheit diktiert, sich zu erhalten und fortzupflanzen. Mit Blindheit und Torheit seien die Liebenden geschlagen, weil sie nicht erkennen, wie sie durch den unpersönlichen Gattungstrieb geknechtet und gesteuert werden. In ihrer Sehnsucht nach dem konkreten Anderen vergrößern sie ihr Leiden, anstatt sich davon zu befreien. Eines wird in dieser faszinierenden Deutung jedoch übersehen: Falls die Liebe tatsächlich nur auf Irrtum und Illusion beruht, so erleben die Liebenden eine ihnen allein eigene Geschichte der Intimität und Poesie. Für sie spielt es letztlich keine Rolle, ob ihre Geschichte auf wahren Interpretationen oder auf Irrtümern beruht. Aus ihrem Gefühl für die Exklusivität ihrer Begegnung, nicht aus den nackten Tatsachen heraus, entwickeln sich die Dichte und die Innigkeit ihrer Beziehung, das Bewusstsein der Differenz zu allen anderen Menschen. Hegel spricht daher von einer subjektiven Welt wechselseitiger Anerkennung. Auch die Beziehung der Eltern zu ihren neugeborenen Kindern lässt sich damit vergleichen: Vielfältige Übertragungen und Erwartungen, die in der Geschichte der Eltern angelegt sind, spielen eine große Rolle und bilden Wahrnehmungs- und Verhaltensmuster, die wesentlich zur Entwicklung der Kinder beitragen. Im Lichte dieser Projektionen gewinnen sie, wenn auch im Laufe ihrer eigenen Geschichte vielfach gebrochen, ihr besonderes Ich. Niemals zuvor hätte ich mir vorstellen können, so ergriffen zu werden, wie ich es nun mit meinem Sohn erlebte, war ich doch früher zutiefst von dem erfahrungsgesättigten Seufzer der wundervollen Lilli Palmer in „Bezaubernde Julia" überzeugt: „Was ist die Liebe gegen Bratkartoffeln mit Speck!"

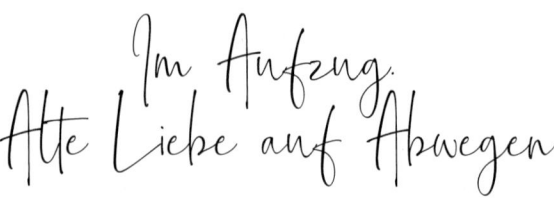

Im Aufzug.
Alte Liebe auf Abwegen

„Komm hoch. Zimmer 510."

„Ich kann nicht."

„Kommen?"

„Du weißt doch, ohne Schlüsselkarte funktioniert der Aufzug nicht!"

Corinna zögerte, leicht missmutig. Warum ging er nicht zur Rezeption? Dort würde ihm geholfen. Er wollte unerkannt, unbemerkt bleiben. In den vielen Jahren gemeinsamer Seitensprünge hielt er sich an diese Devise. Seine Vorsicht kam ihr gelegen. Für heimliche Treffen war das Hotel an der Messe Corinnas Lieblingsort. Es befand sich in der Nähe vom Bahnhof, bot diesen fabelhaften Blick auf die Skyline des Bankenviertels und lag ungefähr dort, wo sie die Abenteuer ihrer Jugend erlebt hatte. Nostalgie pur hielt ihre Leidenschaft am Kochen.

Endlich wieder hier. Zäh hatten sich am Morgen die Verhandlungen in die Länge gezogen. Mit verdeckten, harten Bandagen kämpften die Mitbewerber. Corinnas Nerven lagen blank, als in der Endrunde voller Einsatz gefordert wurde. Stringente Argumentation und mediale Perfektion. Mehr ging nicht. Schließlich entschied das Gremium zu ihren Gunsten. Damit war die Finanzierung des Projekts unter Dach und Fach. Es hatte funktioniert. Die jüngeren Konkurrenten, diesmal leer ausgegangen, gratulierten höflich. Ihre empörten Blicke sprachen jedoch Bände. Die erlittene Niederlage war ihnen Ansporn, künftigen Arbeitseinsatz zu erhöhen, um die nächste Runde zu gewinnen. Sie besaßen genügend Zeit dazu, für Corinna lief sie ab.

Aufatmen und untertauchen. Für einen Abend, eine Nacht. An der Rezeption des Hotels blieb sie stur. Um jeden Preis wollte sie das Zimmer mit der breiten Fensterwand. Schließlich bekam sie es. Corinna liebte das grandiose Panorama auf die Stadt. Ein prächtiger Regenbogen in leuchtenden Farben setzte sich zwischen dunklen Wolken durch und umwölbte die Skyline. Der Hammering-Man, diese überdimensionierte Skulptur aus schwarzen Platten, hämmerte unerbittlich auf den Rushhour-Verkehr ein. Im strömenden Regen. Wasser spritzte aus den Pfützen, die Straßen glänzten vor Nässe. Auf dem Grünstreifen stand in seinem Brunnenreich der galante Merkur mit einladender Geste. Corinna konnte sich kaum von der Szene lösen.

„Warte. Ich hol' dich hoch." Sie schaltete das Handy ab, blickte an sich herunter. Für den Geliebten hatte sie sich etwas Verführerisches ausgedacht, ihre Haut mit ätherischen Ölen warm gerieben und die obszönen, im „Secret Paradise" sorgfältig ausgesuchten Kleinigkeiten angelegt. Der zarte Slip war eine knappsitzende Wucht aus schwarzer Spitze. Mit roten Fransen und Bommeln. Sie bedeckten nur wenig von ihren schlanken Oberschenkeln. Im Schritt offen, umrändert von schmalen Streifen dunkelroter Seide. Rote Strapse hielten hauchzarte Nahtstrümpfe. Auf dem in schwarzer Spitze gearbeiteten Büstenhalter waren die Bommeln kreisförmig angeordnet und betonten die sichtbaren Brustspitzen. Überlange dichte Wimpern verliehen ihrem Augenaufschlag den erwünschten hingebungsvoll-sinnlichen Ausdruck, umgeben vom Glitzer der golden-silbrigen Partikeln des Lidschattens. Corinna hatte ihre Malkünste gezügelt, auf den Wangen sollte das stark aufgetragene Rouge höchste Erregung suggerieren, jedoch nicht clownesk wirken. Ihren Mund durfte sie auf keinen Fall vernachlässigen, mit den kräftig gezogenen Konturen glänzten die Lippen kirschrot und voller Lust. Zum Küssen bereit, überall hin. Die langen schwarzrot lackierten Fingernägel passten zu den Dessous wie auch die funkelnden Tropfen der Rubine an den Ohren. Aus Sicht einer karrierebesessenen Chemikerin ergab das alles einen verruchten Anstrich, umschmeichelt vom betörenden Duft des Parfüms. Hypnotisch. Artig wirkte nur das Blümchen-Muster auf den Seidenpantöffelchen. Sie wirkte nicht jünger, eher verspielter, und mehr ging nicht.

Sollte sie rasch das Business-Kostüm überziehen, um den Geliebten abzuholen? Dafür fehlte die Zeit. Er wartete, vielleicht ungeduldig und aufgeregt wie sie. Also zog sie den hotelüblichen Bademantel über ihr intimes Gesamtkunstwerk. Das weiße Frottee und die Lingerie in Rot und Schwarz ergaben einen schönen Kontrast. Die Freude an den kleinen Überraschungen, die sie für den Entdecker bereithielt, könnte dadurch gesteigert werden. Sie war voller Erwartungen. Wie würde er reagieren? Hatte sie seine Wünsche erraten? Und ihr, würde es ihr gefallen, was weiter geschah? Einen letzten Blick warf sie nach draußen auf das meteorologische Schauspiel über der City. Kurz vor ihrem Untergang setzte sich die Sonne gegen die finsteren Wolken durch. Der Regenbogen büßte seine Leuchtkraft ein. Gleich würde er verschwinden und die Sonne wieder triumphieren. Doch die Abenddämmerung setzte bald ein.

Schnell trippelte Corinna den Flur entlang. Ihre Vorfreude wuchs, trotzdem hielt sie inne. Riskierte sie ihren Ruf, wenn sie im Aufzug erkannt wurde? Wenn sich jemand über ihr auffällig geschminktes Gesicht Gedanken machte? Unwahrscheinlich. Kollegen stiegen hier nicht ab. Und die Leute im Aufzug schauten zu Boden oder über die Köpfe hinweg auf die Etagenanzeige. Sie würden nicht ahnen, dass der Bademantel dieser Frau keinen abweisenden Badeanzug verhüllte, sondern lauter Nettigkeiten, die zur Berührung und Verführung einluden. Man war mit sich beschäftigt, räsonierte über den Verlauf der Anreise, des Arbeitsalltags oder über vielversprechende Treffen am Abend. Corinna schob Bedenken beiseite. Sie würde nichts Intimes preisgeben, bis sie endlich ihm nahe war. Ihm, dem sie sich schon so lange anvertraute. Nun hatte sie es plötzlich sehr eilig, ihn heraufzuholen – diesen Mann, der über viele Jahre nicht nachließ, sie zu begehren.

Mit einem Sprung gelangte sie in den Lift, ohne eingeklemmt zu werden. Er setzte sich in Bewegung. Ein Gefühl der Erleichterung. Des Erschreckens. Es war der falsche Aufzug. Die 31 leuchtete über der Tür auf. Er fuhr nach oben. Abrupt brachen Gespräche ab. Im schneeweißen Bademantel stand sie zwischen drei voll verschleierten Frauen in dunkelgrauen Gewändern und Männern in schwarzen Anzügen mit weit geöffneten Freizeithemden. Die Männer im besten Alter machten einen legeren Eindruck, süßlicher Geruch ging von ihnen aus. Die gewellten, schwarzen Haare glänzten ölig und goldene Kettchen blinkten zwischen Brusthaaren hervor. Von den Frauen nahm Corinna wenig wahr. Gesichter waren nicht zu erkennen, Stoffschichten verdeckten die Körper. Burka – lautete so der Name für solche Verhüllungen? Corinna hatte sich nicht mit diesem Thema befasst. Ihr Beruf ließ dafür keine Zeit. Jeder soll anziehen, was er will!

Doch unwillkürlich fielen ihr die Erinnyen aus der griechischen Tragödie ein. Sie traten mit gleichen Masken, ohne Individualität und Persönlichkeit, drohend und anklagend, aus dem Hintergrund der Bühne hervor. Wie eine Bastion von unerkennbaren Einzelwesen standen die Frauen im Aufzug Corinna gegenüber. Durch das dichte Gitter aus Baumwolle sah sie ihre Augen kaum. Das Dunkelgrau der Gewänder, die keine Haut, keine Haare, keinen Mund freigaben, wirkte noch düsterer im Kontrast zum Weiß des Frottees, das nun geradezu grell erschien. Betrachteten die Frauen ihr Gesicht mit der frivolen Schminke um Augen und Mund, mit dem knalligen Rouge auf den Wangen? Was dachten sie? Selbstherrlich blickten die Männer über die Köpfe der Frauen auf Corinna.

Plötzlich fühlte sie sich nackt. Unwillkürlich verkrallten sich ihre Finger, oben am Hals und unterhalb des Gürtels, in den Mantel. Hoffentlich blieb er verschlossen, verbarg ihren Körper vor fremden Blicken. Antike Rachegöttinnen waren Corinnas Sache nicht. Nicht ihre Welt. Raus hier. Aber würden diese unnahbaren Menschen nicht künftig dazugehören, zu diesem Hotel, zu dieser Stadt, zu diesem Land, wenn sie, wenn Corinna, schon nicht mehr dazugehörte?

Der Aufzug stoppte auf der 31. Etage. Die Zeit dehnte sich, bis endlich die Tür aufging. Raus hier! Den Lift wechseln! Mehrere Männer strömten hinein. Männer küssten Männer zur Begrüßung, sprachen unbekümmert, laut und schnell aufeinander ein. Sie kannten sich. Getöse. Alle standen eng gedrängt. Der Platz, um herauszukommen, war versperrt. Corinna wurde nach hinten, weg vom Ausgang, gedrückt. Sie müsste sich herausdrängen, zwischen den Männern hindurchkämpfen. Mit aller Macht. Unbeirrt. Auch die Frauen bewegten sich nach innen. Hinter den Männern schloss sich die Tür. Schon ging es wieder nach unten. Corinna hatte es nicht nach draußen geschafft. Sie erstarrte. Dann ließen ihre Hände den Bademantel los.

Warum löste sie plötzlich den Gürtel ihres Bademantels, der ihren Körper beschützte? In riskanter Situation. Warum setzte sie sich, setzte sie ihr verspieltes, vom Mantel verborgenes Ich, das nur für einen Liebenden gedacht war, den Blicken dieser unbekannten Menschen aus? Der Aufzug stoppte. Die Tür blieb geschlossen. Die Fahrt ging weiter. Der Gürtel fiel zu Boden. Der Bademantel öffnete sich. Zuerst gab er die Schulter frei, dann den Arm, die linke Körperhälfte, schließlich ihre ganze Figur und glitt zu Boden. Er beschützte ihren Körper mit den rot-schwarzen Raffinessen nicht mehr. Alle im Aufzug konnten jetzt ihre Brüste mit den unbedeckten Brustspitzen sehen, die der aufreizende BH freigab. Corinna starrte die Erinnye an, die ihr am nächsten stand. Sie war plötzlich nicht mehr ängstlich und streckte den Arm aus, öffnete die Hand. Sachte berührte sie den umhüllten Kopf dort, wo sie das Ohr vermutete. Bevor sich die Erinnye erschrocken abwenden konnte, säuselte Corinna mit der mildesten und zärtlichsten Stimme, die ihr möglich war, in Richtung des Augengitters: „Please, my lovely sister, show me your beautiful face! Bitte, liebe Schwester, zeig' mir dein schönes Gesicht!" Stille.

Die Tür des Aufzugs ging auf und zu. Niemand trat herein oder heraus. Die Stimmen der Männer klangen laut und aufgeregt, die der Frauen schrill. Hysterie. Tumult. Corinna wollte es so gern noch einmal sagen. Es hörte sech so verführerisch an: „Please, I beg you, show me your beautiful face, my dear! Bitte, ich bitte dich, zeig' mir dein schönes Gesicht, meine Liebe!" Einer der Männer schubste sie, andere kamen ihr bedrohlich nahe, um sie von den Frauen wegzudrängen. Alle schrien durcheinander. Ein starker Geruch von Tabak und Parfüm schlug ihr entgegen. Einige Männer beschimpften Corinna, andere brüllten die Frauen an. Die Tür ging wieder auf. Parterre. Leute warteten schon. Rasch hob Corinna den Bademantel auf, zog ihn über und verknotete den Gürtel. Mit herrischem Ton trieben die Männer die Frauen heraus. Nur die verschleierte Person, die Corinna berührt hatte, blieb vor dem Aufzug stehen. Corinna glaubte, ihren Blick durch das Stoffgitter hindurch zu spüren, und erwiderte ihn. Dann wurde auch sie weggezogen. Sie wandte sich noch einmal zurück. „Ciao, my dear!"

Unter den vor den Aufzügen Wartenden, die mit erstaunten Gesichtern die Szene beobachteten, erkannte Corinna ihren Geliebten, der alle Umherstehenden überragte. Wie immer sah sie zuerst sein Gesicht mit den verträumten Zügen. Er war kein Mensch von Empörung und Vorwürfen. Längst hatte auch er sie entdeckt und kam mit den anderen in den Aufzug. Die Tür schloss sich. Sie zog die Karte durch den Schlitz. Es ging nach oben.

Der Geliebte guckte verstört. Er konnte sich keinen Reim auf das machen, was er für einen Moment gesehen hatte. Statt sich, wie üblich, stürmisch zu umarmen, begrüßten sie sich zaghaft und verlegen. Aber ehe Corinna in der Lage war, sich mit seinen Irritationen zu befassen, musste sie mit ihren eigenen klarkommen. Gefühle von Bestürzung, von Scham und Lächerlichkeit erschöpften sie. Endlich leuchtete ihre Etagennummer auf. Erleichtert atmete Corinna auf.

Im Zimmer stellte der Geliebte seine Tasche ab, brachte manches ins Bad, hängte seinen Mantel auf – Tätigkeiten, die sonst hinterher verrichtet wurden. Ungewöhnlich wortkarg setzten sie sich einander gegenüber auf die kleinen blaugelbgestreiften Sessel vor dem Fenster. Als wären sie beide von langer Anreise ermüdet. Corinna goss Wasser in die Gläser. Ohne Lust auf Champagner. Der Bademantel gab ihre ausgestreckten Beine mit den Nahtstrümpfen an den roten Strapsen frei. Ein Anfang? Ein Versprechen? Eine Aufforderung? Der Geliebte reagierte liebevoll: „Komm' zu mir. Du siehst heute so anders aus."

Corinna lachte nervös und setzte sich, zärtlich und sanft einschmeichelnd, auf den Schoß ihres Liebhabers. Er betrachtete sie mit großen Augen: „Was ist denn passiert?" „Eigentlich nichts." Das, was passieren sollte, die Verführung ihres Geliebten, war nicht passiert und jetzt fühlte sie sich dazu nicht mehr in der Lage. Sie erzählte. Von ihrem Plan. Von einer plötzlichen, ihr selbst unverständlichen Intuition, der sie nachgegeben hatte. Unbegreiflicherweise. „War das nicht ein bisschen riskant?" „Ach. Was heißt riskant in der Stadt der Spontis, der Börse und der Himmelsstürmer?" Aber der Geliebte wäre nicht er gewesen, hätte er nicht die Chance ergriffen, sein Talent zur Interpretation unter Beweis zu stellen. „Dich hat – vermute ich einmal – provoziert, dass du nicht erkennen konntest, ob und wie die Frauen dich anblickten. Das verletzt und verunsichert. Sich im Blick des anderen widerzuspiegeln, ist ein ureigenes Bedürfnis von uns Menschen nach Anerkennung, nach Selbstvergewisserung. Nach einem Beweis unserer Existenz." „Tatsächlich?" Der Geliebte ließ seinen Gedanken freien Lauf. „Der Blick in die Augen eines anderen Menschen ist der Blick in seine Seele. Vielleicht beobachteten sie dich, entdeckten dich, aber dir blieben sie verdeckt und dadurch unerkannt. Dagegen hast du rebelliert." Er betonte jede Silbe: re-bel-liert. „Du wolltest erreichen, dass die Frauen ihre Verschleierung abnehmen und ihre Augen für dich offenbaren. Aber das hätten die Männer wahrscheinlich niemals zugelassen, denn sie ahnen, dass gegenseitiges Anblicken und Verführen nicht voneinander zu trennen sind."

Corinna war mit sich nicht im Reinen. Wenig originell murmelte sie: „In meiner Zeit war es in dieser Stadt so leicht, Leuten zu begegnen, mit Wildfremden ein paar Worte zu wechseln, Blicke zu tauschen, absichtslos zu flirten. Das ist wohl längst vorüber?" Sie beruhigte sich allmählich. Das Gespräch stellte ihr Vertrauen zu sich wieder her. Vielleicht konnte sie den Geliebten doch noch verführen, wie sie es geplant hatte. Sie stand auf und es gelang ihr, seine Aufmerksamkeit zu gewinnen. Wenige aufreizende Bewegungen, kleine Bauchtanzfiguren genügten. Vor und zurück. Der Bademantel öffnete sich. Er zog sie heftig zu sich. Endlich würden Sehnsüchte erfüllt, den Alltag zu vergessen. Einzutauchen in einen tiefen Brunnen der Lust. Sich diesem Sog zu überlassen, hemmungslos. Anders zu werden, neu. Alterslos jung. Das würde wunderbar werden.

Wurde es aber nicht. Plötzlich dämpfte er seine Erregungsspirale, senkte sie, traurigen Blicks: „Du, heute geht's nicht. Ich war wegen meiner anhaltenden Herzschwäche beim Arzt. Solange ich medikamentös nicht zuverlässig eingestellt bin, hat er mir jede Anstrengung verboten. Auf keinen Fall Sex. Viel zu riskant." Er schaute gequält aus. Corinna ebenfalls. Also wird nichts daraus. Vergeblich das Ganze.

Längst war es Abend geworden. Im Hintergrund erstrahlten die Hochhäuser der City, verführerisch illuminiert: Down Town – da geht noch etwas, da verjüngt sich noch 'was!

Rolf Kamradek

Poesie

Schönheit ins Gedicht gesponnen,
umgeformt – und doch erhalten,
so, als ob im kalten
Winter
man des Sommers Pracht
an weißbereiften Bäumen zeigt.

Seelenvögel

Ich hatte einen Jungen.
Einszweiundneunzig,
schlank,
mit breiten Schultern;
lachte er,
so strahlten seine blauen Augen
und sein Herz lachte mit.

Weiße Asche
rinnt durch meine Hände.

Der Kutter zieht einen Kreis
um unseren Max,
tutet zweimal Salut,
und hinter Tränen steigen
fünf Singschwäne
weiß
aus dem Blau des großen Wassers
in das des Himmels.

Ich hatte einen Jungen.

Seeschwalbe

Wie du dich senkst und hebst,
flatterst,
wieder schwebst,
plötzlich stürzt,
dich fängst
und zum Himmel strebst!

Ich sehe deine Musik,
kleine Seeschwalbe,
Töne perlen aus deinem Gefieder
und tanzen
nach der Melodie
deines Fluges.

Wo Fernweh Heimweh ist

Ich male mir gerne
die Ferne
ganz nah.
Statt Gazellen und Löwen
ziehen dann Möwen
– oder auch Gänse –
an mir vorbei,
und am Kai
könnte ein Mädchen stehen,
das Haar – vielleicht blond,
nur ein bisschen soll's wehen,
während am Horizont
ein Schiff
verschwindet …

Herzschmerz

Wenn ein Dichter voller Liebe
schriebe,
dass sein volles Herz
möcht' vergießen seinen Schmerz,
bis von ihm nichts übrig bliebe,
ach – da hagelte es Hiebe,
und es bräch' ihm das Genick,
die Kritik.
Drum, nachdem er ausgelitten,
hat er sein Gedicht zerschnitten,
macht auch im Herzen ratsch und ritsch,
denn nur das reimt sich auf – Kitsch

Bauchfrei

Frau Abel, die vorbeipassiert,
zeigt heute erstmals ungeniert
den Bauch und ihren Nabel.
Dazu ein Ding
von Rettungsring!
Der ist – ich weiß, ich bin kleinlich –
nicht ihr,
aber mir
recht peinlich –
fand ich doch Frau Abel,
bis dato ganz passabel.

Leidenschaft

Ein drahtiger Lehrer aus Iserlohn
läuft seit Jahren schon den Stadtmarathon.
Aus seinem Verein
holt keiner ihn ein.
Die Frau nur, die lief ihm neulich davon.

Hanna Dunkel

Der Pechvogel

Nach dem Regen der vergangenen Tage schien die Sonne vom Morgen bis zum Abend. Die Zelte und Verkaufsstände unterhalb der Burg waren getrocknet, zahlreiche Besucher strömten erwartungsvoll über den Markt und besahen sich die Auslagen. Bevor es dämmerte, wurden am Burgtor die Pechfackeln entzündet.

Ismail hatte seinen Stand gerade neben dem Tor. Er bot Gewürze und gebrannte Mandeln, wilde Feigen und Aprikosen, sonnengelbe Rosinen und den süßen weißen Honig an. Er hatte im Laufe des Tages gut verkaufen können. Trotzdem war er nicht glücklich. Heute war Walpurgisnacht. Die Hexen würden um das Feuer tanzen und allerhand Schabernack treiben. Und ganz gewiss war das die Nacht, in der man zu zweit in den Mai tanzen sollte. Er würde keine Gelegenheit haben, mit Wibeke über das Feuer zu springen, denn er würde in einem Kostüm stecken und hoch über der Menge auf Stelzen tanzen. Er hatte es seinen Freunden versprochen. Außerdem hatte er es nicht gewagt, Wibeke zu fragen.

Die Tochter des Schmieds hatte nicht nur einen wunderschönen Namen und ein liebreizendes Wesen. Mit ihren hyazinthblauen Augen bezauberte sie jeden, und Ismail war sicher, dass alle Männer in sie verliebt waren.

Sie schien das zu genießen und sich doch darüber lustig zu machen. Die Ritter standen bei ihr und rühmten, mit welchem Geschick sie die winzigen Drahtösen zusammennietete. Und sie gaben Kettenhemden und Hauben in Auftrag. Die Landsknechte ließen sich von ihrem Vater Streitäxte schmieden, nur um ein wenig bei Wibeke stehen zu können. Die Bauernjungen bestellten Arbeitsgeräte, Hacken und Pflugscharen. Sie wurden ausgebessert oder entstanden neu, rotglühend unter den gewaltigen Hammerschlägen des Schmieds, der die bloßen muskelbepackten Arme schwang und wilde Blicke warf, wenn die jungen Burschen sich allzu aufdringlich seiner Tochter näherten.

Ismail hatte sich einen Dolch anfertigen lassen. Der Griff war mit kunstvoll gewickeltem Silberdraht verziert. Er hatte nur gelegentlich einen schüchternen Blick auf Wibeke geworfen. Ein Mann mir Turban, ein Fremder, gar einer mit einem anderen Glauben, würde nicht ein Wort mit der Tochter des Schmieds wechseln dürfen. Das hatte Ismail gespürt, das brauchte der Vater mit den zornigen Augenbrauen gar nicht laut auszusprechen. Dabei hätte er ihm gerne erklärt, dass er seine orientalische Tracht nur des Verkaufs wegen trug – auch wenn er sich in den Gewändern wohlfühlte –, jedoch nicht, weil er an seinem Glauben hing. Er zog schon lange in diesem Land umher. Ismail hatte auf seinen Wanderungen viel über Gott und die Menschen nachgedacht. Es konnte nur einen Gott geben. Und der, der die Natur geschaffen hatte, war kein kleinlicher Gott, keiner, der Gebote und Verbote aussprach. Das waren Erfindungen der Priester und Kirchenmänner, die nach Macht und Reichtum strebten. Darüber hätte er gerne mit dem Schmied gesprochen. Vielleicht würde er ihn verstehen, oder sie hätten darüber streiten können.

Ein Kunde holte ihn in die Wirklichkeit zurück. Er verlangte ein Dutzend von den wilden Feigen. Ismail füllte sie in eine Tüte und steckte ihm mit einem Lächeln zwei dazu. Er ließ ihn die gezuckerten Mandeln kosten und die gerösteten Nüsse. So kaufte er auch davon und zog zufrieden weiter.

Es war inzwischen vollkommen dunkel geworden, so dass die Feuer, die Fackeln und die Laternen in den Verkaufsständen umso heller leuchteten. Bald würde Kemal kommen und ihn hier ablösen. Ismail war schon Stelzen gelaufen, nur nicht auf so hohen. Die waren so lang, dass man sie in der Burg am Fenster des ersten Stockwerks anlegen musste. Nun fürchtete er, in der Menge zu stolpern und zu stürzen. Aber vor seinen Freunden hatte er so getan, als sei ihm die Höhe egal. Verflixte Angeberei!

Unterhalb der Burg war das Kreischen der Hexen zu hören, und eine fühlbare Erregung breitete sich aus. Jedermann wusste, dass die Hexen nur verkleidete Weiber waren. Trotzdem musste man sich in Acht nehmen. Im vorigen Jahr waren sie wie eine Horde Saatkrähen über seine Ware hergefallen. Er hatte sie jedoch mit arabischen Flüchen und Knoblauchzehen vertreiben können.

Ein plötzlicher Windstoß fegte herein, die Lichter flackerten, einige Papiertüten wirbelten hinunter auf den Boden. Ismail bückte sich, um sie aufzuheben. Als er sich wieder aufrichtete, sah er direkt in hyazinthblaue Augen.

„Ich fürchtete schon, es wäre niemand da, denn ich hätte gerne etwas von dem Türkischen Honig." Wibeke hielt ihm ein Geldstück hin.

„Nein, nein, ich bin noch da. Der Wind – die Tüten …" Ismail wusste nicht mehr zu sagen. Er wog stumm den weißen, festen Honig ab, verschloss die Tüte, nahm mit Fingern, die aus Holz zu sein schienen, das Geldstück in Empfang. Er lächelte nicht, er selbst war ganz aus Holz. Er blickte nicht einmal auf, als sie sich bedankte und ging.

Dann erst löste sich seine Erstarrung. Nicht ein Stückchen mehr hatte er in die Tüte gesteckt. Er hätte sie in ein freundliches Verkaufsgespräch verwickeln sollen, er war doch sonst nicht so ungeschickt. Kein Scherz war ihm über die Lippen gekommen – ihm war das geschehen, ihm, der sich wenigstens für einen guten Verkäufer hielt. Kein Kamel war auch nur annähernd so dämlich wie er. Ismail ärgerte sich über sich selbst. Aber was konnte er gegen diese merkwürdige Lähmung tun, wenn er Wibeke sah? Unglücklich schaute er ihr nach.

Kemal kam später als verabredet. Er schimpfte auf die Hexen, die ihn eingefangen und geküsst hatten. Er wischte sich über den Mund und nahm zwei Stück Nougat, um den widerlichen Hexengeschmack zu vertreiben.

Ismail lachte, obwohl er wusste, dass er zu spät kommen würde, um das Kostüm des Glücksvogels zu erhalten.

Als er zu dem Zelt kam, in dem die Kostüme hingen, steckte Jussuf in dem bunten Gewand des Paradiesvogels und Roberto schlüpfte gerade in die goldene Pracht des Glücksvogels. ‚Pechvogel passt doch zu mir‘, dachte Ismail und starrte traurig den schwarzen Vogelkopf an, bevor er in das Kostüm schlüpfte. Die Stelzen warteten im Burghof. Bis dahin mussten sie zu Fuß durch die Menge kommen. Die Leute wollten den Vogel des Glücks anfassen, oder wenigstens dem Paradiesvogel eine Feder ausreißen. Dem Pechvogel wollte niemand zu nahe kommen. So hatte er die Aufgabe, die Leute zu vertreiben und die anderen zu beschützen. Das war ein Spaß und ein Gejohle und Ismail schwitzte, als sie endlich im Burghof ankamen.

Dort brannte ein Feuer und die Hexen tanzten mit ihren Besen zu der schrillen Musik von Dudelsack, Drehleier, Hackbrett und Flöte. Auch die Zuschauer waren ausgelassen. Der Herzog und seine Familie sahen von den Fenstern des zweiten Stockwerks auf das Spektakulum hinunter.

Die verkleideten Vögel wurden von den Wachen in die Burg eingelassen und eine Treppe höher geführt. Auf dem Sims des Fensters sitzend konnten sie ihre Stelzen an die Füße schnüren. Es war verflixt hoch, und nun klopfte Ismails Herz gewaltig. Seine Finger zitterten, kaum konnte er die Schnüre binden. Doch nach einer Weile hatte er die Stelzen befestigt und setzte sich gerade hin.

Ismail sah hinüber zu der herzoglichen Familie. Den Herzog und seine Gemahlin erkannte er, den ältesten Sohn und daneben, das mussten die Schwestern sein. Schön sollten sie sein. Noch nie hatte er sie aus der Nähe gesehen. Aus den anderen Fenstern lehnten sich ebenfalls prächtig gekleidete Menschen. Den jüngsten Spross der Familie, Eduard, entdeckte Ismail auch. Er hatte die weißblonden Haare seiner Mutter. Er war gerade erst drei Jahre alt.

Jussuf gab ihm ein Zeichen, er war bereit für den Auftritt. Dann hörte Ismail den Schrei. Die Musik verstummte, schlagartig war es im Burghof still. Nur das Weinen eines Kindes war zu hören. Eduard hing mit seinem blauen Samtjäckchen an einem Mauervorsprung unterhalb des Fensters. Er hing dort und zappelte mit den Armen und Beinen in der Luft. Niemand rührte sich, alle starrten auf das Kind, das jeden Augenblick abstürzen musste.

Da stieß Ismail sich vom Fenstersims ab, fand die Balance, machte einen Schritt und noch einen. „Platz da!", brüllte er, und die Menschen tief unter ihm wichen zur

Seite. Ismail durchquerte den Hof mit großen Schritten, erreichte das Kind, packte es und nahm es in seine Arme. Dann lief er den gleichen Weg zurück. Er setzte sich auf das Fenstersims, das Kind immer noch fest in seinen Armen. Eduard schrie und schlug nach ihm. Da nahm er den schwarzen Vogelkopf ab. Als der Kleine Ismails Gesicht sah, lachte er.

Erst in dem Augenblick löste sich der Schrecken der Menschen in Freude auf. Sie klatschten und jubelten erleichtert. Diese Begeisterung schien dem Kleinen zu gefallen. Er winkte mit den Armen und klatschte in die Hände. Ismail war froh, als ein Diener am Fenster erschien und das Kind entgegennahm. Die Musik begann wieder zu spielen, die Hexen und die Menge lärmten, vielleicht noch ausgelassener als zuvor. Es war alles gut gegangen. Ismail sah zu den Fenstern des Herzogs hinauf, die waren jetzt verschlossen.

Der Herzog wollte ihm zum Dank eine Belohnung geben, aber Ismail sagte, es sei ihm Belohnung genug, zu wissen, dass auch ein Pechvogel Glück bringen kann. Dann machte er sich auf, um mit Wibeke über das Feuer zu springen. Er war sich nun sicher, dass ihm alles gelingen würde, wenn er es nur fest genug wollte.

Taraxacum und die Zauberblume

ie Burg Rotenstein, mit Wehrtürmen, vielen Dächern und festen Mauern, lag auf einer Anhöhe vor dem Wald. Gärten umgaben sie, Früchte hingen an den Bäumen und Blumen dufteten. In der Mitte des Hofes gab es einen tiefen Brunnen mit frischem Wasser, der versorgte Menschen, Tiere und Pflanzen. Vor vielen hundert Jahren lebte auf der Burg ein Graf mit seiner Tochter. Serafina, sein einziges Kind, glich der verstorbenen Gräfin. Jeden Wunsch erfüllte er ihr, denn wenn er doch einmal nein sagen musste, fing Serafina an zu weinen. Und ihre Tränen konnte der Graf überhaupt nicht ertragen.

Im Winter, wenn der Wald verschneit war und niemand reisen konnte, weil Pferd und Wagen im Matsch stecken blieben, war es still und einsam auf der Burg. Serafina stickte zahllose Blumenbilder in Kreuzstich, zerschnitt feines weißes Leinen zu Servietten und umsäumte sie mit zierlichem Hohlsaum, oder sie strickte bunte, wollene Schals für ihren Vater. Doch wenn die Schwalben aus dem Süden zurückkehrten, warf sie froh die Handarbeiten in eine Truhe und lief hinaus in den Garten. Endlich gab es wieder fröhliche Feste auf der Burg, die Fenster und Türen standen offen und Musikanten spielten zum Tanz auf, so dass es weit im Land zu hören war. Viele Gäste besuchten die Burg. Auch Geschichtenerzähler kamen und brachten Neuigkeiten. Einer berichtete etwas Unglaubliches: Auf einem Berg in den Wolken wuchs eine Zauberblume. Wer ihre Blüten ansah, würde augenblicklich froh, und Kranke wieder ganz gesund. „Ach, so eine Blume möchte ich haben!", rief Serafina aus. „Oh, nein, niemand kann sie erlangen. Der böse Drache Taraxacum bewacht sie wie seinen Augapfel", war die Antwort. Serafina fing an zu weinen, und weil alle sagten, die Blume könne sie wirklich nicht bekommen, weinte sie die ganze Nacht und hörte auch am nächsten Tag nicht auf.

Der Erzähler verließ fluchtartig die Burg, und ihr Vater stopfte sich Wolle in die Ohren. Nach drei Tagen gab der Graf bekannt: „Wer mir als Erster die Zauberblume bringt, soll meine Tochter zur Frau bekommen." Da weinte Serafina noch mehr, denn sie wollte nicht von irgendeinem Mann geheiratet werden. „Ich will mir ihn selber aussuchen", schluchzte sie, „einen, den ich liebe, oder wenigstens gernhaben könnte." Doch das, was der Graf einmal bekanntgegeben hatte, konnte und wollte er nicht zurücknehmen.

So zogen viele junge Männer aus, die Zauberblume zu holen. Die Schlauen kehrten wieder um, nachdem sie eine Nacht im Wald verbracht hatten, andere, die den Drachen von weitem sahen, liefen rechtzeitig und so schnell sie konnten den Berg wieder hinab. Nur diejenigen, die im Schwertkampf geübt waren und glänzende Rüstungen trugen, glaubten, sich dem Drachen nähern zu können. Der Drache fegte sie jedoch mit seiner Schwanzspitze vom Berg, und sie fanden sich, als sie wieder denken konnten, zerbeult und zerschlagen am Fuße des Berges wieder. Wenn dabei noch einige ihrer Knochen heil geblieben waren, konnten sie sich glücklich schätzen. Keiner der Männer kam zurück, keiner brachte dem Grafen die Zauberblume. Sehr still wurde es auf der Burg. In der

Küche sorgte man sich um Serafina, weil sie kaum etwas von den guten Speisen zu sich nahm und nur selten ihr Zimmer verließ. Der Graf aß dafür dreimal so viel, was ihm auch nicht gut bekam.

Der Herbst kam ins Land und mit ihm ein junger Wanderer. Valentin, ein Student der Malerei, war es. Wenn er ein Schloss oder eine Burg sah, zeichnete er sie. Manchmal konnte er ein Bild verkaufen, wenn er viel Glück hatte, bekam er dazu andere Aufträge, so dass er sein Reisevergnügen bezahlen konnte. Unterwegs hatte er die Geschichte von dem Drachen und der Zauberblume in mehreren Versionen gehört. Als er nun zu der Burg Rotenstein kam, setzte er sich an einem geeigneten Platz nieder, packte sein Skizzenbuch aus und begann zu zeichnen. Er malte die Dächer, Türme, Fenster und Erker und dachte dabei an den Grafen und seine Tochter, die dort hinter den Mauern lebten. Als das Bild fertig war, ging er zum Burgtor und ließ sich dem Grafen melden. Der betrachtete das Bild mit Wohlwollen. „Ich bin auch ein guter Porträtmaler", empfahl sich Valentin, der gelernt hatte, bei hohen Herren nicht allzu bange zu sein. „Vielleicht möchtet Ihr oder Eure Tochter …" „Schön wäre es", sagte der Graf, „aber frag er sie doch selber."

Valentin wurde zu Serafina gebracht. Er verbeugte sich und erklärte, dass er Maler sei. „Ein Maler? Ich dachte, mein Vater schickt mir einen Arzt." „Braucht Ihr denn einen?" „Gewiss nicht. Alles, was ich bräuchte, wäre die Zauberblume." „Ah, davon habe ich gehört", sagte Valentin, „eine Blume, die alle Menschen froh machen soll und Kranke wieder gesund – aber Ihr seid doch nicht krank?" „Es geht nur darum, dass ich so etwas einfach haben muss!", rief Serafina. „Sie wird von einem Drachen bewacht!", wandte Valentin ein. „Das habe ich gehört!", sagte sie. „Warum tut er das wohl? Und wem gehört die Blume? Ist es nicht Räuberei, gar Diebstahl, wenn man sie ihm wegnehmen will?" Auf diese Weise hatte noch keiner mit ihr gesprochen. Serafina begann sich über den jungen Mann zu ärgern, und sie wurde richtig wütend, als er sagte, sie hätte sich die Blume selbst holen sollen, denn schließlich hätten die Männer ihr Leben ihretwegen riskiert. Sie begannen hin und her zu zanken, bis Serafina nach einer geraumen Weile den Streit mit den Worten beendete: „Gut, du hast mich überzeugt. Ich werde jetzt zu dem Drachen gehen." Sie zog Wanderschuhe an und packte einen Rucksack. Valentin sagte, er wolle sie begleiten, gemeinsam sei es leichter. Damit war Serafina doch einverstanden.

Sie wanderten über Berg und Tal Richtung Sonnenuntergang, der Weg wurde ihnen dabei nicht lang, denn sie hatten eine Menge zu bereden. Als es Nacht wurde, machten sie sich ein Lager im Moos, und jeder rollte sich in seine Decke ein. Serafina rückte nahe an Valentin heran und sagte, sie sei froh, in dieser unheimlichen Finsternis nicht alleine zu sein. Und Valentin, dem das Heulen eines Nachtvogels eine Gänsehaut gemacht hatte, legte einen Arm um sie und sagte, dass es ihm gerade auch so ergehe.

Am nächsten Morgen machten sie sich schweigend wieder auf den Weg. Nach vielen Stunden kamen sie auf dem Drachenberg an. Wolken hüllten ihn ein. Serafina rief etwas ängstlich, aber laut in den Nebel: „Taraxacum, ich möchte dich um eine Unterredung bitten!"

„Wer möchte das?" Die Stimme des Drachen klang wie Donnergrollen. „Ich, Serafina, die Tochter des Grafen von der Burg Rotenstein!" „Ach, endlich. Auf dich habe ich gewartet."

„Ich habe längst eingesehen, dass dir die Blume gehört und dass ich sie deswegen auch nicht verlangen kann." Serafina schluckte, denn sie sah im Nebel auf einmal die Umrisse des Drachen, und die waren riesig. „Ich möchte die Blume nur einmal sehen, wenn du es gestattest." „Dann komm her zu mir!", verlangte der Drache.

Langsam ging sie näher und noch näher, bis sie dicht neben dem Drachen stand. Er war ganz blau. Neben ihm schien die Sonne zu leuchten. Das kam von der Zauberblume. Ihre gelben Blüten glänzten wie der Sonnenschein. Und sie dufteten nach Vanille und Zimt und noch etwas, das sie nicht benennen konnte. „Oh! So schön hatte ich mir die Blume gar nicht vorgestellt!", rief Serafina aus. „Ich verstehe nun, dass du sie nicht hergeben willst, denn sie ist einzigartig." „Ich kann ohne die Blume nicht leben", sagte der Drache. „Aber dir werde ich Samen schenken, denn ich sehe, du bist tapfer und klug." Serafina verstaute die vielen Samen sorgfältig im Rucksack. Dann bedankte sie sich und gab dem Drachen einen Kuss zum Abschied.

Auf dem Rückweg redeten und lachten Serafina und Valentin miteinander, sie bewarfen sich gegenseitig mit buntem Laub, sammelten Pilze, wilde Äpfel und Nüsse. Im Bergsee angelten sie einen Fisch und brieten ihn über dem Lagerfeuer. Danach erzählte Serafina von ihrem Leben in der Burg. Das war so langweilig, dass sie darüber einschliefen. Am nächsten Morgen erzählte Valentin von seiner Wanderschaft und von lustigen und schrecklichen Erlebnissen, bis sie wieder bei der Burg Rotenstein ankamen. „Und jetzt?" Valentin schaute sie an. „Jetzt werde ich Gärtner, und du musst mir helfen. Aber sag deinem Vater erst mal nichts." Es wurde ein Gewächshaus gebaut und die Samen in die Erde ausgesät. Sie hatten den ganzen Tag zu tun, denn als die Samen keimten, mussten die Pflänzchen pikiert und später in immer größere Gefäße umgepflanzt werden. Sie schleppten Wasser aus dem Brunnen herbei und lockerten die Erde. Die Pflanzen gediehen prächtig. Dem Grafen war natürlich aufgefallen, dass seine Tochter nicht mehr weinte. „Brauchst du die Zauberblume nicht mehr?", fragte er, als sie ihm auf der Treppe begegnete. Serafina lächelte ihn an. „Doch", sagte sie, eilte weiter und ihr Vater sah ihr verwundert nach.

Als die erste Blume blühte, brachte Valentin die Pflanze zum Grafen und sagte: „Das ist die Zauberblume, Taraxacum officinale. Deine Tochter und ich haben mindestens tausend von ihnen gezüchtet. Nun musst du mir deine Tochter zur Frau geben, denn das hast du versprochen." Das wollte der Graf sehr gerne, denn er sah, dass Serafina glücklich war.

Die Hochzeit wurde mit fröhlichem Prunk gefeiert. Da machte es kling und kling und klingelingkling, und mit diesen Tönen verwandelten sich die gelben Zauberblumen in weiße, kugelrunde Pusteblumen. Ihre Samen trug der Wind davon. So kam es, dass die Blumen des Drachen nun überall auf der Welt wachsen. Und wer sie ansieht, wird augenblicklich froh und Kranke wieder ganz gesund.

Christel Mirus-Bröer

Der Duft der Zeit

Süßer Honigduft in der Maiensonne
Der gelben Felder vor dem Dorf
Das Werden lieblich und farbenfroh
Im Gesang der Vögel erklingen helle Töne
Zaubern Freude in die Weite
Den Duft der Natur
Fern von Lärm
In Bäumen wispern Blätter
Erwecken Träume
In den Gärten
Am Uferstrand
Und in den Lüften
Möwenschreie und Kreischen
Am See, Fluss und Meer
Vom Stadtgetriebe abseits
Liebe der Natur – kostbar.

Melancholie einer Liebe

In die Abendstille leuchtet Abendrot in blaue Tiefen
spiegelt den Sonnenuntergang den Fluss hinauf
mit Saharastaub bedeckt gebräunte Beine eingetaucht
ein zartes Wesen umweht von buntem Seidentuch
– rote Sandalen auf Steinen – Erinnerung im Abend-
licht.

Von goldenem Glitzer in kühles Wasser hineingezogen
den wirbelnden Strom entlang in gurgelnde Tiefe
Tränen und Sehnsucht einer verlorenen Liebe schwanden
und über dem Fluss schweben Wolken in die Nacht
Wellen rauschen und – rote Sandalen stehen auf Steinen.

Der Liebesbaum

Ein Paar, Jasmin und Mario, geht den Weg am Stadtrand entlang, gesäumt von Büschen und Bäumen. An einem Baum, eine Linde mit ausladenden Zweigen, bleiben sie stehen. Der Lindenbaum an der Bank steht frei vor einem gepflegten Garten mit Blumenrabatten und Rasen. Sie wischt mit einer raschen Handbewegung ein abgefallenes Blatt von der Parkbank und setzt sich. Er folgt ihrem Beispiel und sieht sie an, sagt: „Du trägst heute einen sehr hübschen Hut mit Krempe – sehr elegant." Auf die Worte: „Aber ist dein Hut nicht ein wenig unbequem?", bekommt er keine Antwort, sondern sie wendet sich zur Seite zum Laubbaum, als ob sie ihn nicht hätte hören können. Er wundert sich, bleibt auch ruhig und sagt nichts mehr.

Jasmin denkt so für sich: Gut, dass mein Mario nicht weiß, dass ich mich für ihn schick angezogen habe, und extra mit Hut, weil ich mir vorgenommen habe, mit ihm zu reden. Der Hut gibt mir eine gewisse Sicherheit wegen meiner aufgeregten Gefühle. „Es ist ein neuer und modischer Hut und bestimmt bequem genug, denn er schützt vor der Sonne und …", erklärt sie und blickt ihm in die Augen: „Man trägt wieder Hut, der letzte Schrei, wenn dir das etwas sagt."

Er staunt: „Ihr Frauen und eure Mode. Was soll ich dazu sagen?"

„Musst du nicht. Mir gefällt's. – Das ist der neueste Chic – und Hüte sind nicht nur der High Society vorbehalten."

Nach einer kleinen Pause beginnt er wieder das Gespräch: „Ach. Aber dagegen sehe ich gar nicht elegant aus mit meinen Hemdsärmeln und Jeans." Als er an sich herunterguckt, wirft er locker seine Windjacke über die Schulter. Mario will trotzdem überlegen sein: „Das Modische ist mir in erster Linie nicht wichtig." Er lächelt, wobei seine Stimme entschuldigend klingt: „Mode ist mir überhaupt nicht wichtig, jedenfalls nicht heute an diesem Tag?"

Sie antwortet: „Ach schade, und ich dachte, dir gefällt auch mal zur Abwechslung mal etwas anderes Neues, auch ohne Pferderennen?"

Sie hört sein verlegenes Räuspern: „Liebes, ich wusste nicht, dass du auf Mode und neuere Bekleidung so viel Wert legst – so modebewusst bist." Mario holt tief Luft: „Eigentlich will ich mit dir heute gern etwas besprechen. Denn ich möchte dich etwas fragen. Und längere Zeit schon fand ich keine Gelegenheit. Kannst du mir bitte einen Augenblick zuhören?"

Sie schaut ihn leicht spöttisch lächelnd an, als sein Blick vom Himmel in den Baum wandert, und sagt nur: „Ein herrlicher Tag, nicht wahr. Die Blätter rauschen, als ob sie uns zuwispern wollten."

Mario sieht ihr ins Gesicht, und sie fährt fort: „Gern höre ich dir zu, wieso betonst du so seltsam das Zuhören – merkwürdig, wir reden doch ständig, oder? Also, was willst du sagen?"

Seine Finger trommeln im Takt, als würde er gleich passende Töne finden wollen.

„Fragen – fragen wollte ich dich. Wir …"

Jasmin wird ungeduldig: „Ist es etwas Ernstes, sag schon?"

„Ich, ja, also wir …", er räuspert sich wieder und stammelt: „So reden wir", dabei klopft er leise wieder mit seiner Hand auf die Bank, wird lauter: „Ich will dich fragen, ob du mit mir zusammen …"

Sie verbirgt ihre erwartungsvolle Haltung. Ihre Augen treffen sich zu einem tiefen Blick, als sie ihm zu verstehen gibt: „Der Himmel ist wolkenlos blau, die Vögel zwitschern, und ich genieße den Augenblick. Ehrlich gesagt, ich bin gerade nicht zu schweren Gedanken aufgelegt. Im Grunde habe ich eine anstrengende Woche mit viel Arbeit geschafft. – Und jetzt druckst du hier herum. Was willst du denn?"

Er greift sie an die Schulter und sieht sie ungläubig an: „Die einfache Ruhe hier auf der Bank, die frische Luft tut uns so gut, über den Spaziergang mit dir habe ich mich gefreut."

Jasmin wendet sich ab: „Und – gefällt dir das nicht mehr? Gefalle ich dir nicht mehr?", ohne ihn anzusehen.

„Wie kommst du darauf? So ein Quatsch. Natürlich bin ich gern mit dir zusammen, auch gern spazieren. Doch, doch, du lässt mich ja nicht ausreden", beteuert Mario.

„Ach", sie streift mit der Hand das Haar fest unter die Hutkrempe, und ohne mit der Wimper zu zucken, kommt wie beiläufig ihre Antwort, anders als er erwartet hat. „Wenn du den Hut nicht gut findest, bin ich dir wohl nicht hübsch genug?" Sie sieht auf ihre Schuhe, dann auf seine und schweigt abwartend.

„Wie, nicht hübsch genug? Du bist hübsch?", seine Stimme klingt bestürzt. „Wir kennen uns doch lange, und manchmal fühle ich mich trotzdem furchtbar allein in meinen vier Wänden. Das will ich nicht und ich will nicht länger allein leben. Das mag ich nicht mehr, weißt du, und ich denke nur an dich, ja, weißt du das nicht?"

„So. Nein wirklich, mir ist nichts aufgefallen. Und wie willst du das ändern?", antwortet sie.

„Was ich dir damit sagen will, ist etwas anderes. Aber unglaublich wichtig!"

„Ja-ah."

Er stottert beinahe: „Weißt du, hm, … Jasmin, ich fühle eine tiefe Verbundenheit zu dir und alles zieht mich hin zu dir."

„Ist das wahr?"

Mario druckst hoffend über seine Lippen: „Ja, merkst du das nicht, wenn wir zusammen sind, da möchte ich nicht mehr von dir weggehen. Oh … Wie soll ich dir das sagen?"

Sie schweigt und sieht in die Baumkrone, denkt, *er ist wirklich umständlich.*

Jetzt kann er nicht an sich halten und nimmt ihre Hand: „Ich, äh … Ich hoffe, du hast die gleichen Gefühle wie ich?", in knapp hervorgepresstem Ton bricht es aus ihm heraus: „Willst du mich heiraten?" Die stillen Minuten, bevor sie etwas sagt, kommen ihm ewig vor, und bange sieht er sie fragend an: „Jasmin. Hast du gehört?" Ihr Schweigen irritiert ihn, so dass er sich zu ihr beugt und heftig erregt fragt: „Du, Jasmin, warum sagst du nichts, liebst du mich nicht?"

Jasmin reagiert anders, als er sich das vorgestellt hatte. Sie steht von der Bank auf. „Lass, Mario, lass uns einfach gehen", bleibt den Moment vor ihm stehen. „Ach, ja Mario", sagt's und nestelt an der Handtasche und er glaubt, nicht recht gehört zu haben, greift sich verzweifelt an den Kopf, streift dann mit beiden Händen durch das Haar, bevor er sich erhebt und herausquetscht:

„Wie?", bringt er so leise hervor, dass es kaum zu vernehmen ist, als ob er nach Fassung ringt. Eine leichte

Röte zieht in sein Gesicht. Verlegen steht er neben ihr und dreht seine Schuhspitze in den Boden und ist sprachlos.

Jasmin sieht seine Enttäuschung, fast Beklommenheit. In einer ärgerlichen Aufwallung verschränkt er die Arme: „Ist das alles, was du zu sagen hast?" Sie merkt, dass er richtig sauer wird. Jetzt wiederholt sie doch die alles entscheidende Frage: „Du willst heiraten?"

Mario antwortet gereizt: „Was sonst! Nun ist mir alles klar. Es gibt für deine Art Schweigen nur eine Erklärung."

Sie fällt ihm ins Wort, indem sie ihm ihre Hand vor den Mund hält: „Ja, alles klar. Weißt du, mir wird kühl!"

Mario, nun völlig verunsichert, weiß nicht, was das soll; er reagiert ungehalten, scharf und deutlich: „Wirklich? – Dir wird kühl, so kühl, dass es dich ablenkt von einer Erklärung und Antwort? Du willst einfach gehen, obwohl ich dir eine Lebensfrage stelle? – Weißt du nicht, dass ich dich liebe, geliebt habe und alles für dich tue!"

Das war ein deutliches Zeichen, und sie merkt, dass sie ihn verärgert und will nicht weiter provozieren. Es ist an ihr, etwas zu sagen: „Du willst eine Antwort? Ja, ich denke an dich. Und ja, ich liebe dich. Aber ich muss dir sagen, ich prüfe zuerst, und vor allem, weil ich meine Selbstständigkeit behalten will – und ja, auch nicht ständig Rechenschaft abgeben müssen! Ja. Das will ich – nicht nur waschen und putzen oder Hausmütterchen sein! Wie sicher bist du denn, wirst du mich immer lieben?"

Mario ist überrascht: „Oh, wie? Hast du Angst! – Wieso denn? Ich muss staunen. Glaubst du nicht an meine Liebe?"

Wieder klingt ihre Antwort leicht ironisch: „Brauchst du eine Haushaltshilfe?", und sie sieht ihn herausfordernd an.

„Wo denkst du hin, wir leben doch nicht mehr im Mittelalter!", beteuert Mario und widerspricht: „Aber nein.

Wie kommst du darauf? – Ich weiß, und du weißt es. Wir teilen uns auch die Hausarbeit?"

Jasmin bleibt gelassen: „Du willst bei der Hausarbeit also verbindlich helfen?"

„Sicher. Ich sehe etwas anderes in dir, und ich will mit dir zusammen sein. Ohne dich will ich nicht leben, ich liebe dich!"

„Hm, was soll ich dazu sagen? – Und wenn ich dich beim Wort nehme?"

„Das kannst du. Bestimmt."

Sie zupft und streicht an ihrem Rock, als ob es etwas zu glätten gäbe, dreht sich und wendet sich dem Baum zu, befühlt mit den Händen den Stamm und antwortet seufzend: „Du willst also ernsthaft heiraten? Heirat ist etwas Besonderes für mich, etwas Wunderbares". – Sie wiederholt: „Heiraten – mit dir verheiratet sein?"

Tief Luft holend, guckt Mario sie an: „Nicht! O, was ist los? Ich verstehe gar nichts mehr. Du tust, als ob es unmöglich ist, mit mir zusammen zu sein, und musst etwa erst prüfen? Mich? Liebst du mich nicht genug, um zu heiraten? Nein?" Sein Tonfall wird schärfer: „Du liebst mich nicht – also was: ja oder nein!"

Jasmin geht einen Schritt auf ihn zu und umschlingt mit beiden Armen seinen Hals.

Sein Gesicht entspannt sich, als von der nun schmunzelnden Jasmin der Satz fällt: „Ich hätte nicht gedacht, dass du mich heute fragen würdest."

Ungläubig zieht er sie an sich. Mario nimmt ihre Hand: „Ich weiß, heiraten ist für immer und heißt fest gebunden?"

Sie blinzelt und flüstert: „Ja. Auch ich musste überlegen, wie es werden kann, und kenne ich dich genug. Kann unsere Liebe alles aushalten für immer?"

Versöhnlich will Mario beschwichtigen: „Liebes, du zweifelst. Aber wir lieben uns, immer", er sieht sie herausfordernd an.

Sie merkt es und erwidert wie selbstverständlich: „Ja, ich liebe dich, natürlich!", und sie denkt: *Wie lange habe ich darauf gewartet? Heute endlich wollte ich darüber reden.* Nach einer kleinen Pause spricht Jasmin von ihren Gedanken: „In Wirklichkeit wusste ich zum Beispiel nicht, wie du dich ärgerst? Das musste ich doch prüfen, ein ganz klein wenig. Das Einfachste der Welt kann kompliziert werden, nicht wahr?" Sie sieht ihn an und sucht in seinem Gesicht die Mimik, die zu erkennen gibt, was er denkt, entdeckt aber keine Veränderung in seinem Gesichtsausdruck.

Er stutzt, fragt sich: *Habe ich ihren Humor nicht verstanden, eine sonderbare Art, prüfen zu wollen?* In Gedanken geht er die Lage einen flüchtigen Moment durch: *Sie will und sagt doch nein, dann wieder ja, weil … Dann doch ja?*

Mario nimmt Jasmin vorsichtig in den Arm, als ob er fürchtet, es passt doch nicht, will versuchen, auf sie einzugehen: „Jasmin, man kann ohne Trauschein glücklich sein. Aber ich denk doch, mit uns wird es wunderbar werden und ein Traum für dich sein."

„So, so. Aber ich liebe meine Freiheit und keine Einengung. Wenn ich aber bedenke; wir, du und ich, gehören auch zur Freiheit dazu." Sie legt lächelnd ihre Arme um seinen Hals. Mit zärtlichem Unterton flüstert sie: „Du, wie sich alles fügen wird, sind die Rätsel der Liebe."

Marianne Beese

Der Ort der Worte

Den Ort der Worte
habe ich gebaut;
die Worte hinaufgetrieben
wie auf eine Hochalm –

Ich brachte dir die Worte zu,
baute sie gleich Zäunen
und Hausquadern
in der herbstlichen Sonne;
ich baute sie hinein
in das versiegte
Flussbett Gespräch

Aber ich werde nicht
an den Zäunen haften,
nicht an
den Steinen des Hauses;
ich werde nicht darauf warten,
dass mich eine Botschaft
aus dem Tal erreicht
und dass du
mein Haus entdeckst –

Mein Haus ist der Ort
der Worte, in dem
das Wirkliche wohnt,
aber nicht mehr heraustritt
und sich will

Über meinem Haus
und rings um die Zäune
wachsen Lichthalme – Blätter,
Distelstauden von Licht;

mein Haus
ragt in die Lichtwildnis,
wird heller,
je tiefer die Erde
in Herbst
und Schweigen treibt

Wie willst du leben

in einer Welt, wo,
auf die Waagschale gelegt
eines Entscheidens,
immer
die lähmende Schwere siegt
des Zwangs in ein Dunkles,
Zerstörung und Schweigen
und Nein?

Wer hat diese Welt
in meinen Tag gestellt
als Finsternis
auf allen Steigen;
wie soll gelebt werden
in einer Zeit ohne
die Flaumfeder
Freundlichkeit?

Es ist, als ob der Februar

der Fiebermonat sei,
und der Monat
der schräg die Luft zerteilenden
Schneeflocken –
und der Erfahrung,
an geschlossenen Türen entlangzugehn,
an die wundersame
Zettel geheftet sind:

Sie verkünden das Fortgegangensein
als Jahrhundertbotschaft,
und du tastest die Türrahmen ab
mit den ratlosen Händen;
nie ist Holz
so schnell gedunkelt … und dann
ins Gläserne
verwandelt worden

… als hätte es
die schweigsam gewordenen Türen,
den Husten und den Februar;
Fiebermonat, und Monat
karnevalesker Verwirrungen,
und Monat der Liebe
nie gegeben –

Psalm 90

– „Das machet dein Zorn,
dass wir so vergehen …" –

Wenn das Gras verdorrt,
haben wir unser Leben
hingebracht
wie ein Geschwätz;

immer waren die Wege zu weit
aneinander vorbei, oder:
wenn wir uns trafen,
herrschte Sprachlosigkeit –

Ich möchte wiederkehren,
geduldig eine Sprache zu lernen,
die dich und mich
beieinanderhält –

Sünje Meyer

Vaterliebe

Ich bin nun längst schon tot. Liege klaftertief unter der Erde. Aber selbst da würde ich die gedämpften Stimmen hören, die um mich weinen, von unten der Grabpflege zusehen.

Die nicht geschieht. Die Wurzeln der Zierpflanzen wechseln zu selten, stattdessen ziehen die langen, bleichen Stränge der Quecke und des Ackerschachtelhalms ärgerlich durch das modrige Erdreich über mir. Dabei habe ich so viel für sie getan! Meine beiden Töchter müssten mir so dankbar sein. Vor allem Friderike, die Ältere. Ich brachte sie auf den rechten Pfad. Wollte Modedesign studieren, das dumme Ding. Jetzt ist sie Lehrerin. Ein anständiger Beruf. Hat also schließlich auf mich gehört.

Ein bisschen Strenge muss man schon walten lassen. Bei ihr hat's gefruchtet, dass sie von Kindesbeinen an was mit dem Rücken meiner Haarbürste bekam, wenn sie log oder Unsinn machte. War nur zu ihrem Besten. Ist ein ordentliches Mitglied der Gesellschaft geworden und hat mir immer gehorcht. Nur des Nachts nicht, wenn Magda, meine Frau, mich wieder abgewiesen hatte und ich in Friderikes Zimmer ging.

Aber die andere! Die Jüngere, die Iris, dass die nicht kommt, um das Moos von meinem Grabstein abzuwischen, wundert mich nicht. Die war immer rebellisch. Und zornig und man sieht ja, was draus geworden ist. Nichts! Hab' Tausende von D-Mark in ihre Ausbildung gesteckt, nun trägt sie Zeitung aus. Wer soll denn sowas lieben?

Aber meine Magda, die Brave, liegt neben mir. Hat nie was gesagt, mein Frauchen, wie sich's gehört. Schließlich war sie recht schlicht und ich sorgte für sie. Wir führten eine gute Ehe.

Sie räumte meine Zeitschriften weg, die „nackte Praline" kam wöchentlich. Ich las sie gern, während es aus der Küche klapperte und duftete. Später versammelten wir uns um den Esstisch und ich sprach das Gebet, ja, ich war ein gutes Vorbild, ein gerechter Vater. Beim Abwasch sang Magda die Lieder aus der alten Heimat. Ach, was hab' ich Magda vermisst, das erste halbe Jahr hier unten.

Und als ich sie schließlich zu rufen begann, immer lauter, bekam sie ihn endlich, ihren Schlaganfall. Jetzt ruht sie neben mir in dumpfer, feuchter Erde. Wir sind wieder glücklich vereint.

Kleine Dinge

„Hab ich dich, du stinkende Kröte!", schrie sie und knallte mit der Peitsche. „Elender Wurm!"

Er atmete schwer. Sie hatte das Leder am Hals heute extra weit zugezogen. Zu doll für seinen schwächelnden Kreislauf. Leichter Schwindel machte sich bemerkbar. „Louisa, bitte … Der Halsriemen!"

„Was willst du, Wicht! Krieche!"

Er war schon auf den Knien. Nun krabbelte er in seiner Unterhose quer durch den Raum. Louisa folgte ihm. Sie sah blendend aus. Ihr wunderschönes langes Haar fiel glatt und schwarz über das blutrote Korsett.

„Aua!", sagte er, als sie ihm mit dem spitzen Absatz ihrer Lacklederstiefel leicht auf den Handrücken trat.

„Lächerliche Witzfigur! Du willst ein Mann sein?!" Louisa schritt, weiter heftig mit der Peitsche knallend, zu dem Barockstuhl hinüber, auf dem seine Sachen lagen. Sie schleuderte ihm seinen beigen ausgebeulten Büroanzug ins Gesicht und versohlte ihm mit der Neunschwänzigen erst mal ordentlich den Hintern.

„Au, au, au", machte er, „Mama!"

„Niete! Langweiler!"

Nun kam die Handschellennummer. Ran an den Bettpfosten. Oh, wie gut Louisa roch. Dieses schwere Maiglöckchenparfüm, ein dumpfer Hauch, wie direkt aus verwelkenden Gedenkkränzen destilliert. Sie kam ihm ganz nah. Gewährte ihm tiefen Einblick. Es machte „klick", nun war er ihr auf Gedeih und Verderb ausgeliefert. Wie immer.

Da sah er, wie sich Louisas Augen urplötzlich weiteten. Die vorher verruchten schwarzen Umrandungen ließen sie jetzt aussehen wie die Kulleraugen eines verschreckten Pandabärchens. „Hrmmpfft… Aahhh…", machte sie, ihr ganzer Atem schien zu entweichen. Ihr Oberkörper wurde stocksteif, während die netzbestrumpfhosten Knie eigenmächtig versuchten, rutschend nach hinten zu entkommen.

„Was ist?", fragte er. „Louisa?"

„Da …", stammelte sie, „da, da da, da …"

Er sah nichts. Er wollte weiterspielen.

„Da!" Wie in Zeitlupe hob sie ihre Hand und deutete mitten in die Luft.

Da sah er sie nun auch: eine winzig kleine Spinne. Sie seilte sich gemütlich von der Decke ab.

Louisa stieß einen schrillen Schrei aus und flüchtete in die allerletzte Ecke des Studios, wo sie zitternd zusammenbrach.

Das war seine Chance. Ein neues Spiel. „Louisa!", rief er. „Mach mich los! Ich rette dich."

„Ich, ich … kann … nicht …"

„Doch! Du schaffst es. Komm her, mein Mäuschen. Komm zu Papa …"

Am ganzen Körper schlotternd kroch Louisa stückweise auf ihn zu.

„Ja, ja, so ist es gut, mein Mädchen. Ich töte das Ungeheuer für dich!"

Mit zitternden Fingern schob sie den kleinen silbernen Schlüssel ins Schloss. „Danke", flüsterte sie und klammerte sich an ihm fest. Es war eine Handbewegung, dann hatte die Arachnide ihr Leben ausgehaucht. Er lächelte vorsichtig. War er nun ihr Held?

Louisas Augen verengten sich augenblicklich.

„Und nun", sagte sie genussvoll und zog das U in eine vor Grausamkeit triefende Länge, „gibts eine extraharte Tracht Prügel für den bösen, bösen Buben."

Boshra Al Bashawat

Die Mutter

Ich lüge nicht
Wie schön gesagt,
meine Mutter verkauft Milch in den Marktlauben
mit zwei schwarzen Schwingen,
und unser Hund, der schlägt den ganzen Tag
Zeit tot.

Meine Mutter sieht einen Sarg in ihrem Schatten,
haut die Leute über's Ohr!
Misst mit zweierlei Maß.
Sie fügt ihrem Messbecher Tag für Tag
einen Misserfolg hinzu.

Tote Embryos

Viele Embryos haben wir schon abgetrieben
seitdem der Krieg begann
im Zelt und im Meer
im Wasser, das in den Fluss floss.
Wir ziehen von Land zu Land
in den Booten des Todes
Embryos auf der Warteliste!

Embryos in Tüchern, hinter den Häusern vergraben.
Man(n) weiß es nicht, wie die Frauen denken.
Man(n) weiß es nicht, wie der Körper einmal süß ist.
Und oft so bitter.
Doch wir werden sie kriegen
mit den Kleidern, den Grübchen und den falschen Mut-
termalen
mit der Kardamomkapsel zwischen den Zähnen.

Und die Nächte, ohne Streit werden sie vergehen,
davor und danach.
Denn wir wollen, dass unsere Kinder leben.
Wir sind nicht alle gleich
doch wir verlieren alle.
Das Meer wird sich von uns entfernen,
unsere Erstgeborenen forttragen
unsere Rücken waschen.

Auch die Nacht wird verschwinden
und die Elenden, die die Milch in unserer Brust schmäh-
ten.
Doch wir, wir begraben weiter jeden Morgen die Erlö-
sung,
als sei sie unser letztes Opfer.

Sabine Muchow

Was wäre, wenn ... Und das Leben danach

Antje schlich durch die Wohnung und versuchte, etwas Nützliches aus diesem Tag zu machen. Mit dem Staubtuch in der Hand kam sie allerdings nicht weit. Draußen war es so heiß, dass sie noch nicht einmal für Sekunden auf dem Balkon den Staub ausschütteln mochte. Erst einmal noch weniger anziehen als das gepunktete Sommerkleid. Sie tappte an ihren Kleiderschrank, fand die gemütlichen Baumwoll-Shorts und ein Schlabber-T-Shirt und zog alles wie ferngesteuert an. Die Sommer waren selbst hier oben an der Ostsee kaum noch auszuhalten. Der Klimakrise wurde ja noch nicht einmal durch Geschwindigkeitsbegrenzungen begegnet. Die Erde heizte sich auf, die Bäume starben einen Dürretod und das Trinkwasser wurde sogar in Norddeutschland knapp. So viele erschlagende Gedanken! Antje legte sich auf ihr Sofa und döste vor sich hin. Gut, dass sie heute alleine zu Hause war.

Ihr Blick wanderte über die vielen gemalten Bilder an der gegenüberliegenden Wand. Auf den Aquarellen tummelten sich Bilder von der Steilküste, Baumlandschaften, skandinavische Ferienhäuser und ein Leuchtturm. Das wäre es jetzt: ein Bad in einem kühlen See, irgendwo neben ihrem Traumhäuschen aus hellblau gestrichenem Holz und mit einer Veranda davor.

Hier in der Stadt blieb doch nur noch die Flucht! Vielleicht hätte sie damals eine andere Entscheidung treffen sollen und würde nun dort wohnen, wo sie sich zugehörig fühlte. Mit dem Menschen, der ihr ein ganz persönlich gestaltetes Bild gemalt hatte, auf dem Sehnsucht und Abschied gleichzeitig zu sehen waren – wenn sie damals bereit gewesen wäre, es wahrzunehmen!

Ob er noch lebte? Und damals die Jugendfreundin aus dem Sportverein geheiratet hatte, die einzige Freundin überhaupt? Ob die beiden jetzt auf ihren Trampelpfaden verloren gegangen waren oder in einer Endlosschleife alles wiederholten, was schon mit sechzehn Jahren vorhersagbar gewesen war?

Antje seufzte. Sie dachte an jenen Tag zurück, an dem sie beide zusammen gefrühstückt hatten. In allen Ehren, sie hatte Brötchen gebacken und morgens mit dem Fahrrad zu ihm gebracht. Seine Mutter war nicht zu Hause, einen Vater gab es schon lange nicht mehr, und so konnten sie nach dem köstlichen Morgenstart ungestört klönen. Sie hatte einen großen Schallplattenständer in der Ecke seines Zimmers unter dem Dach entdeckt. Santana, Dire Straits, Stevie Wonder …, eine Platte nach der anderen legte Ole für sie auf und zauberte damit Fantasiewelten für sie beide herauf. Sie waren einfach jung und unternehmungslustig, tanzten vergnügt, lachten sich kaputt über ihre Erlebnisse und wünschten sich, dass der vereinbarte Vormittag mehrere Tage dauern möge.

Antjes Gedanken streiften einmal kurz Oles Freundin. Hoffentlich tauchte sie heute nicht auf. Hoffentlich war sie ihm bald zu langweilig; schließlich war sie selbst viel unternehmungslustiger. Sie könnten lange Radtouren zusammen machen, die Jugendarbeit im Verein stärken, mit ihren Freunden eine andere Gesellschaft schaffen. Eine, bei der sie alle mit anpackten, den Kindern bei ihrer Schulbildung zu einem besseren Start ins Leben helfen. Gemeinsam die Freude an der Bewegung fördern, sich in sozialen Projekten engagieren. Aber vor allem jeden Tag dieses Lachen teilen, dieses Einverständnis, das eigentlich gar nicht erlaubt war. Denn da gab es ja Oles Jugendfreundin, mit der er angeblich sogar schon verlobt war …

Oles Augen und seine Hände sprachen eine andere Sprache. Die nächste Stunde auch. Es fühlte sich nur ein kleines bisschen verboten an, und überhaupt würde sie ja am nächsten Tag wieder zurückreisen und ihr Ausbildungsjahr in der Ferne fortsetzen. Wenn sie dann zurückkam, hätten sie wenigstens ihre Erinnerungen an diesen ungewöhnlichen Tag und könnten ihre Gedanken in einen großen Karton packen. Öffnen für andere verboten!

Ob Ole noch immer am selben Ort lebte? Auf einmal wurde Antje sehr wach. Sie würde ihn googeln! Schnell tippte sie seinen Namen in die Suchmaschine ein und hoffte, dass es nicht zu viele Menschen mit seinem Namen gab. Der Nachname war im Norden sehr geläufig, aber manchmal tauchten auch Fotos von den Menschen in den sozialen Medien auf. Das machte die Sache einfacher.

Ja, hier gab es jemanden mit dem gleichen Namen! Aber als sie das Bild darunter anklickte, kam die Ernüchterung sofort. Das konnte nicht Ole sein. Auf dem Foto blickte sie ein Doppelkinnbesitzer mit Tattoos am ganzen Körper an. Er hatte stechende Augen, eine Halbglatze und eine ganz dicke Nase. Ole hatte eine feine Nase besessen, hellgrüne Augen mit leicht geschwungenen Wimpern und lockige, dunkle Haare, den ihren ein bisschen ähnlich. Wenn sie zusammen Kinder bekommen hätten, hätte ein Friseur gut zu tun gehabt!

Auch die anderen Beiträge waren leider eine Fehlanzeige. Ole war nicht dabei. Aber Antje war jetzt von einer elektrisierenden Neugier ergriffen. Wenn sie aus ihrem jetzigen Trott herauskommen wollte, musste sie selbst etwas dafür tun! Sie dachte darüber nach, wie Oles Freunde aus der Schulzeit damals geheißen hatten. Wer ihn aus dem Sportverein kannte. Viele von ihnen waren vielleicht am Wohnort kleben geblieben und könnten ihr sagen, wo er heute lebte? Ihr fielen die Brüder ein, die in ihrer Jugendfreizeitsportgruppe von Ole mit angeschleppt worden waren. Deren Vater hatte eine Holzwerkstatt besessen, und der eine wollte sie damals übernehmen. Wie hießen die beiden bloß noch?

Als ihr der Familienname eingefallen war, googelte sie erneut und wurde sofort fündig. Herbert war sein Vorname. Der sah ihr jetzt sichtlich vergnügt auf der Startseite entgegen. Er hatte die vielen Lachfältchen behalten und immer noch seinen Pferdeschwanz, der inzwischen leicht ergraut war. Herbert baute nur Möbel aus zertifiziertem Holz und warb damit, dass er ausschließlich Kunden belieferte, die mit ihm seine Überzeugung teilten, ein Möbelstück müsse ein Lebensgefährte sein, um die Erde am Leben zu erhalten. Antje erinnerte sich an die Kneipenabende nach der Sportstunde, an denen sie in ihrer Jugendgruppe die Welt verbessert hatten. Herbert hatte viel Schalk in den Augen, sprach immer sehr bedächtig und war Oles bester Freund. Sie würde ihn jetzt sofort anrufen!

Antje wählte aufgeregt seine Nummer. Ihr wurde ganz heiß. Was sollte sie ihm denn bloß nach all den Jahren sagen? Dass sie dringend mit Ole sprechen müsse? Und welchen plausiblen Grund sollte sie dafür nennen? Was würde Herbert wohl von ihr denken, wenn sie so überfallartig um einen derartigen Gefallen bat?

Es ertönte ein Freizeichen unter der Nummer der Tischlerei. Endlos lange tutete es, bis ihr einfiel, dass heute Sonntag war und Herbert bestimmt nur unter seiner privaten Telefonnummer erreichbar. Die aber stand natürlich nicht dabei. Ihre Aufregung verpuffte – nun würde sie bis morgen warten müssen.

Antje verbrachte eine schlaflose Nacht, in der sie darüber nachdachte, ob sie in Zukunft anderswo leben sollte. Aber das betraf sie schließlich nicht allein, sondern auch ihren gerade auf Dienstreise befindlichen Lebensgefährten. Sollte sie mit ihren fünfundfünfzig Jahren noch einmal von vorn beginnen? Ließ sich jetzt einfach alles korrigieren, und würde das Leben dann so gestaltbar werden, wie sie es sich als junge Frau erträumt hatte? War das nicht einfach nur sehr gemein gegenüber Dirk, der ja nichts dafür konnte, dass er so ganz anders war als Ole?

Am nächsten Morgen überfiel sie die Aufschieberitis. Statt gleich bei Herbert anzurufen, backte sie erst einmal dieselben Brötchen wie damals. Sie wischte den Plattenspieler ab und legte die Dire Straits auf. Der Duft aus dem Backofen und die Melodien verliehen ihr Unternehmungslust, und so wählte sie Herberts Nummer erneut. „Herbert Peters", erklang sofort seine Stimme. Etwas kratziger als damals, aber immer noch in einem leicht bedächtigen Tempo und in unverkennbarem Hamburger Tonfall. „Möchten Sie bei mir einen neuen Mitbewohner aus Holz bestellen?" Antje lachte. „Nicht ganz, Herbert. Hier ist Antje! Weißt du noch, wie wir zusammen Volleyball gespielt und hinterher in der Kneipe die Welt verbessert haben?"

„Nö, so was aber auch, Antje!", lachte Herbert am Telefon. „Na, min Deern, wat givt dat Neues?"

Nirgendwo konnten die Menschen in so kurzen Worten große Zeiträume überwinden und ihren Gesprächspartnern die altvertraute Nähe vermitteln wie hier oben im Norden. Antje fasste sofort Mut. „Herbert, jede Menge gibt es zu erzählen. Ich möchte ganz bald mal zu Besuch kommen und unsere alte Clique wieder sehen. Ihr fehlt mir hier oben in Kiel. Aber dafür brauche ich Oles Telefonnummer und Adresse, damit er auch dabei sein kann. Habt ihr noch Kontakt?"

„Jo, jo, hebbt wi. Aber dascha man nich so einfach. Der Kerl ist ganz schön beschäftigt. Er hat die Arbeit bei der Sparkasse gekündigt und arbeitet jetzt für Greenpeace. Na ja, un denn all die Kinners … Fünf Stück hat der Jung! Da ischa man ordentlich wat loos."

Antje schluckte. Also war Ole wohl doch in ein sehr vorhersehbares Leben als Familienvater gegangen, obwohl … Für Greenpeace zu arbeiten, bedeutete ja wohl, dass er sehr wohl den Träumen seines Freundeskreises erheblich näher gekommen war als sie selbst! Vielleicht würde er ebenso unkonventionell auf ihren Anruf reagieren und sich mit ihr verabreden?

„Ach ja, Herbert, ich schreibe sie mir mal auf. Wohnt denn Ole immer noch in deiner Nähe?"

„Jo, Mädel, nur fünf Minuten mittem Drahtesel entfernt. Hier, ich diktiere dir mal seine Nummer und die Adresse", bot er an.

Antje erkannte, dass er immer noch in dem Haus von damals wohnte. Ob es das gemütliche Dachzimmer mit den Schallplatten noch gab? „Danke, Herbert", sagte sie heiser. „Ich melde mich, wenn ich in der Nähe bin. Leider wohnt niemand aus meiner Familie mehr bei euch in der Nähe, aber ich werde mir ein Zimmer in der kleinen Waldpension nehmen."

„Mok dat, min Deern. Freut mich riesig!", erklang Herberts Kratzestimme. „Und Ole wird erst mal staunen. Der Kerl hat sich eigentlich nich verännert. Also tschüss, bis ba-hald!"

„Tschüss, Herbert, und ganz scheunen Dank!" Antjes Stimme zitterte ein bisschen. Gleich würde alles anders werden.

Heute war der erste Tag, an dem sie aus dem Trott herausfand und das beginnen sollte, was sie sich schon immer erträumt hatte. Hoffentlich machte Ole das mit. Ob er wohl auch immer gedacht hatte, dass er damals die „falsche Abzweigung" gewählt hatte, als er seine Jugendfreundin heiratete? Ob es wohl noch ein zweites gemaltes Bild gäbe, auf dem ihre Lebenswege zusammenliefen? Und ob außer ihr niemand davon wusste, dass sie es möglich machen würden?

Antje legte die Telefonnummer entschlossen neben das Telefon. Womit würde sie das Gespräch beginnen? Sie hatten doch immer einen ganz persönlichen Draht zueinander gehabt. Ob seine warme Stimme mit dem etwas helleren Hamburger Kickser noch genauso klang wie damals?

Und wenn er nichts mehr mit ihr zu tun haben wollte? Schließlich hatte er seine fünf Kinder und ein ganz anderes Leben, in dem er sich vielleicht wohlfühlte. Warum sollte er auf einmal alles hinwerfen und aufgeben, nur, weil sie so eine verrückte Idee hatte? War das nicht ein zum Scheitern verurteilter Versuch, die eigene Unzufriedenheit in ihrem Leben zu beseitigen, aber auf seine Kosten? Und schließlich gab es keine Zauberer und Märchenprinzen mehr in ihrem Alter!

Antje zögerte. Sie ging noch einmal zu dem Bild, das er ihr damals gemalt hatte, und betrachtete es. Ganz hinten gab es einen Spazierweg, der langsam verschwand. Aber es konnte sein, dass er weiter hinten mit einem anderen Weg vereint wurde. Entschlossen griff sie zum Telefonhörer.

Als sie die Nummer gewählt hatte, hörte sie, wie der Hausschlüssel in der Tür gedreht wurde.

„Schatz, ich bin wieder da!", hörte sie Dirks Stimme. „Was gibt es heute Abend zu essen? Machst du mir bitte einen Tee?"

Antje legte wieder auf. Sie zog den Nagel aus der Wand, an dem ihr Bild befestigt war, und legte es schnell in den alten Koffer, den sie für ihre begrabenen Träume aufgehoben hatte. Dann begab sie sich in die Küche, befüllte den Wasserkocher und versuchte mit routiniertem Ehe-Diensteifer, ihren Traum davonfliegen zu lassen.

„Ich muss nochmal weg", sagte sie zu Dirk. „Vielleicht dauert es etwas länger, bis ich zurück bin."

Sabine Windschild

Gezeiten

Sich finden
zusammen träumen
sich lieben
nicht die Zeit versäumen
sich lösen
gleich Segelschiffen
die kommen – und gehen
trotz wilder Stürme
die über Meere wehen –
sich finden!

Liebe

Du pustest mir
den Fleck weg
von meiner weißen Weste
malst mir
einen Regenbogen
an mein graues Fenster
fängst mich auf
in meinem Höhenflug
wenn die Flügel
mich nicht mehr tragen
wischst mir das Meer
aus den Augen
wenn ich weine
hängst die Hoffnung
an meinen Gartenzaun
und ziehst das Lachen
aus dem Hut:
Liebe

Erinnerung

hab'
mein herz
an dich
verloren
hab' ich
an dich gedacht
tag und nacht
dich
an
mein herz?
du – ich –wir?
hab'
mich
durch dich
– verloren –

Jutta Haar

Der Weg zur Lebensfreude

Da saß ich nun mit meinem Liebeskummer. Die Sonne hatte sich versteckt. Der graue Regen prasselte auf das graue Pflaster. Eine trübe Pfütze schimmerte lustlos durch die beschlagene Fensterscheibe. Das Schlimmste an Liebesleid ist, dass man plötzlich so viel Zeit hat. Gemeinerweise wacht man auch viel früher auf als vorher. Man ist allein, selbst beim Frühstück. Allein mit sich und der Zeitung. Einer Zeitung, die auch an einem nasskalten, windigen Märzwochenende nicht viel mehr an Veranstaltungen im Umkreis anzubieten hat als einen Handwerkermarkt, weil Ostern naht, und einen Flohmarkt, weil alle Leute erstaunlicherweise immer noch Nichtsnutziges im Keller haben. Nein, halt, noch etwas! Eine Lebensfreudemesse – sozusagen eine Mischung aus Ökonatur und Gesundologie.

Was blieb mir anderes übrig, als den Schritt durch sonntäglich leere Straßen zu lenken, vorbei an Häusern mit unzähligen Menschen, die noch paarweise kuschelig im Bett lagen und es nicht nötig hatten, sich auf einer nie gehörten Messe um ein Fünkchen Lebensfreude zu balgen?

Die Lebensfreude-Messe befand sich in den ehrwürdigen Räumen der Handelskammer, einem alten Prachtbau mit hohen Säulen. Doch bevor man diesen wunderschönen Saal betreten konnte, musste man sich bei einer zwanzigmenschigen Schlange anstellen. Etwas klein hinter einem großen männlichen Zopfträger mit schafwollenen, handgestrickten Socken kramte ich mein Geld hervor.

„Ach Entschuldigung", ein kleiner, graugestreifter Mäuserich stupste mich von hinten an, „ich lauf mal schnell zur Garderobe, können Sie meinen Platz besetzen? Ich muss nämlich gleich einen wichtigen Vortrag über Magnetfeldstörungen durch häufigen Schiffsverkehr hören."

Ich nickte mit meinem verständnisvollsten Gesicht, dabei verstand ich gar nichts.

„Danke", sagte der graugestreifte Spitzmäuserich nach kurzer Zeit und schob sich ganz zutraulich wieder hinter mich.

Für meinen wunderschönen Geldschein erhielt ich ein ordinäres Billettchen Marke Kaufhaus, nix mit Lebensfreude drauf in Rot oder Orange oder Leuchtfarben. Dabei sammle ich doch Eintrittskarten, und ich hatte mir diese mit der Lebensfreude so schön in meinem Album vorgestellt. Es wurde noch trauriger, denn das arme Billettchen wurde von einem lieblosen Mädchen neben der Kasse emotionslos durchlöchert.

Nach ein paar Schritten erreichte ich die hübsche Ausstellungshalle und blieb etwas verloren stehen. Ach, auch inmitten von Menschen kann man so einsam sein. Ich merkte, wie die Tränen in mir aufstiegen. Durch einen Schleier sah ich den Wegweiser zu den Ständen. „Taubenschlagvermessen!" – „Schamanische Floßfahrt!" – Ich wusste beim besten Willen nicht, was ich darunter zu verstehen hatte. Dann ein paar Meter weiter ein helles,

freundliches Schild: „Befreiung von Abhängigkeiten".
Ein älterer Herr, ausgemergelt, vorn Glatze und hinten
langes, weißes Haar bis auf die Schultern, an der Hand
eine ebenso ausgemergelte viel jüngere Frau und ein kleines Kind, standen davor. Er nickte zustimmend mit dem
Kopf. Ich fragte mich, was er wohl für Abhängigkeiten
hatte. Jemand zupfte mich am Ärmel.

„Möchten Sie eine persönliche Beratung?" Ein schwarz
gekleidetes Mädchen mit einem noch schwärzeren Spit-
zenumhang lächelte mich supernett an.

Ich wischte mir ein Tränchen aus dem Augenwinkel.
Na ja, ich hatte nichts vor, also warum nicht.

Das Mädchen führte mich ein paar Schritte weiter zu
einem kleinen Tisch, und ich durfte mich auf einen un-
gemütlichen Hocker setzen. Dann erschien eine pinkfar-
ben gekleidete Walküre mit wasserstoffblonder, gelockter
Perücke, unter die auch drei Köpfe gepasst hätten. Sie
lächelte sehr pinkfarbig cool und geschäftsmäßig, vielleicht, weil sie eine Wahrsagerin mit Diplom war: „Ein
hellsichtiges Medium, bewahrt vor Fehlentscheidungen,
lässt Ziele schneller erreichen!" – „Was kann ich für Sie
tun?", fragte sie distanziert. „Ausschaltung von inneren
fremden Stimmen, Rückführung bis zur Zeugung oder
als Mitglied im Dachverband geistiges Heilen Vermitt-
lung von Kontakten nach oben, ich meine ins Jenseits?"

„Kontakte ins Diesseits wären nötiger", wagte ich zu
flüstern, „sozusagen Partnerzusammenführung."

Sie musterte mich von oben herab, griff zu den Tarot-
karten und mischte gekonnt. Dann ließ sie mich ein paar
Karten ziehen, die ich in bestimmter Weise hinlegen sollte. Anschließend rückte sie sie mit missbilligender Miene
zurecht, ich war wohl nicht ordentlich genug, ein altes
Leiden.

Dann begann sie mit dem Aufdecken. „Stab 8", sagte sie, „Änderung mit deutlicher Tendenz zur Verbesserung." Sie schaute mich über eine strassbesetzte rosarote Brille an. „Wohl die Liebe!" Ich saß kerzengerade. „Läuft wohl gerade nicht so", sagte sie wie nebenbei und deckte eine weitere Karte auf. „Kelch 10 – hallo, Kelch Ass, Kelch 2, Kelch Ritter! Nein, so etwas ist mir ja in meiner ganzen Laufbahn noch nicht passiert! Wenn jetzt auch noch der Kelch König kommt, ich sage Ihnen, dann haben Sie bis heute Abend zum Messeschluss eine neue Beziehung. Na?" – Ihre Arroganz war ganz der Spannung gewichen. „Soll ich jetzt? Soll ich jetzt aufdecken?" Ich fieberte der Karte entgegen. Dann – endlich. „Ich habe es doch gewusst, Kelch König", kreischte sie, „eine neue Liebe! Eigentlich geben die Karten normalerweise keine so kurzfristige Auskunft, aber dies ist wohl ein Sonderfall, und schließlich bin ich ja auch Expertin!"

Ich verließ die Expertin. Meine Schweißtropfen auf der Stirn verwandelten sich in Glückströpfchen, mein Herz jubilierte, meine Gestalt straffte sich, und ich reihte mich ein in die Menschenmenge, die sich leise, friedlich und fast zeitlupenartig durch die Gänge schob.

Man schien sich lieb zu haben, sooo lieb, und über allen schwebte so etwas wie himmlische Panflötenmusik. Ringelblumen und Johanniskrautblüten aus friedfertigem Anbau, Rosenblüten und Frischmachwasser von Apostelkräutern, Majoransalbe bei Schnupfennase, Beinwellsalbe aus Beinwellwurzeln.

Aber wo war denn nun das, was ich suchte? Nichts hilft so gut gegen eine alte Liebe wie eine neue, eine brandneue. Und ich war bereit! Und sah mich um.

Ich eilte an den Nachbarstand. Dort hielt mir ein älterer lieber Herr einen herzförmigen Karton mit Losen unter die Nase, ganz süß gewickelt. „Bitte nehmen Sie, es kostet nichts und ist Ihr Glück!" Konnte ich mir hier einen Mann ziehen? Ich riss das flauschige Bändchen von dem Papier und entrollte es. Dort stand etwas von Tonstrom oder so, was ich beim besten Willen nicht verstand. Ich schaute wohl nicht so intelligent. „Wenn es Ihnen nicht gut geht", sagte der liebe alte Herr, „dann sollten Sie ganz einfach das Hu-Lied singen. Täglich angewandt, kann diese Übung Ihr Leben verändern." Ich glaubte es ihm aufs Wort.

„Hu", probierte ich, und er lächelte so süß, dass ich ihn am liebsten gestreichelt hätte. Aber hu, er war doch viel zu alt für mich.

Ich beschleunigte meine Schritte, bis mein Blick auf ein Schild fiel. „Heute kostenloser Auratest!" Das war interessant. Ein männliches Wesen mit einem graubeuteligen Anzug-Ersatz war gerade dabei. Er saß auf einem IKEA-Hocker, vor ihm eine etwas genervte Testerin mittleren Alters mit einer Bioantenne. Irgendwie erinnerte die mich an einen verlängerten Schneebesen. Die Testerin schaute auf ein Blatt Papier, auf dem in gewisser Anordnung etwas stand. Sie tippte darauf und hielt dem Graubeuteligen die Bioantenne entgegen. Erst schlackerte sie lustlos, aber plötzlich rotierte sie, fuhr auf und nieder, gebärdete sich wie ein zuzureitender Hengst.

„Aha, also bei Ihnen ist ja einiges nicht in Ordnung!", grummelte die hagere Testerin. Dem Ton nach hätte sie auch gleich „Wusst ich's doch" sagen können. Der Graubeutelige sank in sich zusammen. „Sie wissen das, nicht wahr?", fuhr sie gouvernantenhaft fort und gab nun ihm einen zusätzlichen Harmonizer, den er sich selber an den Kopf halten musste. „Halt, jetzt weiß ich, warum alles durcheinander ist!", rief sie plötzlich mit schneidender

Stimme, während sie kurz besorgt in meine Richtung blickte. „Sie haben bestimmt vorher eine Fußreflexzonenmassage gemacht! Das dürfen Sie natürlich nicht." Der so Gescholtene rutschte unglücklich vom Hocker und sah mich wie ein waidwundes Reh an. Nein, der war es sicher nicht, wenn er nicht einmal das mit der Fußreflexzonenmassage wusste.

Langsam schlenderte ich weiter. Gleich nebenan stand ein rundbäuchiger Ausländer, der mich abschätzend betrachtete. Er verkaufte Pyramiden aus Glas und Metall in mehreren Größen. Ein strahlender junger Mann trat auf mich zu, stieß mich freundschaftlich an.

„Toll, nicht?"

„Jaaa", sagte ich zögernd. „Aber ich weiß noch nicht, wozu das gut ist."

„Mädel!", polterte er fröhlich. Ach, er sah aus wie ein bayerischer Jogger, frisch, munter und trotzdem gemütlich und mit rötlicher gesunder Gesichtsfarbe. Ein wenig störten mich nur der große Bergkristall an der Kette um den Hals und die drei Seidenkettchen mit Anhängern. „Mein Mädel und ich", sagte er verschwörerisch zu dem Pyramidenverkäufer, „möchten gern mehr über Ihre Modelle wissen."

„Dies ist eine Energiepyramide", sagte der Fachberater. „Hier zum Beispiel unser Modell C für € 3000 ist gedacht für den Garten, und diese kleine Pyramide für drinnen, sie spricht das Herz-Chakra an."

„Sakra!", rief der junge Mann begeistert. „Die sind toll, aber gibt es so etwas auch zum Um-den-Hals-Hängen?"

Der Verkäufer überlegte, während er den Ring musterte, den sein Gegenüber auch noch um den Hals trug. „Ein Mu-Ring, der bei Lösung aller Probleme helfen soll", sagte der junge Mann, dann fuhr er ohne Pause fort, seine gesamte Halskettensammlung zu erklären.

Mich hatten die beiden dabei schon lange vergessen, sie sahen auch nicht aus ihrem Fachgespräch auf, als ich mich steifbeinig entfernte. Männer! Irgendwie hatte ich ein leichtes „Keiner-liebt-mich-Gefühl", als ich mich umdrehte und unerwartet in die strahlenden blauen Augen eines blonden Engels schaute. Ein männliches Engelsgesicht, etwas zu hohlwangig vielleicht, aber umrahmt von bis auf die Schultern fallenden goldblonden Locken. Flügel waren nicht zu erkennen, jedoch das Alter – würde sagen ca. 40 Erdenjahre, wenn man das so formulieren konnte, denn er schien nicht von dieser Welt zu sein. Einfach ganz englisch. Zu himmlischen Summtönen schwebte sein abwesender Blick über die vor ihm auf dem Tisch aufgestellten goldenen und weißen Porzellanengel, um dann in meinen erdbraunen Augen hängen zu bleiben. Ich bin es, ja, schien er zu rufen, und seine unsichtbaren Flügel winkten mich heran. „Lass dich von einem Engel verwöhnen", hauchte er. Meine Knie zitterten, als seine unsichtbaren Flügel mich auf eine unsichtbare puderige, watteweiche Wolke schoben. Er warf sein lockiges Engelshaar graziös über die Schulter, während er sich zu mir armem Erdenwesen herunterbeugte, und ich erbebte, als sich eine vorwitzige Strähne löste und meine Wange streichelte. „Lass dich von einem Engel verwöhnen", hauchte er noch einmal, dichter, viel, viel dichter – „20 Minuten für 20 €, bitte dort hinten in der Liste eintragen."

Ratsch machte es, die Wolke riss! Was sollte ich mit einem Engel, für den das Geschäft an erster Stelle stand!

Nein, der war es auch nicht.

Aber irgendwo musste doch jemand auf mich warten. Hier irgendwo. Ich schaute mich verzweifelt um, und da, oh, das könnte er sein. Mein Blick fiel auf ein gutgewachsenes lockiges Etwas, im richtigen Alter, hübsch, groß, schlank, mit einer kleinen Nickelbrille. Er lächelte und fragte mich, ob er mir etwas erklären könne. Aber gern, darauf hatte ich ja den ganzen Nachmittag gewartet. Ach, er sprach so charmant von Kalkspaltern und von Filtern, die 80 böse Elemente aus dem Wasser filtern, außerdem die bösen Hormone, die da noch drin sind, und weil man zwar alles Böse aus dem Wasser herausfiltern könne, aber die unguten Schwingungen ja noch drinbleiben, brauche man noch einmal einen Aufsatz, der diese Schwingungen beseitigt. Und überhaupt, rechtsdrehendes Wasser sei ja so wichtig für den Organismus. Ich verstand kein Wort, weil er mich anscheinend mit seinen wunderschönen warmen braunen Augen hypnotisierte ... „Wasser", sagte er, „energetisiert mit einem Energiestab, einem Harmonizer, und rechtsdrehend verwirbelt mit einem bewährten Verwirbler ..." Was hatte er die ganze Zeit geredet? Bewährter Verwirbler? Was für ein Mann – mit einem Harmonizer, mit einem bewährten Verwirbler, das musste er sein! Und endlich erklärte er sich, er lud mich ein, er würde sich sehr freuen, mich wiederzusehen, natürlich. Ich jubilierte innerlich. Wie es denn wäre, vielleicht am nächsten Freitagabend?

Mann, eigentlich sollte es ja heute sein, aber na gut. Klick. „Freitag wäre wundervoll", murmelte ich und bemühte mich, die Bodenhaftung nicht zu verlieren. Was er mir wohl vorschlagen würde? Ein Candle-Light-Dinner, Tanz in einer angesagten Bar oder beides. „Nächsten Freitag", sagte er, „in Ahrensburg, um 20.00 Uhr ein sehr interessanter Vortrag über Darmparasiten." Er sei dort in einer netten Selbsthilfegruppe!!!!

Ich hastete davon. Wieder nichts, allmählich wurde die Zeit knapp.

Bei einem großgewachsenen Typen, der sehr gut aussah, stoppte ich. Er lächelte etwas scheu, aber nett. Konnte er es sein? Ich war mir ziemlich sicher. Er trug einen Kelch in der Hand. Hatte nicht auf der Karte der Kelch König mir Glück verheißen? Das musste er sein, ich stellte mich dicht neben ihn. Er scharrte hingebungsvoll in handlichen Universalpendeln. Wie sollte ich ihn ansprechen? Ich hielt ihm den praktischen Reisependel hin. „Ideal für jeden, der sein Pendel immer bei sich haben will", sagte ich. Er lächelte mich freundlich an, nahm aber einen kleinen Filzschlegel und begann, versonnen in einer tibetanischen Klangschale zu rühren … Irgendwann erklang ein tiefer Ton, der sich offensichtlich in seinem unteren Körperbereich angenehm ausbreitete. Vermutlich versprach er sich von einer anderen Schale noch mehr Wohlbefinden, denn er probierte noch eine andere. Doch das Gesicht des hübschen jungen Mannes verzog sich schmerzhaft. „Oh nein, nein!" Ein dürrer Verkäufer sprang mitfühlend herbei. „Diese Klangschale, die Sie gerade benutzt haben, ist speziell für den professionellen Einsatz, zum Beispiel für Hebammen." Der junge Mann lächelte verlegen und ergriff hastig die vorige … „Wie teuer?" Der Verkäufer verstand sofort. „Dies ist unser Renner, eine Universalschale, für den Kopf, besonders für das dritte Auge, für Gelenke und –", er machte eine kaum merkliche Pause, „für den Lendenbereich." Der junge Mann steckte die Schale hastig in seinen Jutebeutel und reichte dem Verkäufer einen Geldschein. Dann fiel sein Blick auf mich, und er flüchtete geradezu in die Mitte des Ganges, wo ihn sekundenschnell die Menge verschluckte.

So allmählich wurde ich müde. Die Wahrsagerin hatte doch wahrgesagt, oder etwa nicht? Mein Auge wanderte langsam über die Menschen in den Gängen, genauer gesagt über die männlichen. Dabei sortierte ich schon mal jede Frau im Schlepptau aus. Nun blieb nicht mehr viel übrig. Ich seufzte und wandte mich deprimiert einem Bücherstand zu. Ein rothaariger Rucksackträger stupste mich an und entschuldigte sich dafür. Er sah aus wie ein armseliges Karottchen, das man nach der Ernte auf dem Feld vergessen hatte. Er warf mir einen schüchternen Blick zu, der aber am Ende etwas Berechnendes trug. Nein, dies Karottchen zog ich nicht einmal in Erwägung. Ich betrachtete ein verheißungsvolles Buch im Ständer „Alltag im Jenseits", als die rote Karotte sich plötzlich schräg vor mich schob und auch ins Regal griff. Es blieb mir nicht verborgen, dass das Buch „Tantra" hieß. Tantra, Geheimnisse östlicher Liebeskunst.

Es kam mir sehr witzig vor, dass gerade er dies nahm. Er öffnete es und hielt es mir, ohne mich anzusehen, so hin, dass ich praktisch eine höchst delikate erotische Paarhaltung betrachten musste. Er tippte mit dem Finger darauf, nickte mir befehlend zu und machte eine ungeduldige Bewegung mit der anderen Hand, weil ich wie angenagelt dastand. Wer hätte das gedacht? Was für eine Karotte! Pure Natur! Was sollte ich machen? Ich hatte keine Wahl, denn in wenigen Minuten würde die Messe schließen.

Rica Biemann

Leben

Ich sprach mit dir,
du sprachst mit anderen!
So fing mein Leben an zu wandern:

Ein wenig hier,
ein wenig dort!
Körper und Seele
bewegten sich fort!

Ein Hauch Erinnerung
bleibt zurück!
Was war die Liebe?
Was das Glück?

Reimer Boy Eilers

Die Tänzerin der Liebe

Marie hatte es nicht eilig, der Festtag scherte sie nicht. Es war schon Viertel nach zwei, als sie die Ladentür der *Wäscherei Sonnenschein* abschloss. Draußen auf dem Hansaplatz war ein Weihnachtsmarkt aufgebaut. Aber all die Lichter und Gerüche von glimmenden Tannennadeln, Bratäpfeln, Lebkuchen, Bratwürsten und Punsch erreichten sie kaum. Weihnachten war die Zeit, die sie daran erinnerte, dass sie allein war und dass die große Liebe, die sie im Sommer verspürt hatte, in einer Katastrophe enden sollte.

Heute war Heiligabend. Marie zum Brink hatte freiwillig angeboten, bis 14 Uhr im Laden die Stellung zu halten. Sie hatte auch später nichts Besonderes vor. Die Luft war schwer und feucht. Sie schlug den Kragen ihres grauen Mantels hoch. Seit Februar dieses Jahres war Krieg in der Ukraine. Hunderttausende Ukrainerinnen waren mit ihren Kindern nach Deutschland geflüchtet. Einer Frau hatte sie geholfen. Valeria war mit drei Kindern zwischen sechs und zehn Jahren nach Hamburg gekommen. Der Mann war als Soldat zu Hause geblieben.

Für kurze Zeit hatten Valeria und die Rangen Unterkunft bei ihr gefunden. Sie hatten Maries winziges Häuschen am Rande der Schrebergartenkolonie in Rothenburgsort auf den Kopf gestellt. Glücklicherweise vermittelte die Hamburger Bürokratie schon bald eine Sozialwohnung. Marie gab sich weiterhin hilfsbereit, sie war bei Behördengängen dabei, beim Kauf gebrauchter Möbel im *Stilwerk*. Valeria ließ ihren Führerschein umschreiben, Marie bezahlte gelegentlich ein Mietauto. Sie machten an Wochenenden Familienausflüge in den Sachsenwald und an die Lübecker Bucht.

Eines Abends im August konnte Marie in ihrem Häuschen, das sie wieder für sich hatte, nicht einschlafen. Sie hatte sich verliebt, und das machte sie ganz wirr im Kopf. Das letzte Mal war schon so lange her. Und etwas anderes kam hinzu: Nie zuvor hatte sie das Verlangen nach einer Frau verspürt. Zwei Wochen lang kämpfte Marie mit sich und versuchte, das Gefühl zu unterdrücken.

Das ging so bis zu einem warmen Abend am Ende des Sommers. Sie saß allein mit Valeria in einem Café an der Alster. Und sie öffnete sich der anderen. Valeria fiel aus allen Wolken. Es war ein richtiger Schock für die verheiratete Frau im unfreiwilligen Exil. Und ein großes Missverständnis baute sich auf. Alle Aufmerksamkeit hatte mit einem Mal etwas Falsches an sich. Die ganze empfangene Hilfe erschien der Geflüchteten jetzt unter dem Licht des Eigennutzes.

„So ist das also", sagte Valeria. Sie war blass geworden. „Alles hat seinen Preis, ja? Ich soll meinen Mann betrügen, meinst du das, Frau Marie? Und zugleich damit das Land verraten. Behalte dein Geld, Frau Marie. Und deine Aufmerksamkeiten. Ich bin nicht käuflich. Mein Eis zahle ich selber."

Die Zurückgewiesene fühlte sich wie vernichtet. Missverständnisse lagen auf beiden Seiten. Da waren die vielen Gesten Valerias gewesen. Sie hatte Marie in den Arm genommen und auf beide Wangen geküsst. Da hatte die herzliche Art und Weise, in der sie Dank sagte, Maries Herz entflammt.

Der Bruch war endgültig. Beziehungsgespräche war Marie nicht gewohnt. Sie entschuldigte sich ungeschickt, wollte besser dastehen, bedrängte die andere. Zum Abschied sagte Valeria: „Lass es! Du wolltest nicht helfen. Du wolltest mich abschleppen."

Hatte Marie sich verrannt gehabt? War alles verdreht gewesen, was sie getan und gefühlt hatte? Angefangen damit, eine Frau zu lieben? Stimmten demnach Valerias Vorwürfe? Trafen die Gemeinheiten zu, die Valeria ihr an den Kopf warf? Darauf hatte Marie bis heute keine Antwort gefunden. Nur eins war gewiss, sie schämte sich maßlos.

Im Herbst hatte sie eine weitere halbe Familie aus Kiew kennengelernt. Die Frau war mit ihren Kindern bei Nachbarn eingezogen, ein Stück die Straße hinunter. Bernd und Jutta Rossmann waren Rentner, die eigenen Kinder längst aus dem Haus, das passte. Xenia, eine Frau von Ende dreißig, hatte fünf Kinder mitgebracht. Sie war stämmig und patent und erinnerte als Typ sehr an Valeria. Dabei war sie oft müde und überfordert. Sie verdiente gewiss jede Unterstützung, die sie bekommen konnte.

Marie sprach mit den Rossmanns und mit Xenia und brachte sich ein. Aber nach kurzer Zeit merkte sie, dass sie die Unterstützung nicht leisten konnte. Die Parallelen zu den Tagen mit Valeria waren beängstigend. Marie hatte ihr privates Unheil vor Augen und stellte zudem ihre Motive selber infrage. Einen Unterschied gab es indes zwischen den beiden Flüchtlingsfrauen, und der war in Maries Augen noch beunruhigender. Xenia hatte sich schon in der Ukraine von ihrem Mann getrennt. Sie war frei und auf einer Dating-App unterwegs.

Erst war es Marie gar nicht bewusst geworden, dass sie neuerdings einen anderen Weg von der S-Bahn nach Hause nahm. Einen Weg, der sie nicht am Haus der Rossmanns vorbeiführte. Welchen Weg würde sie heute wählen?

In einer Laune machte Marie einen Schlenker über den Markt am Hansaplatz, bevor sie zur U-Bahn ging. Ein Stand zwischen Glühwein, Grill und Kunsthandwerk zog sie besonders an. Spielsachen wetteiferten mit Christbaumschmuck. Weihnachtsmänner, die an Fallschirmen zur Erde schwebten, Lametta, Lichterketten, echte und künstliche Tannenzweige. Beinahe rührte sie das Geschaute, wollte eine Stimmung aufkommen. Doch sie nahm sich zusammen, sie durfte nicht sentimental werden.

Der Händler, ein Türke mit dickem schwarzem Schnauzer, fragte: „Warum freuen Sie sich nicht?"

„Sieht man das?"

„Gewiss. Und heute ist Heiligabend. Alle Menschen sollten fröhlich sein."

„Sie sagen es. Aber vielleicht macht gerade dieser Gedanke manche Menschen besonders traurig."

„Sie sind noch nicht entschieden? Da habe ich das passende Geschenk. Ein Gegenmittel für Ihre Stimmung, liebe Dame. Mögen Sie mir Ihren Namen verraten?"

„Nennen Sie mich Marie. Das *Hamburger Sie*."

„Ich bin Mustafa. Und hier habe ich etwas ganz speziell für Sie, um es unter den Christbaum zu legen. Ja, Sie feiern allein. Das sehe ich. Geben Sie sich einen Ruck, Marie. Machen Sie sich selber eine Freude."

„Ich habe keinen Baum."

„Was? Keinen grünen Schmuck zum Fest? Ja, *holladipolla-dihe*!"

Gegen ihren Willen musste Marie lachen. Das war zu komisch, wenn ein schnauzbärtiger Türke *holladipolla-di-*

he sagte. Dann dachte sie: Er ist freundlich, ja logisch, weil er dir etwas verkaufen will.

Der Händler der Weihnacht sagte: „Lachen Sie ruhig, Marie. Das ist der erste Schritt zur Besserung."

„Ja, danke. Und nun muss ich gehen."

„Nein, bloß nicht! Ich habe hier genau das Richtige für Sie. Ein klingendes und singendes Etwas, das Ihnen das Herz erwärmen wird. Öffnen Sie es!" Mustafa zeigte auf ein Kästchen, eine Spieluhr.

Marie dachte: Es ist nicht alles Berechnung, da sollte ich mich korrigieren. Dieser Mann meint, was er sagt. Ich war auch gegen Valeria freundlich ohne Hintergedanken. Die unglückliche Liebe kam erst später dazu.

Der Händler der Weihnacht öffnete das Kästchen und hielt es ihr hin. Musik erklang. Figuren drehten und bewegten sich. Also wollte er Marie zum Brink eine Spieluhr verkaufen. Die Mitarbeiterin der *Wäscherei Sonnenschein* am Hansaplatz betrachtete das Kunstwerk. Es war eine lebendige, verwunschene Welt für sich. Sie maß etwa so viel wie zwei Hände von Herrn Mustafa nebeneinandergelegt und noch einmal die Hälfte dazu. Das Äußere kam gelb und rot in daumendicken Streifen daher, mit einem Band von aufgemalten weißen Spitzen am oberen Rand, eine Mischung aus Wunschtüte und Zirkuszelt im Miniaturformat.

Plötzlich endete die Musik und das farbige Gewimmel der Figuren erstarrte.

Mustafa sagte: „An der Seite ist der Schlüssel. Dort müssen Sie die Mechanik aufziehen." Er machte eine auffordernde Geste. „Probieren Sie es!"

Marie tat wie geheißen und wartete. Nichts geschah. Der Händler der Weihnacht lächelte mit einer Mischung aus Güte und überlegenem Wissen. „Sehen Sie den Stall mit der Krippe? Und dort den Zirkusdirektor mit schwarzem Zylinder. Und die hübsche Reiterin. Und zwischen ihnen das entzückende weiße Pferdchen."

„Ich sehe ja alles", sagte Marie.

„Und nun bewegen Sie vorsichtig den Pferdehals nach vorn."

Wieder tat Marie wie befohlen. Die Musik hob an. Das ganze kunterbunt gefüllte kleine Dasein geriet in Bewegung. Der Elefant mit dem Sonnenschirm machte seine Schritte vor und zurück, vor und zurück. Der Sonnenschirm beschrieb einen Bogen über seinem Kopf. Der Elefant hielt ihn schräg mit seinem Rüssel umklammert. Mal sah Marie die Oberseite des Schirms, mal das Innenteil mit dem Stock. Der Zirkusdirektor nahm seinen Hut ab. Die Reiterin führte das Pferd im Kreis.

Der Mittelpunkt dieses zauberhaften Durcheinanders aber war eine Tänzerin. Sie hatte langes blondes Haar, zu einem Pferdeschwanz zusammengefasst, und trug ein kurzes, weißes Ballettkleid. Sie tanzte auf einem Bein, und zwar in Plissé. Das meinte, sie bewegte sich auf Zehenspitzten. Das andere Bein hatte sie graziös erhoben, doch wichtiger waren ihre Armbewegungen. Marie sah etwas wunderbar Vertrautes darin, zwei Engelsflügel. Der kurze Spitzenrock der Tänzerin stand beinahe waagerecht ab, während sie sich drehte.

Dann hatte der Mechanismus die Spannung seiner Feder verloren. Die Musik erstarb aufs Neue, die Bewegung des Ballettmädchens und ihrer Gefährten erstarrte. Marie löste sich aus dem Zauber. Sie schaute auf Mustafa und lächelte. „Ui, ich bin ganz hin und weg. Damit haben Sie mir eine große Freude verschafft. Wer hätte das gedacht? Sie sind ein weiser Mann. Was soll es denn kosten?"

„Für Sie, meine Liebe, ist es beinahe umsonst."

Es wurde nicht mehr gehandelt. Marie versorgte die Spieluhr in einer Einkaufstasche und verabschiedete sich. Doch sie mochte nicht warten, bis sie zu Hause war, um die schöne kleine Welt erneut zu genießen. Sie setzte sich auf die nächste Bank am Hansaplatz. Die Kälte war ihr egal. Die vielen Weihnachtsgerüche gefielen ihr auf einmal. Sie schnupperte und machte einen langen Atemzug durch die Nase. Marie packte die Spieluhr aus, zog sie auf und öffnete den Deckel.

Gleich sprang ihr die Tänzerin ins Auge, wie sie die Arme hob, um Maries Aufmerksamkeit zu erheischen. „Ich bin Christine", sagte sie mit feiner, klarer Stimme. „Du hast das Spielwerk aufgezogen. Damit verschaffst du uns Lebenskraft. Aber ich bitte dich: Belasse es für diesmal dabei. Berühre nicht den Hals der kleinen Rosinante! Lege den Hebel nicht um."

„Ei, warum denn nicht?"

Christine hob ihre Händchen zu einer flehenden Geste. „Wenn das Spielwerk läuft, stehen wir alle unter seinem Bann. Und ich muss tun, was es will. Ich muss zu seiner Musik tanzen, ob ich will oder nicht. So aber kann ich frei mit dir sprechen."

„Worüber denn?"

„Siehst du das Schauspielhaus drüben? Da auf der anderen Seite des Hansaplatzes. Mitsamt seinen vielen Räumen für Proben und Garderoben. Da haben wir kleines Volk auch Unterkunft. Es ist unser eigener kleiner Saal."

Die Tänzerin hüpfte aus der Spieluhr auf die Bank und stand mit einem Mal neben Marie. Sie schien zu wachsen. Zugleich kam Marie sich kleiner vor. Spielerisch setzte Christine einen Fuß auf Maries Schoß. – *Holladipolla-dihe! Engelshaar und Pulverschnee!* – Dann sprang sie hinunter aufs Pflaster. Dabei wuchs sie weiter. Und Marie schrumpfte ein wenig, nicht unangenehm, im Gegenteil. Jetzt waren sie wohl beide gleich groß.

„Komm mit!", rief die Tänzerin.

Sie fasste Marie bei der Hand. In einem *Huii* waren sie schon über den Hansaplatz und im Saal des kleinen Volkes. Ein Orchester besetzte die Bühne und spielte ihnen auf. Es war die gleiche herrliche Melodie, die Marie schon von der Spieluhr vernommen hatte. Die Tänzerin führte, und die beiden Frauen wirbelten, ja, schwebten über das Parkett. Auch Marie trug jetzt rosa Tanzschuhe und hatte einen weißen Ballettrock an. Wenn sie Pirouetten drehte, war der Rock mit seinen Spitzen wie eine Schraube, die sie in die Luft hob. Noch nie im Leben hatte Marie sich so leicht und glücklich gefühlt.

Die Tänzerin sagte etwas zu ihr. „Küss mich!" Was war das gewesen? Hatte Marie sich verhört? Die Tänzerin drehte sich und wiederholte: „Küss mich! Was mit dem Herzen getan wird, kann nichts Schlimmes sein."

Da begriff Marie das große Geheimnis. Sie brauchte sich nicht zu schämen.

So ging das hin und hin. Und wenn es nach Marie ginge, dann bräuchte dieser Tanz nie mehr zu enden. Aber die Spannkraft der Feder, die ihre Spieluhr lebendig machte, war bemessen. Das Orchester schwieg. Und Marie saß wieder auf ihrer Bank, das Kästchen im Schoß. Das durfte nicht alles gewesen sein!

Plötzlich war Marie in Sorge. Vielleicht war es bereits so spät, dass sie auf dem Weihnachtsmarkt nichts mehr bekommen würde. Sie schaute auf die Uhr. *Tannenspitze – Zipfelmütze!* Zu ihrer maßlosen Überraschung war kaum Zeit vergangen. Rasch kaufte sie an verschiedenen Ständen Nüsse, Lebkuchen und Zuckerwaren, zwei dicke gelbe Kerzen samt Leuchtern, einen spannengroßen Engel und einen grünen Sack mit einem roten Band. In dem verstaute sie alle Marktkäufe bis auf die Spieluhr. Dann machte sie sich auf den Weg.

Die Kerzen und der Engel waren für Xenia, der Naschkram für die Kinder. Marie wollte nichts davon für sich, sie hatte sich bereits das schönste Geschenk gemacht. Die alte Jutta Rossmann öffnete die Tür, als Marie klingelte. Die Nachbarin sah den Gabensack und rief nach Xenia und den Kindern. Die Beschenkten kamen die Treppe herunter und bedankten sich fröhlich. Doch Marie sah auch die Traurigkeit in ihren Mienen. Sie waren Fremde in Hamburg. Und hatten den Krieg im eigenen Land.

Marie gab sich einen Ruck. Sie nahm die Spieluhr aus dem Stoffbeutel und drückte sie Xenia in die Hand.

„Hier an der Seite zieht ihr sie auf. Und dann braucht ihr nur das Pferdchen zu greifen. Vorsichtig natürlich. Wenn das kleine Pferd den Hals beugt, ist es das Zeichen für den Automaten. Und der Alltag fliegt davon. Probiert es aus!"

Xenia nickte. „Warum kommen Sie nicht herein, Marie? Wir trinken einen Kaffee zusammen."

„Heute nicht, aber morgen gern. Und denken Sie an diesem Abend nicht mehr an Ihre Sorgen. Halten Sie sich an das Pferdchen. Den Hebel zu einer ganz eigenen Welt. Lassen Sie sich zum Fest ein wenig verzaubern. Das brauchen wir Menschen manchmal."

Udo Zielke

Haiku

Erntedankfest
Kürbisse auf dem Altar
liebevoll poliert

Blätterregen
im herbstlichen Eichenwald
Den Weg verloren

Nach Mitternacht
Zwei dunkle Wolken
haben den Mond gestohlen

Scheinwerferlicht
Am Fahrbahnrand Schatten
Fuchsaugen leuchten

Spät abends
im gelb leuchtenden Weizen
Mähdrescherballett

Die feuchte Wiese
versunken im weißen Meer
Septembernebel

Apfelbaumblüte
Siebzehn Bienen im Anflug
auf frischen Nektar

Orka Kuchenbeisser

Kommst du wirklich?

Beim Umdrehen gluckerte das nasse Moos unter dem Ölzeug. Leise strich der Wind über das Land. Klara schob das Halstuch weg, das sie zum Schutz vor Mücken über ihren Südwester und das Gesicht gewickelt hatte. Wie durch ein Wunder war es beim Schlafen nicht weggerutscht. Kein einziger Stich. Aufatmend setzte sie sich auf, schob den Seglerhut zurecht und sah sich um. Fichten, Birken, Moos und Steine. Sumpfgras und Heidelbeerbüsche zwischen ihnen. Feine Nebeltropfen hoben die unzähligen Spinnennetze hervor.

„Na dann los", murmelte Klara. Nur – in welche Richtung?

Sie zog ihre neue Karte aus dem Rucksack und den Kompass. Ihre Gedanken wanderten zu dem Telefonanruf. War es erst gestern gewesen?

7:05 zeigte ihre Armbanduhr. Wer um aller Welt rief am Samstag um diese Uhrzeit an? Schlaftrunken schlurfte Klara zum Telefon und nahm den Hörer ab.

„Hallo?"

„Hi Klara, ich bin's. Beim Gewitter heute Nacht hat mein Kumpel Angst bekommen und ist heute Morgen abgehauen. Alleine kann ich mit meinen zwei Kindern an Bord die Segelreise nicht beenden. Mir fällt niemand sonst ein, den ich fragen könnte. Kommst du? So schnell wie möglich."

Tom. Er war also mit seiner Yacht unterwegs. Und er hatte Kinder.

„Wohin soll ich denn kommen?"

„Hast du eine Schwedenkarte?"

Nach Schweden also.

„Nein. Hab ich nicht."

„Besorg dir eine. Es sollte eine sein, auf der Meta verzeichnet ist. Ich buchstabiere: Mike, Echo, Tango, Alpha. Es liegt nordöstlich von Loftahammar." Tom beendete seine Wegbeschreibung mit einem gemütlichen „Dort segle ich hin und warte auf dich".

Klara legte den Kuli weg und betrachtete ihre hastig auf einen alten Briefumschlag gekritzelte Mitschrift. Also dann.

Tom? Zwei Kinder?

Sie schnappte ihren löchrigen Rucksack und steckte einen Müllsack hinein, um das Ganze einigermaßen wasserdicht zu gestalten: 3 × Unterwäsche, Socken, Hose, Hemd, Leggins, Shirt, Pulli und zwei Feuerzeuge wanderten in den Sack, obendrauf die Segelkleidung. In die Seitentasche das Lunchpaket in Frischhaltefolie? Oh, den Kompass noch rein! So. Die Küche plündern. Knäckebrot und Butter. Klara rümpfte die Nase. Vielversprechend ging anders. Egal. Die Butter würde schon halten, es war kühl genug. Folie rum und beides in die zweite Seitentasche stecken. Schnell duschen, anziehen, Gürtel um, Messer dran. – Zähneputzen nicht vergessen.

7:20. Klara trottete mit feuchten Haaren zur Haltestelle. Den nächsten Bus würde sie gut erreichen.

„Ich möchte nach Meta", erklärte sie am Bahnhof angekommen. „Das ist in Schweden." Die Kartenverkäuferin gab sich wirkliche Mühe und ein paar Telefonate später war klar, wo Meta liegt. „Dorthin existiert keine Verbindung", meinte sie freundlich. Das nächste ist Loftahammar." Sie suchte die Verbindung heraus. „Das dauert 21 Stunden und 52 Minuten."

Klara schüttelte den Kopf. Nach weiterem Hin und Her, während die Schlange hinter ihr anwuchs, beschloss Klara, in Kopenhagen auszusteigen, nach 4 Stunden 38 Minuten. Dort wollte sie versuchen, per Autostopp weiterzukommen. Sie hatte sogar die Zeit, sich im nahen Reisebuchladen eine Karte zu besorgen.

Zu ihrer Überraschung ging alles gut. Der letzte Autofahrer ließ sie abends an einer Straßenecke heraus und erklärte in einwandfreiem Englisch, sie müsse nur noch etwa 15 bis 20 Kilometer Richtung Küste laufen. Mit einem Bleistift zog er einen dicken Strich auf Klaras Karte, der aussah wie mit einem schmutzigen Fingernagel gemalt, strich über seinen blonden Bart und rief: „Good luck!"

Ein paar Stunden später, querfeldein mit Seglerstiefeln über Löcher stolpernd, überlegte Klara: Was passiert, wenn ich mir jetzt einen Knöchel breche? Wo bin ich überhaupt? Keine Menschenseele war zu sehen, kein Haus, in dem sie übernachten könnte. Sie senkte den Blick vom wolkenverhangenen Himmel zu Boden. Alles verschwamm vor ihren Augen.

Der Fleck hier sieht weich aus, bemerkte sie, als sich ihre Sicht wieder klärte. Sie tastete mit den Füßen durch das Moos. Nass. Patschnass. Aber weich. Der Platz reichte, um sich gemütlich hinzulegen.

Ich nehme den Rucksack als Kopfkissen, beschloss sie und ging zur nächsten Birke. Einen Gummistiefel ausziehen, in ein Bein des Segleranzugs schlüpfen, sich dabei gut am Stamm festhalten, um nicht ins Nasse zu patschen, Stiefel wieder an, das andere Bein …

Klara zog ihren Pulli an und den Reißverschluss des Segleranzuges hoch. Es ist kühl genug, um nicht zu schwitzen, so dass der Anzug von innen einigermaßen trocken bleibt und warm genug, dass ich nicht so friere. Optimal munterte sie sich auf, legte sich ins weiche Nasse. Ob es hier Bären oder Wölfe gab?

Frühmorgens schob sie ihr Tuch vom Gesicht und stand auf.

„Na dann los", murmelte Klara. Nur – in welche Richtung? Sie zog ihre neue Karte aus dem Rucksack und den Kompass. Gegen Mittag erreichte sie tatsächlich die Küste.

„Ja! "

S-O von Meta = Insel, wie abgeschnittener Schlangenkopf, studierte Klara erneut ihr Gekritzel auf dem Briefumschlag: S-O davon = andere Insel, wie spitzköpfige Kaulquappe …

Spitz. Kopf. Südost. Schön. Das half, um den Platz in etwa auf der Karte zu finden, aber sicherlich nicht vom Ufer aus. Klara hatte den Weg so berechnet, dass sie auf jeden Fall zu weit nördlich von dem vereinbarten Treffpunkt herauskommen würde, und wandte sich nun nach Südosten.

Zwischen ihren feuchten Zehen bildeten sich Blasen. Endlich entdeckte sie ein Segelboot, an einem Felsen vertäut. Rutschend kletterte sie darauf zu. Ein hilfsbereiter Eigner hörte sich ihre Geschichte an und holte eine Seekarte an Deck. Er breitete sie auf der Sitzbank aus und zeigte ihr, wo sie sich befand. Klara legte ihre eigene Karte daneben. Sie hatte es geschafft. Sie war in der Bucht, am Ende des stumpfen Bleistiftstriches. Aber von Toms Yacht keine Spur.

„Ich segle jetzt weiter. Willst du mitkommen bis zum nächsten Hafen?", erkundigte sich der hilfsbereite Segler.

Klara schüttelte den Kopf. Tom würde schon kommen.

Zwei verregnete Tage und zwei kalte Nächte später saß Klara immer noch in der Bucht. Zumindest gab es genug Regenwasser.

Was mache ich hier? Wieso bin ich so blöde? Liebe ich Tom überhaupt? Wir kennen uns kaum. Ist das der richtige Platz?

Das Knäckebrot mit Butter war längst gegessen. Wieder und wieder suchte sie den Horizont ab. Seufzend marschierte sie schließlich los, um Heidelbeeren und Pilze zu sammeln. Ein Geräusch ließ sie herumfahren.

Tom!

„Hallo", grüßte er strahlend und nahm sie in die Arme. Klara schmiegte sich an ihn.

„Ich habe gedacht, wir finden uns niemals", stammelte sie und spürte das Pochen seines Herzens.

„Kluge Menschen finden sich immer", entgegnete er sanft.

„Papa!", drang eine Kinderstimme vom Ufer herauf.

Toms Augen begannen unruhig zu flackern. Er löste sich hastig von Klara und trat zurück.

„Tom?", ertönte eine Frauenstimme.

„Meine Frau Sabine", erläuterte Tom. „Weißt du, jemand muss das Boot steuern, jemand muss sich um die Segel und so kümmern und dann muss noch jemand auf die Kinder aufpassen. Also – wärst du gekommen, wenn ich dir die Wahrheit gesagt hätte?"

Klara starrte ihn an und nur das Geräusch nahender Schritte hinderte sie daran, Tom zu ohrfeigen.

„Du musst Klara sein", ertönte eine volle weiche Frauenstimme.

Klara drehte sich um. Die Frau sah rundlich aus, warmherzig und einfach umwerfend. Das Licht der durch die Wolken brechenden Sonne brachte ihren blonden Pferdeschwanz zum Leuchten. Klara schluckte. Der Blick der Frau hakte sich in ihren, ließ sie nicht mehr los.

„Ich bin Sabine", murmelte die Frau und ihre Stimme klang jetzt etwas heiser. Atemlos. „Willkommen."

Ohne sich zu Tom umzudrehen, sagte Klara bestimmt: „Ich wäre auf jeden Fall gekommen."

Arne Rautenberg

misses schleck und
mister schneck

küssen müssen
küssen müssen
und nicht wissen
wie das küssen geht

und die zung
von misses schleck
linglangleck
ist ausgestreckt

küssen müssen
küssen müssen
und schon wissen
gleich ist es zu spät

und die zung
von mister schneck
schleimt im kussmaul
alles weg

sich verzehren

der elegante speiseaal
verzehrt sich nach dem speisesaal

was schielt der alte wandschrank
bewundernd nach der schrankwand

oh mann und erst die kokosnuss
reibt auf sich für nen schokokuss

so bleibt des lebens stetes trachten
ein sich verzehren im verschmachten

Karl-Heinz Groth

Apologia post mortem

Strafvollzugsanstalten der Stadt … stand als Absender auf dem Päckchen, das ich in dem Berg von Weihnachts- und Neujahrspost erspähte. Mit der Routine des täglichen Postsortierens – erst die Karten, dann die Briefe – hatte ich den Wust schnell abgearbeitet und konnte mich nun dem Inhalt des Päckchens zuwenden. Nicht ganz ohne Neugier, was insbesondere den Absender anging. Beim Öffnen quoll ein Bündel dicht beschriebener Seiten hervor. Sie trugen jeweils ein Datum und waren fortlaufend numeriert. Oben drüber war zu lesen: Apologia post mortem. Die Handschrift – mal steil, fordernd, dann wieder in runde, verspielte Formen übergleitend und schließlich in kleine, kaum entzifferbare Kritzeleien abfallend – verriet Unruhe.

Ich begann zu lesen. Mit jeder Zeile wuchs die Spannung, gewannen verschwommene Bilder von einst immer deutlichere Konturen. Ein Zurück gab es nicht mehr.

Lieber Freund, las ich, *ein letztes Mal unternehme ich nun den Versuch, mich Ihnen auf diese Weise zu nähern und zu öffnen. Sie haben mich, so scheint es, aus Ihrem Leben gestrichen. Wie anders muss ich die Tatsache deuten, dass ich in den zurückliegenden …*

„Acht Jahren" war durchgestrichen und darüber *„drei-tausend Tagen und Nächten"* in Ziffern gemalt … *nicht ein Lebenszeichen von Ihnen entgegennehmen durfte. Sie, der große, wortgewaltige Anwalt der Apo, verteidigten Ulrike Meinhof und Andreas Baader mit einer Leidenschaft, die ich bewunderte. Aber auch mit einer Ausschließlichkeit, die Angst machte, wenn Sie das Individuum als Opfer gesell-schaftspolitischer Zwänge zur Selbstbefreiung durch Gewalt aufforderten.*

„Stop!", rief ich, „Sie machen sich lächerlich, wenn Sie mir weismachen wollen, Ihre Tat … Entschuldigen Sie, lächerlich ist – nein unglaubwürdig ist besser … Also, wenn Sie Ihre Tat mit der der RAF … Im Übrigen habe ich mich innerlich und öffentlich distanziert … Jawoll, distanziert von Gewalt, von Bomben, von Mord. Nennen Sie mich nicht mehr Freund, Herr … Was damals war, gibt Ihnen nicht … nicht mehr das Recht, sich so zu fühlen. Nein, Sie durften und dürfen nicht erwarten, dass ich Ihnen antworte. Ich werde Ihnen auch nicht antworten, verlassen Sie sich drauf. Meine Zwischenrufe werden Sie gottlob nicht erreichen. Sie hatten Zeit genug, Ihr Rechtfertigungskleid zu stricken. Glauben Sie mir. Mich werden Sie nicht erweichen. Das Kleid … Es ist das Kleid eines Sünders, das Sie vor mir auszubreiten versuchen. Beckmesser, ein widerlicher Beckmesser sind Sie. Sie hätten schweigen sollen. Bis zum heutigen Tag hatte ich Sie beinahe vergessen. Nun hasse ich Sie. – Post mortem. Wie soll ich das verstehen? Nach wessen Tod? Verzeihen Sie, auch wenn ich Sie hasse: Ich habe Sie unterbrochen. Wenigstens höflich will ich sein. Die Geschichte hat uns gezeigt: Man kann auch höflich hassen. – Ich bin unruhig, es wird alles wieder aufgewühlt, ich … Ich muss weiterlesen. Sie merken von meinem

Hass nichts, denn … Ich sagte es bereits, ich werde Ihnen nicht antworten. Vielleicht nach Ihrem Tod. Hoffentlich bald. Diese Welt wird gewiss nicht um Sie trauern.

Lieber Freund, erlauben Sie mir diese Anrede. Ich weiß, es würde Ihnen schwerfallen nach allem, was geschehen ist, mir gegenüber so etwas wie freundschaftliche Gefühle zu empfinden. Warum schreibt er mir, werden Sie sich fragen, warum reißt er alte Wunden auf? Warum … Warum lässt er mich nicht in Ruh? Ich will es Ihnen sagen, lieber Freund. Sie sind meine letzte Hoffnung. Sie allein können begreifen – verstehen ist besser … Ich glaube, verzeihen Sie, erahnen, wie es zu jener Tat kommen konnte. Nur Sie, lieber Freund. Glauben Sie mir.

„Pause", dachte ich erschöpft, „er missbraucht dich, er breitet die Schwingen nach dir aus, zieht dich schon zu sich rüber. Nein, so weit darf es nicht kommen. Sei kühl, beherrscht, hämmerte es in mir. Den Rest musst du noch durchstehen. Er darf dich nicht in seine Gewalt bekommen. Weiter, weiter."

Erinnern Sie sich an unsere Sommerabende im Muschelsaal hinter dem Deich? Anfangs saßen Sie abseits, ich hatte das Gefühl, beobachtend. Das ging zwei Abende so. Sie saßen etwa zwei Tische rechts von uns – von unserem Stammtisch aus gesehen. Später setzten Sie sich einfach dazu, mischten sich wie selbstverständlich in unsere Gespräche ein. Es ging um Navigation, um Nautik, Spinnaker und Genua, Halsen und Wenden und allerlei Seglerlatein. Sie schienen eine Menge davon zu verstehen. Als es zwischen mir und Iris begann – das muss so am dritten oder vierten Abend gewesen sein –, da machten Sie eine halb abschätzige, halb anerkennende Bemerkung wie: Die würde ich auch nicht von der Bettkante … Oder so ähnlich. War's nicht so?

„Erbärmlicher Lügner!", wollte ich ihm entgegenschleudern, „niemals hab ich an so etwas gedacht. Alles an ihr war blond. Die Augen, das Haar, ihr Gesicht, die Kleidung, ihr Gang, ihr Lächeln, ihr Lachen." Ich ertappte mich dabei: So hätt ich's gern gehabt, blond als Synonym für jung und unschuldig. „Du dummer Hund!", schrie ich mich an, „blonde Engel schweben, immer ein wenig entrückt. Blonde Engel schlafen um Mitternacht. Blonde Engel lassen sich nicht verführen. Blonde Engel leben ewig. Blonde Engel lassen sich nicht totschlagen."

Lieber Freund, die Runde an unserem Tisch wurde immer lustiger. Bald saßen wir zu sechst um den schweren Eichentisch herum, der, gemessen an den unzähligen Runzeln und Furchen auf der Oberfläche, so manche wechselvolle Geschichte erlebt haben musste. Iris bediente uns. Sie war der Mittelpunkt, unsere Kultfigur, von uns auf den Olymp erhoben, unsere Athene. Nein, nein, ich muss mich berichtigen, nicht unsere, sie war Ihre Athene, lieber Freund, Ihre ganz allein. Mich interessierten ganz profane Dinge. Der gestirnte Himmel und die griechische Mythologie haben auch Iris nicht beeindruckt. Sie wollte mich, und ich sie. So einfach war das. Ich weiß, ich tue Ihnen weh.

An dem Abend, als es geschah, hatten wir ordentlich zugelangt. Mächtigkeitstrinken nannten Sie unser Gelage, und das war es wohl auch. Ich sehe noch, wie Sie die Runde angewidert verließen. Übrigens sehr früh. Sie waren ein scharfer Beobachter, mussten die beiläufigen Berührungen beim Einschenken, die kurzen Blickkontakte beim Abräumen der Gläser bemerkt haben.

„Blickkontakte, beiläufige Berührungen? Dass ich nicht lache! Sie haben sie vor unseren Augen ausgezogen, Herr … Und die Hände? Sie konnten sie kaum ruhig halten. Ihre Bemerkungen – ungehobelt – ihr Lachen laut und ordinär – waren Weg und Ziel zugleich. Wenn Sie gekonnt hätten ..."

Ich blieb bis zum Schluss, lieber Freund. Die anderen waren längst gegangen. Iris räumte ab, machte die Kasse, deckte das Frühstücksgeschirr ein. Als sie fertig war, rief ich ihr ... Ich geb's zu, mit schwerer Zunge, ein bekanntes Dichterzitat zu, worauf sie, ohne von der Kasse hochzugucken, entgegnete: Bin weder Fräulein, weder schön, kann ohn' Geleit nach Hause gehen.

,Du musst mir mit sowas nicht imponieren wollen', sagte sie, als sie sich die leichte Sommerjacke überzog. ,Komm, lass uns noch ein wenig diesen Sommerabend genießen.'

Das Hafenbecken vor dem Deich war ein einziges Lichtermeer. Dutzende von Fischkuttern und Segelbooten lagen diesseits und jenseits, im Paket verschnürt, aneinandergekettet. Aus den Kneipen ringsum Stimmengewirr, Musik, Gröhlen. Türengeknalle. Motorengeheul. Möwengeschrei, heiser wie die Stimmen der Betrunkenen an der Laterne beim Pinkeln.

,Weg hier', rief Iris und zerrte mich mit sich, ,ich ... Ich mag das nicht. Das ist so ... So würdelos.' Wir kamen auch an Ihrer „Antigone" vorbei. ,Da liegt er nun', lachte Iris übermütig und drückte mich heftig an sich, ,der große Lateiner mit seinen klugen Sprüchen.'

,Der hätte dich sicher gern neben sich gehabt', flüsterte ich ihr ins Ohr.

,Der? Ach, das glaube ich nicht, der doch nicht.'

Sie hielt nicht viel von Ihnen.

,Und du', sagte sie, als wir nach einigen eiligen Schritten anhielten, ,trink nicht so viel. Männer, die trinken, sind mir ein Greuel.'

Wir gingen weiter, eroberten die Deichkrone. Ich stand hinter ihr, hatte den rechten Arm leicht um ihre Schultern gelegt und schaute angestrengt in die dunkle Weite über dem Meer.

‚Warte einen kleinen Augenblick', sagte Iris und zeigte mit ausgestreckter Hand in nordwestliche Richtung, ‚gleich wird das Helgoländer Leuchtfeuer an dir vorüberhuschen. Greif zu, halt es fest. Für mich. Schenk es mir heute Abend hörst du?'

Eine feine Geschichte, die er mir da auftischen wollte. „Ich bin Ihnen gefolgt. Nein, nein, ich gehe Ihnen nicht auf den Leim! Sie hatten nur eines im Sinn. Glauben Sie mir, es ist pure Neugier, die mich weiterlesen lässt! Der Aufbau Ihrer Verteidigung ist zu durchsichtig. Nun, bringen wir es hinter uns."

Was hatte es mit dem Helgoländer Leuchtfeuer auf sich? Ich fragte sie danach, während wir ein ums andere Mal in die noch warmen Fladen der weidenden Schafe traten. Längst hatten wir den Badestrand verlassen.

‚Ach, nicht viel. Ich bin Helgoländerin. Mem und Foar haben mir gesagt, sie würden jeden Abend einen Gruß rüberschicken zu mir. Manchmal klappt es sogar.' Mem und Foar waren offenbar ihre Eltern. ‚Und heute Abend? Was ist heute Abend rübergekommen?'

‚Du Taps, du, hast jedes Mal vorbeigegriffen. Heute Abend brauche ich sie nicht. Du bist ja bei mir. Das genügt.' Sie lachte ein wenig und zog mich zu sich heran.

Hören Sie, lieber Freund, sie sagte: ‚Du bist ja bei mir. Das genügt.' Sie hat mich geküsst. Zuerst ganz vorsichtig. ‚Still', hat sie gesagt, ‚bleib still, rühr dich nicht. Ich will nicht, dass du mich küsst. Ich will deinen Alkoholatem nicht auf meinen Lippen spüren.'

Ich konnte nicht mehr an mich halten. „Sie Rabulist!", schrie ich bebend, „das musste ja so kommen, dass Sie am Ende das Opfer zum Täter machen würden. Pfui Teufel!"

Es war unmöglich weiterzulesen. Ich wollte dieses Traktat vernichten. Verwirrt griff ich zur Rotweinflasche.

Post mortem. Wie sollte ich das verstehen? Das Datum auf den einzelnen Seiten … Es war ihr Todestag, der 28. Juli, ein Sonntagabend. Wie sollte ich dieses Datum vergessen können!

„Nein, in Verbindung mit diesem Verbrechen konnte er seine Verteidigungsstrategien nicht aufgebaut haben. Nur sein eigener Tod würde verhärtete Positionen in mir aufweichen können, musste er vermutet haben. Wenn überhaupt." Ich war nachdenklich geworden und begann noch einmal Zeile für Zeile von Beginn an zu lesen. Es waren Passagen darunter, die selbstkritisch klangen. Man musste sie nur immer wieder lesen. Ich sperrte mich – noch. Der Schluss … Er musste die letzten Fragen klären. Es fiel mir schwer, den Faden wieder aufzunehmen.

Vor der Laterne, vor dem großen Tor. Ja, so hätten sie's gern gehabt, die zusammengeschossenen und wieder zusammengeflickten Kreaturen draußen im Schützengraben. Blonde Engel, die warten, draußen vor dem großen Tor warten. Blonde Engel, die nach Thymian und Vergissmeinnicht riechen. Blonde Engel, die sich nicht mit übelriechenden, schnapstrinkenden Kneipenbrüdern einlassen. Blonde geschlechtslose Engel.

„Schluss!", schrie ich diese masochistischen Anwandlungen an und blätterte zitternd um.

Lieber Freund, was nun kommt, ist so intim und entsetzlich zugleich, dass mir auch heute noch, nach so vielen Jahren, die Worte fehlen. Auch bemühe ich mich, die Grenze der Scham und des Anstands zu wahren, wenngleich … Sie merken, ich bin verwirrt. Iris war so anders als die Frauen, die ich bislang kennengelernt hatte. Nein, nein, viele waren es nicht. *Auf dem Deich, an mich gelehnt, machte sie einen hilflosen, zerbrechlichen Eindruck, heimwehgeplagt und liebebedürftig. Doch dann, als sie begann, mich zu liebkosen, war alles ganz anders. Still, sagte sie immer wieder, rühr dich nicht. Ich war ihr Werkzeug, an dem sie sich mit zunehmender Lust bediente. ,Ich bin auch noch da, Iris, hörst du?', schrie ich. ,Schweig', fuhr sie mich an. Das klang so kalt. Es war furchtbar. Als ich nicht mehr an mich halten konnte und mich auf sie stürzte … Den Rest kennen Sie. Bitte, glauben Sie mir. Es war kein Mord. Ich wollte nur, dass sie endlich aufhörte zu schreien.*

,Still', flehte ich, ,sei doch still, endlich still.' Ich lag auf ihr, hielt ihr den Mund zu, mit der linken Hand. Mit der rechten presste ich ihren Kehlkopf nach hinten und flüsterte immer wieder: ,Still, sei doch endlich still.'

Wir waren allein, das glucksende Meerwasser, das dumpfe Blöken der Schafe, der fahle Schein des Mondes, der die aufgerissenen, angstvoll geweiteten Augen der Toten gespenstisch erhellte, und ich. Ersparen Sie mir weitere Einzelheiten.

Staatsanwältin und Richter samt Geschworenen waren in seltener Einigkeit zu dem Ergebnis gekommen: Mord aus niederen Motiven.

Dies, lieber Freund, ist ein letzter, verzweifelter Versuch, Sie umzustimmen. Sie haben Iris sehr geliebt, Ihren blonden Engel, Ihre Pallas Athene, und somit sind meine Erfolgsaussichten bei Ihnen nicht sehr groß. Meine Kräfte lassen nun nach. Sie erkennen das an meiner Handschrift.

Der Mensch an der Küste bediente sich seit alters des Kälberstricks, wenn er nicht weiter wusste.

Lassen Sie Milde walten.

Leben Sie wohl.
Ihr …

Beigefügt hatte er seine eigene Todesanzeige, datiert auf den 28. Juli. Vermutlich war sie erst vor Kurzem aus dem Nachlass freigegeben worden. Auf der schmucklosen Karte mit dem Trauerrand stand der Satz:

Das Ewig Weibliche zog mich hinab.

Eine makabre Änderung des bekannten Zitats aus Faust II.

„Nun haben Sie endlich Ihren Frieden", sagte ich und rollte die Blätter gedankenverloren zusammen.

Susanne Cardinal

Neptunfest

Mach Deine klaren Augen zu
ich führe Dich zum schönsten Strand
wo das Blau im Gold versandet
wo das Salz auf Lippen tanzt

Neptun ist heute seicht gestimmt
mit Seetang tief im Hintergrund
liebeszittrig dreigezackt
sein Murmeln aus dem Wellenmund

Ihr Menschenträumerkinder, ihr!
jetzt feiert euer eigenes Fest! –
So fang' ich Dich, und Du fängst mich
erst vorsichtig, dann wild und loh

Das Barfuß über Körper streift
benetze ich Dein rotes Herz
Du wäschst mir die Gedanken frei
dann andersrum und himmelwärts

Rein getaucht ins schlichte Meer
stranden wir erschöpft und frei
mehr ich auf Dir als Du auf mir
weil Deine Kraft mich besser führt

Die Sonne lacht und springt empor
wir schmiegen uns ins warme Gold
wir schmiegen uns so nah heran
kein Körnchen in uns dringen kann

Unsere Berührung

Unsere Berührung
zwischen
federleichten Kuppen
und
heilenden Wunden

mit der Hingabe –
das Sonnenlicht
zu bündeln
und
rastlos zu zerspringen

für die Unvernunft
unserer Vergangenheit
und
unserer Zukunft

ist wie das Rätsel
zwischen
Teilchenphysik
und Poesie
das überlebt

Kellerkleid

In den Stunden
der klaren Wörter
ward ich traurig
weil ich mein schönstes Kleid
das mit den großen und kleinen Blumen
abstreifen
und in den Keller
legen musste
um beim Treppensteigen

mit Deiner Liebe

Schritt zu halten

Liebesspiel?

Vielleicht wäre ich lebendiger,
wenn du dich
nicht hinter jedem Busch versteckst
um zu bebrüten
deine eineiigen Früchte
bis die Schalen knacken
und du
voller Gestrüpp
voll wilder Dornen
im Wildschweinsgalopp
auf den nächsten Baum kletterst
der so hoch ist
dass dir schwindelt
Ein Schwindel ist doch die Welt
sagst du
und fällst niemals
Der Lorbeerkranz
den du geflochten
segelt über die Wiese
wie ein Bussard
stürzt du herab
Ich stelle mich tot,
damit
du neben mir landest.

Tonja Tentschebein

Einssein mit der Natur

In der Kindheit kannte ich schon das Gefühl, fremd in dieser Welt zu sein. Vertraut war mir die Natur, der Garten in Kitzeberg, die Bäume, die ich umarmen und mit denen ich sprechen konnte, und die Kieler Förde.

Meine Großmutter, meine Mutter und ich wanderten gern, manchmal von Kiel-Schulensee bis zum Westensee.

Später, nach unserer Hochzeit, wohnten Andreas und ich zur Untermiete in einer kleinen Mansardenwohnung in Projensdorf. Dort war ein kleiner Garten, in den ich den Kinderwagen stellen konnte. Wir hatten nur ein Zimmer und eine Küche, nicht einmal ein Bad und nur eine Außentoilette, und natürlich hatten wir keine Waschmaschine, mit zwei kleinen Kindern nicht einfach.

Andreas studierte, und ich verdiente mit Gelegenheitsjobs etwas dazu. Wir stritten uns öfter, aber versöhnten uns wieder, ich war nicht unglücklich. Aber als ich ihm 1967 nach Berlin folgte, weil er dort eine Assistentenstelle annahm, wurde ich es.

Das Gefühl, in Berlin immer mehr den Boden unter den Füßen und mich selbst zu verlieren, wurde immer stärker. Ich vermisste den Wald und die Ostsee. Wir wohnten in einer Mietwohnung, in der ich mich unwohl fühlte, und wir hatten keinen Garten.

Ich wurde mir selber fremd, auch Andreas veränderte sich. Wir hatten nur noch wenig Zeit miteinander, und ich vermisste unsere Gespräche über Kunst und Literatur.

Seit der Gründung des ersten antiautoritären Kinderladens 68 ging es um den Vietnam-Krieg und Politik.

Zuerst lief im Kinderladen alles scheinbar gut, aber den Erwachsenen ging es bald nicht mehr um die Kinder, sondern um ihre Diskussionen und Machtspiele. Einige tauchten in die Drogenszene, andere nach Diskussionen über Gewalt und Nichtgewalt in den Untergrund.

Als der Kinderladen aufgelöst wurde, hatten sich auch alle Ehen aufgelöst, auch unsere. Andreas lebte mit einer anderen zusammen.

Jahre später machte ich eine Erzieherausbildung. Danach zog ich mit einem Freund, Paul, der sich in mich verliebt hatte, und mit Freunden von ihm in den Bayerischen Wald, wo wir ein altes Bauernhaus mit großem Grundstück gekauft hatten, um eine Landkommune zu gründen. Wir renovierten das Haus, machten aus dem großen Acker Beete für den Anbau von Biogemüse, das wir später auf einem Wochenmarkt verkauften. Paul und ich arbeiteten oft von Sonnaufgang bis Sonnenuntergang zusammen; wir backten auch Brot und kochten Marmelade. Und es wurden zwei Drogensüchtige aufgenommen, und alles lief wunderbar, bis sich Pauls Freunde immer mehr stritten und auch ihre Kinder anschrien, so dass aus der anfänglichen Harmonie ein Chaos wurde und ich immer öfter in den Wald flüchtete, bis ich Paul mit einer anderen Frau im Bett vorfand und ich danach wieder auszog.

In den 80er-Jahren zog mich Meditation und Sehnsucht nach spiritueller Entwicklung nach Indien. Ich besuchte mehrere Ashrams und reiste bis hoch in den Norden, wo ich einmal die unwahrscheinlich hohen Berggipfel des Himalayas bei Sonnenaufgang aufleuchten sah. Die glücklichsten Momente in meinem Leben waren die des Einsseins mit der Natur und mir selbst.

So reiste ich einmal mit einer Gruppe nach La Gomera, wo wir in den Bergen schweigend zu Kraftplätzen gingen, wo wir meditierend die Energie der Landschaft und der alten Bäume aufnahmen. Es tat mir gut, mit anderen gemeinsam zu reisen, weil ich zu Hause allein lebe.

Heute, als ich etwas traurig war, dachte ich, ich will versuchen, die Zeit, die mir noch bleibt, zu etwas Schönem zu machen, trotz Krieg und allen möglichen eigenen Problemen, und ich blickte über das windbewegte blaue Wasser in den Himmel.

Astrid

Als sie mich das letzte Mal besuchte, sagte sie, dass sie in eine Klinik gehe, der Kardiologe hatte zu einer Herzklappen-OP geraten, weil sie dadurch in Zukunft keine Herzrhythmusstörungen mehr hätte.

„Ist das denn notwendig?", fragte ich. „Ich habe auch Herzrhythmusstörungen und Angina pectoris und auch keine intakte Herzklappe und habe nie an eine OP gedacht. Ich hätte Angst davor gehabt."

„Weihnachten bin ich wieder zu Hause", sagte Astrid, schenkte mir selbstgebackene Kekse und ein warmes Lächeln, und wir umarmten uns.

Doch Weihnachten kam sie nicht nach Haus. Nie mehr. Die Herzklappen-OP war gelungen, aber eine Aorta im Bauch war dabei geplatzt, und sie wurde ins künstliche Koma versetzt. Erst nach einem halben Jahr – es gab weitere Komplikationen – gelang es den Ärzten, sie aus dem Koma herauszuholen.

Als Astrid nicht mehr künstlich beatmet werden musste, wurde sie in ein Pflegeheim nach Preetz verlegt. Da war schon monatelang „Corona" und nur ihr Ehemann und Margarete durften sie besuchen.

Zuerst schien Astrid sie nicht zu erkennen, sie suchte keinen Blickkontakt, starrte nur auf die Wand. Aber dann an ihrem Geburtstag im letzten Mai, als Margarete sie im Rollstuhl in den Garten geschoben hatte, lächelte sie Margarete an und nahm ihre Hand, so erzählte Margarete, und wir hofften, dass sie bald zu Hause betreut werden könnte.

Sie bekam eine Lungenentzündung und starb im Frühsommer. „Jetzt im Mai hätte Astrid Geburtstag gehabt", sagte Margarete zu uns sechs Frauen im VW-Bus, als wir an blühenden Rapsfeldern vorbei unter einem tiefblauen Himmel zum Gut Panker und von dort zum Ruhe-Forst fuhren, wo es die Waldbestattung gab.

Margarete legte einen Kranz von Huflattichblüten vor eine alte Eiche. Diesen Platz hatte sich Astrid früher ausgesucht.

Wir blieben eine Weile schweigend stehen. Dann setzten wir uns auf eine Bank in der Nähe, tranken Kaffee, aßen Kekse und genossen die Ruhe zwischen den großen Bäumen, die in frischem Grün strahlten. Und die Vögel sangen lebhaft.

Die Tür in dir

Unsere Augen können manchmal
nach innen sehen
eintauchen
in Zeitlosigkeit
und hinter den gewohnten Bildern
kann ein Wunder geschehen
das der Verstand nicht begreift
und die Tür in dir
öffnet sich weit.

Rainer Alcayaga

Der Nacht-Hai

Seit Menschengedenken werden Kindern Geschichten erzählt, um sie vor vermeintlichen Gefahren zu schützen. Bis in die heutige Zeit hinein wird besonders kleinen Kindern Angst gemacht, nur damit die Erwachsenen das Gefühl haben, ihr Kind zu beschützen. Aber ist dies wirklich Segen oder doch eher Fluch, diese kleinen Geschöpfe einer derartigen Fantasie auszusetzen?

Eine solche, sehr alte Legende, ist der „Nacht-Hai", die schon vor Urzeiten an den großen Gewässern dieser Erde erzählt wurde und dafür sorgen sollte, Kinder nachts vom Wasser fernzuhalten.

Tauchen wir also ein in die Mythen vergangener Tage und lauschen der Vergangenheit.

Vor langer, langer Zeit, noch bevor die europäischen Siedler nach Amerika kamen, erzählten die alten Indianer sich abends am Lagerfeuer Geschichten. Sie handelten oft von ihren Ahnen, von Zukunftsvisionen und von guten und bösen Mächten, die auf dieser Erde wandeln. Viele dieser Erzählungen sind im Laufe der Zeit verloren gegangen, denn das Feuer der Alten ist schon lange erloschen und die Überlieferungen wichen der neuen Zeit. Die Jugend interessierte die Welt der Ahnen nicht mehr und mit dem Einzug der Siedler und der technischen Entwicklung, die in den letzten hundert Jahren stattfand, gerieten viele ihrer Sagen und Mythen in Vergessenheit. Doch eine Sage wird immer noch erzählt. Die meisten Kinder hier am Wasser kennen sie. Sowohl Indianer als auch Siedler ermahnen ihren Nachwuchs, nachts nicht an das Wasser zu gehen, indem sie ihnen diese Geschichte erzählen.

Damals, als alle Gewässer, Berge, Pflanzen und Tiere entstanden, gab es ein Lebewesen, das alle beherrschen wollte. Dummerweise lebte es im Meer und konnte somit keinen Einfluss auf die Landtiere nehmen. Das aber wollte dieses Wesen nicht hinnehmen und versuchte nun mit allen Tricks, die Tiere an das Wasser zu locken, um sie hinunterzuziehen in die dunkle Tiefe seines Reiches. So entwickelte es die schönsten Farben, die weithin sichtbar waren, wenn sie in der Sonne zu leuchten begannen. Sie strahlten so hell und farbenfroh, dass alle Tiere, die es sahen, neugierig wurden und sich in Richtung des Meeres begaben. Dort angekommen erblickten sie die Quelle dieses herrlichen Farbenspiels, und um es noch besser betrachten zu können, gingen viele in das seichte Wasser – und wurden nie wieder gesehen.

Das gefiel dem Schöpfer all dieser Gewässer, Berge, Pflanzen und Tiere aber überhaupt nicht und so ermahnte er das Wesen, sich vom Land fernzuhalten und keines der Tiere mehr anzulocken. Aber seine Worte verhallten ungehört und nachdem er das Wesen dreimal erfolglos gewarnt hatte, ging er zu ihm und sprach:

„Ich bin der Schöpfer allen Lebens und aller Dinge auf diesem Planeten. Ich möchte, dass die Tiere in Frieden miteinander leben. Da du dich jedoch nicht an meine Bitte, die Tiere in Ruhe zu lassen, hältst, schicke ich dich als

Dämon zurück in die Tiefe des Meeres. Deine Farben werden verblassen und jeder Sonnenstrahl, der auf deine Haut fällt, wird dich verbrennen, so dass du nur in der Dunkelheit leben kannst und keinem Tier je wieder Schaden zufügen wirst!"

Als der Schöpfer diese Worte sprach, fingen die Farben an zu verblassen, und das vorher so farbenfroh leuchtende Wesen erkannte, dass es einen großen Fehler gemacht hatte. Doch nun war es zu spät für Reue.

„Nun gut", versuchte das Wesen vorsichtig zu verhandeln, „aber was ist mit den Tieren, die nicht friedlich sind und böse Absichten haben?"

„Was soll mit ihnen sein?", fragte der Schöpfer verwundert.

„Na ja, wenn du Wert darauf legst, dass nur liebenswerte Tiere auf der Erde leben, was soll dann mit den bösen geschehen?"

Der Schöpfer dachte nach, denn er wollte dem Dämon das Gefühl geben, etwas erreicht zu haben, jedoch ohne ein Tier zu opfern. Er überlegte und überlegte, was er dem Wesen anbieten könne, und er hatte eine geniale Idee.

„Du kannst dir jedes noch nicht erwachsene Tier, das etwas Böses getan hat, zu dir nehmen, ohne dass du dafür eine Strafe erhältst. Aber holst du dir auch nur einmal ein anständiges Kleines, so werde ich dich auf den Grund der tiefsten Stelle des Ozeans verbannen."

Der Dämon willigte ein, ohne zu ahnen, auf was für einen Deal er sich eingelassen hatte. Der Schöpfer war sehr zufrieden mit seiner Lösung, denn junge Tiere sind niemals böse, zudem gehen sie nachts nicht ans Wasser. Der Dämon würde also für alle Zeit leer ausgehen.

Doch was der Schöpfer nicht bedachte, war, dass sich einige Tiere weiterentwickelten und irgendwann der Mensch auf der Bildfläche erschien. Dieses Ding auf zwei Beinen war leider etwas anders als die Tiere, die der Schöpfer entstehen ließ. Sie entwickelten Eigenschaften, die gleich denen des Dämons waren. Sie wollten andere beherrschen! Nun lebten immer mehr Menschen an der Küste und viele erfüllten die Kriterien, die dem Dämon erlaubten zuzugreifen, wäre da nicht die Klausel, dass es nur junge Wesen, also Kinder sein durften.

Nun ist es aber auch bei den Menschen so, dass Kinder in jungen Jahren unverdorben und ehrlich sind. Je älter sie werden, desto eher schleichen sich allerdings Hinterlist, Verlogenheit usw. ein. Somit passierte das, was nie hätte passieren dürfen. Der Dämon hatte etwas zu jagen und das, ohne eine Strafe dafür zu erhalten.

So geschah es, dass immer öfter ältere Kinder verschwanden und niemand wusste, wo sie geblieben waren. Nun erinnerten sich die Menschen wieder an diese Geschichte, die schon immer da war, und begannen, sie ihren Kindern wieder zu erzählen, damit sie in der Dunkelheit nicht ans Wasser gingen.

Wer also etwas „Böses" getan hatte, bekam ein schlechtes Gewissen, und das konnte der Dämon fühlen. Somit spürte er genau, wer für die Jagd infrage kam. Da sich Kinder aber unter einem Dämon nicht wirklich etwas vorstellen konnten, sie aber große Angst vor Haien hatten, gaben die Menschen ihm den Namen „Nacht-Hai", denn durch seinen Fluch konnte er nur in der Nacht kommen.

Nicht alles ist, wie es scheint. Jeder erzählt sich eine eigene Wirklichkeit.

Alles ist in uns selbst – unsere Fantasie erledigt den Rest.

Unser Gewissen ist unser Richter. Unsere Geschichte unsere Strafe. … Doch unser Herz kann uns den Weg leuchten – in ein Leben, in dem wir keine Dämonen zu fürchten haben.

Henning Schöttke

Der Raum

„Es ist alles – falsch", sagte Lukas.

Er sah aus dem Fenster der U-Bahn und zwang sich, nicht zu heulen. Graue Hinterhöfe flogen vorbei. Wie sollte es weitergehen? Wie konnte er es schaffen, weiter zu existieren? Er hatte immer gedacht, er wäre stark genug, um den Verlockungen der Cyberwelt zu widerstehen, aber die Gefühle dort waren zu groß. Zu überwältigend.

Er sah in der Bahn umher, in der alles unter schweren Schichten aus Bedeutungslosigkeit versank. Die farblosen Sitze, der schmutziggraue Fußboden. Der schnauzbärtige Mann im Anzug, die junge Frau, die an einem ihrer beiden Zöpfe rumfummelte, die alte Frau in dem verschlissenen Kleid. Und all die anderen farblosen Kreaturen, die er wieder und wieder in der Viertel-nach-fünf-Bahn sah. Sie würden niemals diese unendlich tiefe Erfüllung fühlen, die ihm widerfahren war. Diese Liebe.

Vor Wochen, auf dem Weg zur U-Bahn, hatte Lukas sich eine Zigarette anzünden wollen, doch ein Windstoß hatte sein Streichholz ausgepustet. Wenige Schritte vor ihm zweigte eine schmale Gasse ab, er ging hinein und zündete sich die Zigarette an. Eine halbdunkle Gasse, so unscheinbar, dass er sie noch nie bemerkt hatte. Sein Blick fiel auf ein in grellen Farben gestaltetes Schild neben einer Tür. „DER RAUM“. Daneben standen Öffnungszeiten.

Versonnen trat er auf die Straße zurück, rauchte und sah zu der entfernten U-Bahn-Station. Fußgänger hasteten vorbei. Von dem „Raum“ hatte er schon gehört. Irgendwo hatte er mal einen Flyer gesehen, der in genau den gleichen grellen Farben gestaltet war wie das Schild dort.

DER RAUM. AN VIELEN ORTEN IHRER STADT.

Dies hatte seine Neugier geweckt. Er ließ die Zigarette fallen, ging in die Gasse zurück und klopfte. Ein grauhaariger Mann mit einem zerfurchten Gesicht öffnete, kniff die Augen zusammen und trat wortlos beiseite.

Auf einem Tisch in der Mitte des kahlen Raums stand ein Computeraufbau, der anmutete, als käme er aus dem vorigen Jahrhundert. Kabel hingen durcheinander, und der Monitor war tatsächlich noch ein Röhrengerät.

„Hast du was mit dem Herzen?“, fragte der Mann.

Lukas schüttelte den Kopf.

„Epilepsie? Absencen? Sekundenschlaf?“ Der grauhaarige Mann musterte Lukas, trat an ein Regal und zog ein silbern glänzendes Ding heraus, das aussah wie eine dieser früher üblichen Disketten. Dass es die noch gab. „Vierzig Euro“, sagte der alte Mann, und als würde er einen Einwand erwarten, setzte er hinzu: „Du kannst dir denken, dass das ganze Equipment hier nicht umsonst ist.“

Er ließ Lukas in einem verschlissenen Sessel Platz nehmen, machte sich an seinen Geräten zu schaffen und wandte sich dann wieder Lukas zu, in der Hand eine klobige Cyberbrille, wie Lukas sie aus Filmen kannte.

„Mach dich auf etwas gefasst.“

Lukas setzte die Brille auf. Der alte Mann rückte sie zurecht, und Lukas fühlte seine Fingerspitzen an den Schläfen. Die Brille dichtete Licht und Schall so gut ab, dass er vollkommene Schwärze sah, und die Stimme des Mannes hörte er so leise, als käme sie von weit entfernt.

„Kann es losgehen?"

Lukas nickte und war erstaunt, dass er das Gewicht der klobigen Brille nicht spürte.

Die Dunkelheit erhellte sich nach und nach. Ein halbdunkler Flur entstand vor ihm und eine zweiflügelige Tür. Musik erklang. Er streckte eine Hand aus und spürte die Türklinke an der Handfläche kühl und hart. Sie fühlte sich überhaupt nicht unecht an. Tatsächlich fühlte sie sich fast echter an als die Wirklichkeit. Aber wie konnte denn das …?

Lukas schob beide Flügel auf, und vor ihm erstreckte sich ein Ballsaal. Eine Band spielte. Elegant gekleidete Menschen tanzten eng aneinandergeschmiegt, andere gruppierten sich plaudernd um kleine Tische. Hier und da erklang Lachen. Er ging zwei, drei Schritte an der Tanzfläche entlang und fühlte die Muskeln seiner Beine und Druck unter den Fußsohlen. Überrascht blieb er stehen. Bewegten sich seine Beine denn auch *in Wirklichkeit*?

In einer instinktiven Bewegung griff Lukas zu der Cyberbrille, um sie abzunehmen. Seine Hände bewegten sich hoch, aber ertasteten keine Brille. Dafür sah er an den Ärmeln, dass er andere Klamotten trug, schickere. Sein Herz schlug plötzlich schneller, aber das war nicht unangenehm. Eher erregend. Abenteuerlich.

Zwischen den Tanzenden hindurch entdeckte er eine junge Frau in einem blauen Kleid, die sich im gleichen Augenblick umwandte und zu ihm hersah. Sie lächelte und wies mit dem Kopf zur Bar. Als er an der Tanzfläche vorbei dort ankam, lehnte sie schon am Tresen. Sie hatte lange dunkle Haare und trug einen eleganten Duft.

„Zum ersten Mal hier?"

Woher wissen Sie das?, dachte er, und sie sagte: „So wie du wirken alle beim ersten Mal."

Sie sah ihn mit einem freundlichen Lachen aus großen, kastanienbraunen Augen an. Er trat von einem Bein aufs andere und wusste nicht, wohin mit seinem Blick. Zugleich spürte er, dass sie *die Frau* war.

„Am besten trinkst du erst mal was." Sie lehnte sich über den Tresen und bestellte einen Gin Tonic und für Lukas ein Bier.

Woher weiß sie, dass ich Bier trinke?, dachte er.

Ich weiß es eben, dachte sie.

Er blickte in den Spiegel an der Wand hinter dem Barmann und erkannte sich nicht gleich. Sein Gesicht war schmaler und bedeutender. Seine Kleidung eine Kombination aus blauem Sakko und heller Hose. Dazu trug er einen bunten Seidenschal. Das verstand er sofort: Es sah hier nicht aus, wie er *aussah*, sondern wie er *war*.

Die Getränke kamen. Lukas sah von ihr zu der Tanzfläche, traute sich aber noch nicht zu fragen. Er nahm einen großen Schluck, und es kam ihm vor, als hätte er niemals zuvor ein so klares, kühles Bier geschmeckt. Er lachte und streckte die Finger zu ihrer Schulter aus. Er musste sie einfach berühren.

Und alles um ihn herum wurde schwarz.

Lukas drehte verwirrt den Kopf hin und her. Er griff zu der Cyberbrille, und jetzt konnte er sie abnehmen.

„Wieso bin ich hier?", fragte er stirnrunzelnd und sein Herz pochte erneut. „Ich meine – wieder zurück."

„Die halbe Stunde ist um."

„So schnell? Dann möchte ich …" Lukas wühlte hastig in seiner Tasche und zog ein paar Scheine hervor.

„Nein. Mehr an einem Tag geht nicht", sagte der alte Mann. Er griff nach der Brille, und Lukas ließ sie sich widerstrebend aus den Händen winden.

„Warum?", fragte er. Er richtete sich in seinem Sessel auf und merkte, wie unhöflich sein Tonfall war.

„Ist nun mal so."

Während Lukas kurz darauf auf die halbdunkle Gasse hinaustrat, erklang hinter ihm die Stimme des alten Mannes: „Es muss immer die gleiche Uhrzeit sein. Und immer der gleiche Wochentag."

Lukas sah auf die Straße und atmete schwer. Das, was er beim Eintauchen in die Cyberwelt erwartet hatte, fühlte er stattdessen jetzt hier: Alles um ihn her sah so unecht aus. Er war selten so unglücklich gewesen – doch zugleich war er glücklich wie niemals zuvor. Er würde wieder zu ihr kommen.

Er zog sein Zigarettenpäckchen aus der Tasche, aber anstatt eine Zigarette rauszuklauben, warf er es in den Papierkorb bei der Treppe zur U-Bahn. Mit tanzenden Schritten lief er die Treppe runter. Er würde aufhören zu rauchen. Das hatte er schon zigmal vergeblich versucht, aber diesmal würde es ihm leichtfallen, das spürte er mit vollkommener Sicherheit. So würde er mehr Geld übrig haben.

Beim nächsten Besuch ging Lukas gleich an die Bar und bestellte Gin Tonic und ein Bier. Er wusste, die junge Frau im blauen Kleid würde dort hinkommen. Er trommelte mit den Fingern auf dem Tresen und alles in ihm vibrierte in freudiger Erwartung.

Eine Hand legte sich auf seine Schulter. Er wandte sich zur Seite und sah in ihre großen braunen Augen unter langen Wimpern. Sie trank von ihrem Gin Tonic und sagte etwas, und er sagte etwas, dann sagte wieder sie etwas – aber was es war, war nicht von Belang. Wichtig war allein, *wie* sie es sagte. Wie freundlich, wie liebevoll, mit ihrem großen Lächeln. Sie nahm seine Hand und führte ihn auf die Tanzfläche.

Er legte seine Arme um ihren warmen Körper und wusste in diesem Augenblick so viel über sie. Was sie liebte, was sie nicht mochte und vor allem, *wie* sie war. Er öffnete leicht die Lippen und beugte sich ihr entgegen.

Die plötzliche Schwärze traf ihn diesmal nicht unvorbereitet. Er bettelte auch nicht um Verlängerung.

Seine folgenden Tage vergingen, im grauer und grauer werdenden Schleier und in der Vorfreude auf den Moment, in dem er dem alten Mann die nächsten vierzig Euro reichen würde.

Bei diesem Mal küsste er sie, dann fühlte er sie. Sie tanzten miteinander. Er ließ sie auf den Grund seiner Seele blicken und blickte auf den Grund von ihrer. Und was sie dort sahen, gefiel ihnen beiden.

Eine weitere Woche. Vierzig Euro. Lukas bestellte keine Pizza mehr und hörte auf, Schokolade zu essen. Der Körper der jungen Frau im blauen Kleid fühlte sich echter an und immer echter, und je wahrer und intensiver er ihre Zärtlichkeit erlebte, desto grauer und fader empfand er nach dem Verlassen des Raums die Straße, die U-Bahn und all das andere, was er früher für die reale Welt gehalten hatte.

Das Ende hatte ihn völlig unerwartet getroffen.

Als Lukas vorhin in die halbdunkle Gasse eingebogen war, hatte er gleich gesehen, dass die Tür nur angelehnt war. Er war hineingegangen, und der alte Mann war fort.

Das Gerät war zerstört, die Cyberbrille zerbrochen, Disketten lagen verstreut auf dem Boden. Lukas hatte sich davor gehockt, daraufgestarrt und in seinen Gedanken war – nichts.

Laura blickte auf. Zwei Reihen weiter in der U-Bahn saß ihr ein farbloser junger Mann gegenüber. Er erhob sein Gesicht und sah sie einen winzigen Augenblick lang an.

„Es ist alles – falsch", hörte sie ihn murmeln.

Und auch wenn er genau wie all die anderen Fahrgäste ein völlig unwichtiges, graues Individuum war – damit hatte er Recht.

Das traf genau das Gefühl, das Laura vorhin verspürt hatte. Als sie vorhin die Cyberbrille aufgesetzt hatte, war ihr im selben Moment klar gewesen, der junge Mann mit dem eleganten Sakko und dem bunten Schal würde heute nicht kommen. Er würde nie mehr kommen. Und obwohl sie gewusst hatte, dass es vergeblich sein würde, war sie noch an die Bar gegangen, hatte sich einen Gin Tonic geben lassen und im Raum umhergesehen.

Laura fuhr fort, an einem ihrer Zöpfe rumzufummeln, und starrte aus dem Fenster. Sie war traurig und würde es für immer bleiben.

Es ist alles – falsch, dachte sie.

Angela Bubser

Der Koffer

Ein Koffer stand
so starr und still
in einem Schrank herum

Ein Stillstand
und dazu kein Ziel
das war schon ziemlich dumm

Was hätte er so gern geseh'n
und wär' so gern gewesen
doch selber konnte er nicht geh'n
drum hatte er's gelesen.

Das Reisen kann man äußerlich
Ein and'rer der reist innerlich
Ein dritter wiederum reist nicht
Das liest man nun in dem Gedicht.

So reist ein jeder, denn zum Schluss
bleibt übrig als der letzte Gruß
was man gelernt und was gescheh'n
was gut war oder nicht so schön.

Dem armen Tropf sei drum gesagt
wenn Immobilität ihn plagt
liest er vielleicht vom alten Rom
von China und dem Kölner Dom …

So wie es ist,
so muss man's nehmen
wer das vergisst
sollte sich schämen.

Er bleibe somit ganz bescheiden
und sollte anderen nichts neiden,
denn Lesen immerhin
ist drin.

Eine besohdere Schnecke

Sie schmeckt mal zuckersüß mal nicht,
nach Kardamom und Zimt
nur wenn die Mischung stimmt
die Einfachheit besticht.

Fika nennt's der Schwede
und Kanelbulle das Gebäck,
mit Kaffee und fünf Kronen nur
am Vormittag zur besten Uhr
man mit der süßen Schnecke
die müden Geister wecke.

Der Vierte in dem Monat zehn,
vom Wetter her nicht ganz so schön,
der ist in jedem einz'neln Jahr
zum Eingedenk, das ist ja klar,
wenn's innen warm und draußen schneit,
dem großen, leck'ren Keks geweiht.

Und weil der Norden praktisch is(s)t,
Sei hier verzieh' n die kleine List,
soll erst der Gast die Wecke
zum satt machenden Zwecke
verkosten, auf den vollen Bauch
folgt Kuchen, Torte das ist Brauch.

Selbst alle Kinder der Lindgren
in Büchern finden Schnecken schön.

So ist das süße Resümee
mit Kaffee, Milch oder mit Tee:
selbst Kriege können dienlich sein,
und sei die Bulle noch so klein,
weltweit beliebt, jedem bekannt
und herrlich, aus dem Schwedenland.

Rune Deis

Telefonate mit der Phantomfrau

Erika, eine Golfbekannte aus Nürnberg, fragte mich eines Tages, ob ich Interesse an einem Kontakt zu ihrer Klubkameradin hätte. Ich erfuhr, dass diese alleinstehend ist und eine Telefonbekanntschaft auch in ihr Leben einen neuen Farbtupfer bringen könnte. Dankbar und aufgeschlossen für jedes Schrittchen, das mich wieder ins Leben zurückführte, willigte ich ein. Erika hatte sich noch einmal bei ihrer Golfkameradin rückversichert, das Einverständnis bestätigen lassen. Jetzt lag eine neue Telefonnummer vor mir auf dem Tisch.

Etwas aufgeregt drückte ich die kleinen Knöpfe, die richtige Nummer erschien im Display, und das Freizeichen ertönte. Es dauerte nicht lange, dann meldete sich eine freundliche, aufgeschlossene Person mit sympathischer, vertrauenerweckender Stimme. Wie unter Golfern üblich, einigten wir uns ungezwungen auf Sina, Rune und Du.

Es folgte eine Zeit langer, intensiver, immer vertrauterer Telefonate bis zu zwei Stunden, zwei- bis viermal die Woche.

Ich erfuhr, dass Sina mit 66 Jahren drei Jahre jünger war als ich und noch unregelmäßig in einem Labor arbeitete.

Nach ihrer Scheidung blieb Sina mit ihren beiden Töchtern, die jetzt verheiratet auf Sylt leben, in Langwasser wohnen.

Durch ihren Freundeskreis, die Geschwister in Hamburg, Stuttgart und Köln und ihre Töchter, dazu die Labortätigkeit war ihr Leben abwechslungsreicher und ausgefüllter als meines.

Nach dem Studium hatte ich meinen Dienst 1964 in Nordfriesland, in der grauen Stadt am Meer, an der Schule angetreten, an der ich 2006 auch pensioniert wurde. Als Lehrer und Schulleiter war ich knapp 42 Jahre im Beruf tätig. Mein Privatleben war ähnlich übersichtlich. Meine Frau lernte ich 1959 kennen, wir heirateten 1964, haben drei Söhne und zogen 1973 in unseren Neubau in Mildstedt, einem kleinen Ort nahe der Kreisstadt, ein.

Mein Leben verlief in jeder Beziehung geradlinig. Wir führten eine harmonische Ehe in verlässlicher Treue, verreisten in den Ferien, wenn finanziell möglich, und hatten einen festen Bekanntenkreis. Meinen Ruhestand durften wir dann nur ein gutes Jahr erleben; im Sommer 2007 starb meine Frau.

Ohne Aufgaben und Verpflichtungen musste ich mich jetzt neu orientieren und Pflöcke einrammen, die mir Halt geben konnten.

Die Telefonate mit Sina waren eine unschätzbare Bereicherung für mich. Durch sie hatte ich wieder mehr Kontakt zur Außenwelt und das Gefühl, aktiver am Leben teilzunehmen. Wir erfuhren viel voneinander, wo und wie wir wohnten, über die Tagesabläufe, besondere

Vorkommnisse und Erlebnisse. Dafür war ich dankbar und freute mich auf jedes weitere Gespräch: auf die angenehme Stimme einer, wie ich es empfand, aufgeschlossenen, lebensbejahenden und auch lebenslustigen Person.

Unsere Kontakte zielten nicht auf eine Partnerschaft ab; sie waren das Bedürfnis und die Freude darüber, mit diesen Gesprächen das wenig aufregende Einerlei zu durchbrechen. Uns fehlte beiden ein Mensch, dem wir erzählen konnten, was wir gerade erlebt hatten und was uns erwähnenswert erschien, aber auch das, was uns positiv oder negativ berührte.

Unbemerkt und ganz natürlich, wie selbstverständlich hatte sich eine zunehmende Vertrautheit aufgebaut, die auch Einblicke in die Gefühlswelt erlaubte. Über das Befinden, alleine zu sein, und Vorstellungen und Wünsche, an diesem Zustand etwas zu ändern. Wir gestanden uns, dass uns am stärksten ein Partner an der Seite fehlte, ohne dass auch nur ansatzweise mitschwang, vielleicht dieser Part zu sein? Uns tat es einfach nur gut, einen Menschen zu haben, mit dem wir über alles reden und ihm vieles anvertrauen konnten.

Sina und ich erfuhren langsam immer mehr voneinander; die Mosaiksteine komplettierten das Bild zunehmend. Mit unseren Telefonaten lebten wir in einer anderen Welt. Ein Verstellen machte keinen Sinn, wem sollten und wollten wir etwas vormachen und weshalb? Einem Phantom? Es gab nicht den geringsten Grund. Es offenbarten sich grundehrliche Einstellungen, Gefühle und Wünsche. Die Gedanken konnten sich frei und ungegängelt bewegen, sie unterlagen keinen Zwängen. Es war ein Vertrauen und

Anvertrauen ohne Konsequenzen. Das machte alles so einmalig, offen, ehrlich – zwei Seelen vertrauten sich an. Es war ein befreites, unbekanntes Aufeinanderzugehen, das wir mit jedem Gespräch aufs Neue pflegten, genossen und vertieften. So wuchs ein unerschütterliches Vertrauen ohne Störfaktoren von außen, unglaublich erfrischend und bereichernd.

Zunehmend bedeutsamer aber wurde für mich zu erfahren, wie Sina etwas aufnahm, erlebte und bewertete und welche Emotionen mitschwangen. Es war für mich eine vollkommen neue Erfahrung; ein Mensch erschloss sich mir auf eine noch nie erlebte Weise. Es entstand ein Bild von Sina, indem ich in sie hineinschaute; auf diese Weise wurde sie mir noch vertrauter.

Äußerlichkeiten waren außen vor, sie konnten keinen Einfluss nehmen, nicht von dem, was Sina wirklich ausmachte, ablenken. Allein die Werte, die ihr wichtig sind, ihr Leben bestimmen und prägen, erfuhren meine Aufmerksamkeit. Wir lernten den Menschen kennen, sein Äußeres spielte keine Rolle.

So lernte ich Sina kennen und schätzen, ohne mir dieses gezielt ins Bewusstsein zu holen. Erst als ein erstes Treffen näher rückte, mussten wir uns Erkennungshilfen geben.

Früher, als ich noch Fahrschüler war, war darauf Verlass: Die Züge hielten den Fahrplan ein. Heutzutage sind Verspätungen an der Tagesordnung.

Aber gerade heute, am 12. Oktober, durfte das nicht passieren. Ich war allein auf einen Zug fokussiert. Ankunft 13.56 Uhr aus Hamburg-Altona, Weiterfahrt um 14.02 Uhr nach Westerland. Ich war angespannt. Schließlich war Sina mir sehr nahe geworden, mehr noch als die

Menschen, die mir in den einsamen, trost- und freudlosen letzten drei Jahren zur Seite gestanden hatten.

Sie war mir vertraut und herzlich verbunden. Ihr hatte ich meine geheimsten Gedanken, Gefühle, meine Sehnsüchte, scheinbare Ausweglosigkeit und Träume von einem sich wohl nicht mehr erfüllenden Lebensabend in Zweisamkeit erzählt.

Über diesen „Sechser" im Leben sprachen wir auch in unseren Telefonaten. Es war ein Traum. Ich hatte Sina Einblick in die letzten Winkel meiner Seele gewährt. Ich war dankbar, dass ich mit ihr jemanden hatte, dem ich alles anvertrauen konnte.

Unaufhaltsam rückte Sinas Kurzaufenthalt auf dem Bahnhof, Gleis 2, jetzt näher. Es waren nur sechs Minuten und davon durfte keine Sekunde ungenutzt verstreichen. Ich stand, gegen meine Gewohnheit, schon zehn Minuten früher auf dem Bahnsteig, nachdem ich mich zuvor wiederholt vergewissert hatte, dass es auch der richtige war. Ich stand da, zunehmend aufgeregter, und mir wurde urplötzlich in aller Deutlichkeit und zweifelsfrei bewusst: Das wird kein Kennenlernen; gleich werde ich der vertrauten, längst liebgewonnenen Frau gegenüberstehen.

Endlich tauchte der Zug auf, noch in großer Entfernung, aus einer leichten Linkskurve, einer langen stählernen Schlange gleich, die das Sonnenlicht immer mal wieder reflektierte. Jetzt waren es nur noch wenige hundert Meter, der Bremsvorgang schon eingeleitet.

Per SMS hatte Sina mir mitgeteilt, dass sie im zweiten Wagen saß. Ein letztes Quietschen der Bremsen; der Zug stand – sogar eine Minute früher. Die Türen öffneten sich, und als eine der Ersten trat Sina heraus, ohne Jacke, ohne Gepäck – ja, das musste sie sein. Sie kam zielsicher auf mich zu, hatte sie es doch einfacher, mich schon aus dem einfahrenden Zug heraus zu erspähen.

Nach kurzer Vergewisserung begrüßten wir uns wie unter Golfern üblich mit leichtem Armumlegen und angedeutetem Kuss auf die Wange. Diese Begegnung war so außergewöhnlich einmalig. Zwei mehr als vertraute Menschen gaben sich ein Gesicht. Jetzt war sie nicht mehr die Phantomfrau, jetzt war sie Sina.

Und ich wusste in diesem Moment in aller Klarheit, dass sie schon lange vorher in meinem Herzen angekommen war. Empfindungen und Gefühle nahmen von mir Besitz, auf die ich so nicht vorbereitet war, die mich überwältigten und wortkarg machten. Da wusste ich: Das ist die Frau, die ich schon lange liebe.

Silvia Luise Wöhlk

An die Liebe

Habe sie in
meinen Herzkammern
aufgenommen.

An jedem Abend
wiege ich sie im Rhythmus
meines Pulsschlags
in den Schlaf.

Sehnsucht

Ich sehne mich nicht nach Dir, weil Du immer bei mir
bist.
Ich möchte wissen, ob ich mich nach Dir sehnen würde,
wärest Du nicht da.
Ich möchte aber nicht, dass Du fortgehst.
Nur der Gedanke, Du wärest mir fern:
SEHNSUCHT!

Familienbad

Mit Dankbarkeit
für viele herrliche Stunden
vom Becken –
rand –
voll
LIEBE ins Warme springen …

Kollektion Liebe

LIEBE:	Lust und Freude, Last und Leid,
	so trägt sie sich als schillernd' Kleid.
LIEBE	geben, nehmen, pflegen, lähmen,
	im Wechsel zwischen lang und kurz –
	trägt man sie oft als wärmend' Schurz.
LIEBE	Mutter, Vater, Kindes-Kind,
	Nachbarsleut', was Freunde sind,
	mal mit Poesie und Prosa;
	mal tiefschwarz, dann wieder rosa.
LIEBE,	die den Schmerz verbrennt,
	wenn ausgekostet – ungehemmt.
LIEBE:	Stülp' sie „over"!
	Wie den wärmsten der Pullover.
LIEBE	in ein Bild gestickt,
	in den Rahmen eingeflochten,
	bleibt in ihm, erinnert noch, wenn
	längst erloschen – ausgefochten.
LIEBE,	die du selbst dir kaufst –
	wenn du nicht mehr an sie denkst,
	hättest du sie nicht gebraucht.
LIEBE	schreitet in Gewändern …
	verkleidet oft für lange Zeit.
	Lass' die Finger fort vom Ändern;
	Halte dich für sie bereit!

Der kleine Wind

ER strich – bestimmt schon seit einer halben Stunde – um ein trockenes Nussbaumblatt herum, doch es gelang ihm nicht, es wegzupusten. Er rollte es auf die Vorder-, dann wieder auf die Rückseite … Es blieb mit seinem Stängel an den anderen heruntergefallenen Blättern hängen. Er wollte es so gerne zerbröseln, musste aber feststellen, dass Nussbaumblätter sehr zäh sind. Mit ihren Blattgeschwistern decken sie oft recht große Flächen ab, so dass es dem – von den Menschen sogenannten – Un-Kraut für lange Zeit nicht möglich ist, sich da hindurchzuzwängen.

ER war nun mal nur „der kleine Wind"; musste sich damit zufriedengeben, Papierschnipselchen über Wege und Wiesen zu pusten, Blütenblätter zu wiegen oder kleinen Insekten beim Abflug behilflich zu sein. „Du bist unser Kleiner, wir lieben dich sehr", trösteten ihn seine Eltern, die Großes vollbrachten, zu denen er respektvoll aufschaute.

„Bleib nur so, wie du bist", raunte eine alte Böe. „Du wirst geliebt! Die scharfen Winde, die heftigen Stürme und erst recht die gefährlichen Orkane, die werden gefürchtet und von den Menschen gehasst!"

Doch er langweilte sich, der kleine Wind, strich wieder einmal lustlos um den dicken Nussbaum im Garten eines Einfamilienhauses in Felm herum und wusste nicht so recht mit sich etwas anzufangen.

In einer breiten Hängematte zwischen dem Nuss- und Pflaumenbaum las ein blondes Mädchen ihrer jüngeren, dunkelhaarigen Schwester aus einem dicken Buch mit ledernem Einband und goldenem Aufdruck Sprüche vor.

Ein kleiner Sonnenstrahl hatte sich durchs Blattwerk gezwängt und kitzelte die Nasen der Mädchen, so dass sie lachen und niesen mussten. Das bemerkte der kleine Wind und wollte auch auf *sich* aufmerksam machen. Mit aller Kraft bemühte er sich darum, die Hängematte ins Schwingen zu bringen; doch es gelang ihm nur ein leichtes Wiegen, von dem er nicht wusste, ob er das vollbrachte oder es durch die Bewegungen der Mädchen geschah. Es blieb ihm nichts anderes übrig, als der Lesenden beim Umblättern der Seiten behilflich zu sein. – Dem Sonnenstrahl fiel es auf, dass der kleine Wind etwas traurig daher blies. „Kannst du dich heute denn über gar nichts freuen?", fragte er.

„Nein, worüber sollte *ich* mich schon freuen? Es gibt so wenig von dem, was ich tun kann. Bist *du* etwa damit zufrieden, nur mit deinem spitzen Strahl an den Nasen der Mädchen zu kitzeln?"

„Ja! Das bin ich. Meine Sonnenmutter hat mir erzählt, dass gerade die kleinen Strahlen sehr geliebt werden. Auch sie spenden gemeinsam Licht, wärmen und sind wichtig; können Pflanzen, Blumen und allen Kreaturen beim Gedeihen helfen. Die großen Strahlen sind oftmals nicht so beliebt, weil sie hin und wieder Gewässer und Erde austrocknen und mit dem Verursachen von Waldbränden sogar ganze Landstriche vernichten können. – *Sie* sind dann auch noch mächtig stolz darüber, wenn sie den Menschen eine puterrote, schmerzende Haut verpassen, die sie dann ‚Sonnenbrand' nennen, und machen sich gar nichts draus, wenn man vor ihnen in den Schatten flüchtet."

Da freute sich der kleine Wind, einen Freund gefunden zu haben, der sich damit zufrieden gab, dafür geliebt zu werden, wie er war. Den ganzen Nachmittag verbrachten sie gemeinsam damit, den Mädchen Licht, Wärme und ab und zu auch etwas Abkühlung zu spenden. Beim Umblättern der Seiten wurde mitgeholfen, und der kleine Sonnenstrahl wippte vergnügt in den flatternden Haarsträhnen der Mädchen.

„Freust du dich schon auf deine Kommunion, Nike?", fragte die Jüngere ihre Schwester.

„Natürlich! Und in zwei Jahren bist du dann ja auch so weit und kannst dir einen Spruch aussuchen."

„Eigentlich weiß ich gar nicht so richtig, was ‚Kommunion' bedeutet", sagte Maja nachdenklich.

„Das wird dir Pastor Pricker in dem Kommunionsunterricht noch genau erklären."

„Vielleicht haben wir bei meiner Feier auch solch schönes Wetter wie heute. Dann könnten wir im Garten festlich decken. Das wäre doch super!" Sie blätterten weiter in dem dicken Buch, und plötzlich las Nike mit leuchtenden Augen:

1. Korinther, Vers 13:
Nun aber bleibt:
GLAUBE – HOFFNUNG – LIEBE – DIESE DREI –
ABER DIE LIEBE IST DIE GRÖSSTE UNTER IHNEN
DIESEN Spruch nehme ich!
Du kannst dir dann auch bald einen auswählen."

Es war ein wunderschöner Nachmittag für den KLEINEN WIND.

(Text aus: Kindliche Erzählungen für Erwachsene)

Peter Heyer

Zum Haus unseres Glücks

Ob es gut wird
heute Nacht
in der Küche bei ihr?

Einsam war ich im Zug
zum weiten Norden
meiner steten Sehnsucht.

Da traf ich dich.

Zusammen gespannt
auf dich, auf mich
gleich viel redend
jeder von sich,
hörend einander.

So blieb es
so blieb ich
so bliebst du.

Seither bauen wir
am Haus unseres Glücks.

Ein Tag mit Enkeln

Guck, guck, das sind schon unsere Enkel.
Die Tür steht halboffen
Wir wagen das Eintreten kaum.
Sie schlafen so schön.
Da atmet einer tief, ist es der Noah?
Ist es Anna?

Sie malten bei uns.
Anna die gelbe Sonne
mit etwas Rot und Grün.
Und er, der Noah,
ein braunes Wildschwein.
Es steht auf dem Hügel,
zeigt seine weißen Hauer
nach vorn zum Angriff bereit und grunzt.
Er liebt das Wildschwein, der Noah!

Wir lasen auch: Peter und der Wolf.
Die Kleine flüchtet, fast Tränen im Gesicht,
auf Kirstins Arm, die drückt sie fest, fest an sich.
Noah aber ist ein Junge und
er freut sich über Peters Triumphzug.
Und ich zeige ihm den jämmerlichen Großvater,
der gesagt hatte: Und wenn der Wolf nun nicht …

So ist das Leben: Wenn nun nicht, dann …
Ja, dann wäre alles anders gekommen,
kein ThomasPappa
keine FraukeMamma

Kein GroßvaterPeter
keine OmaKirstin
kein OnkelErik
kein OnkelJohann.

Ja, dann hätten wir zusammen
auch heute nicht die
Sonne gemalt.
Und das war doch sehr, sehr schön.
Anna die Sonne,
Noah das Wildschwein –
mit den Hauern
wie es grunzt.

Und nun schlafen die beiden
und die Kirstin, die Oma, schläft auch.
Und der Großvater schreibt diese Geschichte auf.
Und gleich darauf schläft auch er,
auch ohne Angst vor dem Wildschwein
oder dem bösen Wolf!

Anke Wolff

Das Modul

Wie kommt es, dass ich immer Frank im Hintergrund sehe, vor dunkler Wand, leicht verschwommen seine Gestalt, mit diesem trotzigen Lächeln? Es ist dunkel auf dem Bild, wie ein Rembrandtgemälde, und um Frank herum dieser helle Schein. Immer sehe ich es, wenn ich in irgendeiner Zeitung eine Traueranzeige lese, natürlich überfliegt man so etwas nur, wer will das schon lesen: weinet nicht an meinem Grabe, oder: geschafft. Und dann die Namen darunter. Aber manchmal kommt man nicht umhin, dann ist das eben so. Und vielleicht ist es gut so, dass man wenigstens vom Unterbewusstsein her etwas begreift von der Verbindung zwischen Leben und Tod, der Zugehörigkeit des einen Themas zum anderen, das sich auf den Zeitungsseiten begreifbar macht.

Frank wäre wahrscheinlich ein hervorragend inspirierendes Modell für Rembrandt gewesen. Jedenfalls, wenn ich Rembrandt wäre, würde ich ihn malen. Wie er da steht, ein Spotlight auf ihn gerichtet, ansonsten alles Dunkel. Das Bild lebt von seinem trotzigen Lächeln, hinter dem eine hohe Sensibilität vermutet werden darf, jedenfalls von dem, der sich mit Gesichtern auskennt und darin zu lesen vermag.

So etwas sollen wir lernen, uns mit Menschen auszukennen, mit jungen Menschen. Wir, die Kommilitonen, bevor wir auf sie losgelassen werden, auf die jungen Menschen, sie ins Leben führen mit psychologischem Feingefühl, auf jeden Einzelnen die Antenne unseres Wohlwollens ausgerichtet, unserer Verantwortung voll bewusst. Pädagogik und Psychologie gehen Hand in Hand. „Vergessen Sie nie die Verantwortung, mit der Sie Kinder ins Leben begleiten. Kinder sind die Zukunft unserer Gesellschaft; was Lehrer pflanzen, wird das Leben ernten.“ Stark machen gegen die widrigen Umstände des Lebens, das ist das Hauptprogramm, auch wenn es manchmal anders heißt, schlimmstenfalls in Kuschelpädagogik versackt.

Unsere Ausbildung mit den entsprechenden Modulen lässt das psychologische Einfühlungsvermögen nicht zu kurz kommen. Und längst weiß jeder im zweiten Jahr seines Referendariats, wenn er schon an der Front gekämpft hat, wie wichtig es ist, sich dies immer wieder neu vor Augen zu führen. Ich denke dabei an meinen guten alten Onkel Johann, der das menschliche Verhalten gern in einen Zoo packte mit seinem Lieblingssatz: *Denke daran, der liebe Gott hat einen großen, bunten Tiergarten mit allerlei unterschiedlichen Kreaturen darin, Frosch und Kröte, Elefant und Esel, Schlange, Maus und Giraffe. Man stelle sich die Arche Noah vor,* sagte der Onkel. Und manchmal klinkt er sich in meine Gedanken, wenn ich meine Kinder in die Klasse oder über den Schulhof stürmen sehe und denke: ein großer, bunter Tiergarten, Frosch und Kröte, Maus, Esel und das Endlosgefolge.

Ich habe heute in der Zeitung beim oberflächlichen Überfliegen der Seiten diesen Spruch über einer Traueranzeige gelesen, rein zufällig, daneben kündigten Eltern die Geburt eines Kindes mit sonderbarem Namen an, und eigentlich hielt mich das in Bann. *Was bleibt, ist die leuchtende Spur der von dir gelebten menschlichen Werte*, stand da. Und da war es wieder, dieses Rembrandtbild. Frank stand da in seinem Spotlight, sensibel trotzig lächelnd. Und spätestens jetzt weiß ich, dass er immer da sein wird, wenn das Leben mir Außergewöhnliches abverlangt, mich zum Beispiel mit dem Thema um die Endlichkeit zu befassen. Endlichkeit des Lebens, diese Formulierung sagt mir zu, ganz und gar nicht Vokabeln wie Tod, tödlich, tot, töten. Sie lassen mich schaudern, wenn ich sie benutze. Sie sind dumpfe, schwere, schwarze Wörter und gehören für mich in die letzte Reihe. Vermutlich werden sie sich irgendwann nach vorn drängen und zwangsläufig in meine Umgangssprache mischen, weil sich auf dem Weg durch unser Leben unvorhergesehene Seitentüren öffnen, aus denen dunkle Mächte uns mit Kahlfraß allen Lebensmutes drohen und ganz von selbst die Wörter finden lassen, die wir im Urgrund unserer Ängste verborgen halten.

Hallo, da bin ich!, rief mir Frank auf seinem Rembrandtbild zu, während mein lyrisches Ich mit diesem Trauerspruch über die Zeitungsseite spazieren ging: Was bleibt, ist die leuchtende Spur der von dir gelebten menschlichen Werte. Den müsste man sich merken, dachte ich, speichern, wenn mal einer der Alten aus der ganzen großen Familie an der Reihe ist. Aber sogleich versuchte ich den Gedanken, der mit mir in einer Einbahnstraße davongaloppierte, die ich eigentlich nicht wollte, einzufangen. *Lass es zu*, hörte ich Frank. *Du musst dich dem Thema stellen, so oder so, heute, morgen oder irgendwann. Lass es zu!*

Die Bilder rollten vor mir ab, das Szenario, das mit Frank zu tun hatte, mit unserem Kennenlernen. Ich wollte es so, ich wollte das ganze Bild, ich wollte, dass Frank mir hilft auf dem Weg durch den Denkmarathon um das Thema, das ich bisher so hartnäckig verdrängt, ja verscheucht habe.

Es war dieses komische Seminar zum Ende meiner Referendariatszeit hin, wo sich die Jungpädagogen aller Schularten trafen. Ich nannte es geringschätzig das Wir-haben-uns-alle-lieb-Seminar und hatte kaum mehr als ein müdes Lächeln dafür übrig. Die Spielchen, die wir da treiben sollten, erinnerten mich an Kindergarten und Teenagergeburtstage. Vielleicht saß ich unbewusst auf zu hohem Ross, ich mit meiner Ausbildung, die zum Lehren an Schulen berechtigt, in denen Kinder sitzen, die das höchste Ziel schulischer Bildung anstreben. So versuchten wir es doch immer gern auch vor den Eltern hochzuhalten, damit ihnen bewusst wurde, dass sie dafür vielleicht auch ein bisschen mehr Gas geben und sich mit einsetzen müssten, um ihren Nachwuchs auf entsprechendem Lern-Niveau zu halten und zu fördern.

Das letzte Wir-haben-uns-alle-lieb-Seminar. Mit viel Abneigung ging ich da hin, und außerdem war ich schrecklich müde, hoffte, dass die anderen an diesem frühen Abend, der den Abschluss des dreitägigen Kurses bilden sollte, genauso unmotiviert, träge und halb schlafend in die Pedale der letzten Runde treten würden.

Erik, unser Seminarleiter vom Kultusministerium, rief nach dem Abendbrot zur Versammlung in den Seminarraum. Dort hatte er einen Stuhlkreis aufgebaut und — wohl mehr als hundert Teelichter auf dem Fußboden ausgelegt, die den Raum in eine sakrale Andachtsstätte verwandelten.

„Ja", hauchte Stella von der Gruppe der Hauptschullehrer, und sie breitete die Arme aus, um das Ambiente richtig einzufangen, mit geschlossenen Augen und in die Breite gezogenen Mundwinkeln, „ja, hier stimmt das Chi." Irgendwie spürt man es immer, wer von welcher Schule kommt. Die Hauptschullehrer und ihr Chi, dachte ich, zugegeben, da war schon etwas Arroganz im Spiel, und ich drückte mich auf den Stuhl, mit meiner bleiernen Müdigkeit, und dachte nur dies: Hoffentlich sind die hier alle so müde wie ich und bringen das komische Spektakel schnell zu Ende.

Wir sollten ein Thema aus unseren Pubertätstagen zum Besten geben. Das war schon tags zuvor bekanntgegeben worden, wegen der mitzubringenden Gegenstände oder der Entwicklung einer entsprechenden Geschichte im Kopf. So saß der eine und andere da mit einer kleinen Glocke, einem Schal oder einem Streifen Hansaplast, auch so was gab es. Und als Erik den ersten Kandidaten bat, das Corpus Delicti seiner pubertären Jugendzeit, das ihn entscheidend durch sein bisheriges Leben begleitet hatte, in die Mitte zu legen und dazu etwas zu sagen, da stand Carina auf und legte ein Röhrchen mit Thomapyrin-Tabletten hin. Mit dem Inhalt eines solchen Röhrchens hatte sich ihre Schwester, als sie selbst, Carina, vierzehn war, das Leben nehmen wollen. Das hat mich bis heute nicht losgelassen, quälte sich Carina, und wir streichelten ihr den Rücken und nickten ihr zu und waren tatsächlich voll Mitgefühl, über die Grenzen der einzelnen Schularten hinweg.

Zum Thema Nichtbewältigung hatte auch Lydia, die mit dem dicken, blonden Zopf, etwas zu sagen. Sie war Aussiedlerin aus der Ukraine und vor Jahren nach Deutschland gekommen. Mit einem Klavier, dem einzigen Möbelstück, das sie mitgenommen hatten, denn es war schon lange im Besitz der Familie. Lydia hatte eines Tages in der neuen Heimat, in dem Häuschen, das sie und ihre Familie jetzt bewohnten, gespielt. Beethovens Mondscheinsonate, das Prélude von Chopin, Schubert. Leise, ganz leise hatte die Mutter die Tür geöffnet und einen Gast hereingelassen, einen fremden Mann. „Liebes", hatte die Mutter geflüstert, „wir haben Besuch, unser Hauswirt." Und Lydia hatte sich zunächst nur schwer lösen können von ihrem Orplid, die Gegenwart war nur umständlich greifbar, weil sie gar zu versunken gewesen war im Spiel. Sie hörte den fremden Mann beinahe wie in Trance: „Versprechen Sie mir, dass Sie niemals in Ihrem Leben das Klavierspielen aufgeben werden. Wer Ihnen lauscht, ist verzaubert. Ich musste Sie einfach kennen lernen, Sie persönlich sehen", hatte der Mann gesagt, „ich hörte Sie da unten im Hausflur spielen und fühlte mich in eine andere Welt entrückt."

Seitdem fühlt sie sich verpflichtet; immer, wenn sie sich ans Klavier setzt, sagt Lydia, hört sie als Motivation diese stille Aufforderung, den Wunsch, immer schwebt er über ihr, zu spielen, zu spielen, niemals damit aufzuhören. Eine Beschwörung, die sie erwidern muss mit Mozart, Beethoven oder Brahms, je nach Stimmung. Auf geheimnisvolle Weise wird sie von diesem Auftrag durch das Leben getragen.

Sie erzählten, jeder kam an die Reihe. Die meisten von ihrer ersten Liebe, die *den* Eindruck fürs Leben ja wohl schlechthin liefert. Jedenfalls aus den Jahren der Pubertät, um die es hier ja ging. Wir sollten natürlich lernen, uns in das Leben der jungen Menschen hineinzuversetzen, auf die wir jetzt an den Schulen endgültig losgelassen würden. Wir sollten uns erinnern, wie es damals bei uns gewesen ist. Wer seine eigene Jugend und die dazugehörigen Gefühle nicht vergisst, der hat es leichter, sich mit den Problemen der jungen Generation auseinanderzusetzen.

Annamaria quälte sich noch jetzt mit dem ihr versagten Verständnis für eine junge Heranwachsende. Sie hatte ein Kruzifix mitgebracht und legte es in die Mitte, zwischen die Kerzen mit ihrer flackernden Wärme. Mit vierzehn habe sie sich in einen Jungen aus ihrer Klasse verliebt. Küssen, Händchen halten, mehr war da nicht. „Aber meine Eltern, streng katholisch, setzten auf Verbot und Strafe. Wie habe ich gelitten, dass diese zarten Bande der ersten jungen Liebe so brutal zerrissen wurden. Ich fühle noch heute den Schmerz", hörten wir Annamaria, und sie träumte in die Flammen hinein, gemeinsam mit uns, die wir ja alle Ähnliches erlebt hatten. „Das Unvermögen der Erwachsenen", sagte sie. „Gewaltsam, mit Verboten so etwas zu zerstören, was sich da zwischen zwei jungen Menschen entwickelt." In aller Schärfe haben die Eltern von ihr verlangt, Buße zu tun. Während des nicht enden wollenden Ostergottesdienstes mit weiß Gott wie vielen Lesungen habe sie stundenlang beten, beichten und büßen müssen. „Was man da anrichtet, mit dem Wahn religiöser Strafe." Annamaria hat es bewältigt, indem sie aus der Kirche ausgetreten ist. „Manchmal", sagt sie, und sie spricht wie von fernen Zeiten hypnotisiert in die Kerzenstille hinein, „manchmal streichle ich die Vergangenheit und auch den Jungen, meine erste Jugendliebe, die mir unvergesslich bleibt. Ich habe ihn aus den Augen verloren, mitunter wollte ich auf die Suche nach ihm gehen, aber irgendwie hängt das Verbot noch immer über mir, wie ein Damoklesschwert." Annamaria lachte ein gekünsteltes Lachen, wie unter einer Maske.

Dann wirft Frank ein Buch in die Mitte. Frank, das Rembrandtmotiv, zu dem er später in meiner Erinnerung mutiert. Alle sind mittlerweile in Schweigen und Nachdenklichkeit gefangen und gucken in die Kerzen, sie sind auf der Wanderung und Spurensuche im Gestern vereint und spüren den Schulterschluss unter der Einwirkung des gemeinsamen Auf- und Abstiegs des Lebens.

Frank und das Buch, das da liegt. Niemand kann so recht den Titel entziffern, es ist dunkel, aber ich sitze näher dran und lese: *Die Brüder Löwenherz* von Astrid Lindgren.

Zögernd meldet sich Frank zu seinem Thema. Er gehört nicht zu den lauten Menschen, die sich in die vordere Reihe drängen und sagen: seht her, das bin ich.

„Mein Opa", hören wir ihn leise, fast flüsternd, „das war meine erste Begegnung mit dem Sterben, mit dem Tod." Frank wischt sich die Stirn, die Kerzen haben der Zimmerwärme nachgeholfen. „Ich war elf und hatte von den Erwachsenen gehört, dass es mit dem Großvater zu Ende gehe. Er war unheilbar an Krebs erkrankt. Ich liebte meinen Opa. Er war der Held meiner Kindheit, immer hat er Zeit für mich gehabt, ich darf wohl sagen, ich war der Mittelpunkt seines Lebens." Frank verzieht die Mundwinkel, in seinem Gesicht spiegelt sich das Bild der Liebe. „Ich habe ihn täglich besucht, seine Hand gehalten und die Stirn gekühlt. Eines Tages habe ich ihm von meinem Taschengeld ein Buch gekauft. Die Brüder Löwenherz, ich dachte, das ist gut, der Opa soll das Herz eines Löwen entwickeln und stark werden, stark gegen seine Krankheit, das wird ihn wieder gesund machen.

‚Opa', sagte ich zu ihm, als ich in das Zimmer trat, in dem die Jalousien halb heruntergelassen waren. Er lag auf dem Bett, schmal und blass und ausgezehrt. Das Buch hielt ich auf dem Rücken, ich wollte zum richtigen Zeitpunkt damit herausplatzen, mit meinem großartigen Präsent, diesem Geschenk, das Zauberkräfte entwickeln, in ihm ein Löwenherz wachsen lassen sollte. ‚Opa‘, sagte ich und trat nahe an ihn heran, ‚möchtest du noch was lesen?‘

Ich wusste doch immerhin so viel, dass der Opa nicht mehr alles konnte, längst nicht mehr alles, vielleicht fiel ihm auch das Lesen schon schwer. Scheu und ehrfürchtig vor irgendetwas, das ich nicht benennen konnte, beugte ich mich über ihn und wiederholte meine Frage: ‚Opa, möchtest du noch was lesen?‘

‚Mein Junge.‘ Der Opa drehte sich zu mir um, bis dahin hatte er regungslos an die Zimmerdecke gestarrt. ‚Da bist du ja endlich.‘ Die Augen fielen ihm gleich wieder zu, nachdem er mich wahrgenommen hatte. ‚Ja‘, hauchte er kaum wahrnehmbar, ‚ja, mein Junge, ich möchte noch was leben.‘

‚Lesen‘, verbesserte ich und nahm die Arme mit dem Geschenk vom Rücken, legte ihm das Löwenherz neben seinen Kopf auf das Kissen, ‚l-e-s-e-n, Opa.‘

‚Ja, ich möchte noch was leben‘, wiederholte der Opa, diesmal viel schwächer. Und dann machte er die Augen zu.

Ich habe dagesessen neben ihm, ich weiß nicht wie lange. Ich dachte nur eines: ‚Du musst warten, bis der Opa aufwacht und sich über das Buch freut. Das will ich sehen, wie der Opa sich freut und gleich zu lesen beginnt, die Geschichte vom Löwenherzen.‘“

Frank hält inne und schluckt trocken. Er hat die Finger ineinander verhakt und die Schultern vorgezogen, und seine Stirn glänzt feucht.

„Ich habe da gesessen, ich weiß nicht, wie lange, ich habe etwas von der Unendlichkeit der Zeit begriffen, damals", sagt er und hebt den Kopf und schaut über uns hinweg, in die Dunkelheit nach draußen. „Ich glaube, von der Unendlichkeit der Zeit", wiederholt er, „so groß und weit, ohne Grenzen, denn es ging nicht zu Ende mit dem Warten auf das Ende der Zeit."

Wir schwiegen alle recht betroffen. Die Kerzen waren beinahe heruntergebrannt und begannen zu flackern.

„Frank", sagte ich leise und legte eine Hand auf seinen Arm, aber er reagierte nicht darauf.

„Irgendwann haben sie mich aus dem Zimmer geholt." Er räuspert sich und fährt fort. „Komm', sagten sie und legten beschützend den Arm um mich, ,komm, Junge, der Opa ist tot.'"

Wir sollten zum Abschied des Drei-Tage-Seminars jedem etwas auf einen Pappteller schreiben. Was uns an dem einen und anderen gefallen hat und was nicht, vielleicht. Ich habe Frank dieses hingeschrieben:

Deine Geschichte hat bei mir den größten Eindruck hinterlassen, sie geht mir zu Herzen. Deine Sofia.

Seitdem schenkt er mir dieses Lächeln, mit dem Anflug von Trotz. Ich deute es als den Widerstand gegen die Widrigkeiten des Lebens. Und habe es dankbar angenommen.

Christian Detlefsen

Wintersommer

An diesem Tag im Dezember,
abends halb acht,
ging ich auf Wolken,
in tagheller Nacht.

Bin ich Menschen begegnet?
Keine Ahnung …
Wenn ja, dann war das, was sie sahen,
etwas, das tanzte, in den Himmel starrte
und gerade nicht auf dieser Welt war.

Schöne Party, schöne Nacht.
Schöne strahlende Stunden verbracht.
Chill-out bei Bekannten,
noch etwas distanziert,
bis die Schildkröte vom Sofa fiel.
Zum Glück nichts passiert.

Dann am Bahnhof, auf dem Weg nach Hause,
war loslassen schwer. In zwei Köpfen brauste
ein Sturm von Gedanken „Waswärewenn?"
„Ich kenn dich doch gar nicht. Aber willst du mich
kennen?"

Du fragtest mich etwas, das ich bejahte,
und ich war so froh, dass du es ansprachst.
Es passierte und es war der Wahnsinn!
Etwas sprang über und mit klarem Sinn
wurde ab jetzt nicht mehr gehandelt.
Wir beiden hatten anscheinend miteinander angeban-
delt.

Ich spürte nicht nur ein Lippenbekenntnis,
sondern dass da noch so viel Echtes ist,
das raus wollte. Es sprudelte mir sozusagen entgegen,
und ich hatte nichts, um mich dagegen zu wehren.
Aber warum auch? Es war ein Segen.
Ich bin so froh. Ich habe mich damals entschieden,
mit diesem Moment auf den Lippen nach Hause zu
gehen.

Und heute? Wir schreiben unser 15. Jahr.
Manches anders, als wir uns vorgestellt haben.
Doch vieles ganz genau so, wie wir's wollten.
Wir haben ein Heim, Fellkinder und Wolken,
auf denen wir gemeinsam spazieren gehen,
wenn wir zusammen ins Feuer sehen.

Rauf und unter geht alles beständig.
Doch sind wir beide stets recht behände,
darin alles zu meistern, was auf uns zukommt.
Und für unsere Zukunft
sehe ich noch so viel Farbenfrohes,
weil das Leben mit dir so schön bunt ist.

Ute Haese

Unter Mannsbildern

Es war zweifelsohne geradezu morbid, ja eigentlich schon degoutant, sich mit diesem Ignoranten überhaupt zwecks Aussprache zu treffen. Und das auch noch ausgerechnet auf einem Schrottplatz, der mitten in der norddeutschen Pampa lag, wo lediglich das Glucksen eines Flüsschens sowie das enervierende Blöken der Schafe das menschliche Trommelfell stimulierten.

Mit einem halb amüsierten, halb abfälligen Lächeln blickte Leo sich auf dem Platz um. Es dämmerte bereits, doch auch im abendlichen Halbdunkel war mühelos zu erkennen, dass dieses Ambiente zu dem Schwachkopf passte wie die sprichwörtliche Faust aufs Auge: Alles – die meterhohen Berge mit verbeulten Autotüren und demolierten Felgen, die riesigen rostigen Federn oder die Unmenge von zerschrammten Heizkörpern, ja selbst der offenbar intakte Kran, an dessen krakenartiger Kralle ein ausgeweidetes Autowrack sanft im Wind hin- und herpendelte –, alles verströmte eine Aura des Zermalmens, Zerquetschens und Zerschredderns. Der Kretin arbeitete hier, und das wahrscheinlich auch noch gern.

Vorsichtig umrundete Leo eine Vierergruppe von hüfthoch aufragenden Triebwagenpuffern, die so eng beieinanderstanden wie Konferenzteilnehmer in der lang ersehnten Pause. Nur der gepflegte Small Talk sowie der Sekt – brut, selbstredend – fehlten. Er gestattete sich erneut ein mokantes Lächeln.

Ob es diese Art von krachender, zerstörender, ja riechender Männlichkeit war, die Linda zu diesem Kerl hinzog? Törnten die geballten Aromen von Dreck, Schweiß, Rost und Testosteron sie unwiderstehlich an? Gott, wie plebejisch! Am Ende hatte diese Kreatur auch noch Haare auf Brust, Bauch und Rücken, Bizeps wie vollreife Honigmelonen und grunzte wie ein Gorilla, wenn sie Linda unter freiem Himmel begattete, um ihr anschließend einen lauwarmen Billigsekt vom Discounter zu kredenzen, der bestimmt so süß war, dass die Zähne aneinanderklebten und man dem Zerstörungswerk der Kariesbrigaden in den Mundhöhlen mühelos zuschauen konnte. Ach Linda, was hast du getan!

Wann kam dieses miese Schwein denn nun endlich!? Oder wollte er etwa kneifen? Am Telefon hatte sich der Saftsack ja nicht gerade begeistert angehört, als er diesen Treffpunkt vorgeschlagen hatte. Aber das war natürlich auch megasonnenklar. Der Dreckskerl war so ein schwuchteliges Weichei aus der Stadt, einer von diesen Typen, die scheißteure Klamotten tragen, mal eben nach Sylt fliegen, um in Westerlands Friedrichstraße zu shoppen, bis der Arzt kommt, Bussis hier und Bussis dort verteilen und heulen wie eine Tusse, wenn man ihnen den Arm ein bisschen weiter nach hinten biegt oder mal aus Versehen etwas kräftiger hinlangt. Dennis grinste. Linda mochte es, wenn er anderen Kerlen zeigte, wo der Hammer hing. Sie kreischte zwar, wenn er ordentlich zupackte, aber danach war sie immer besonders anhänglich. Oh ja, das war sie. Klar jaulte sie auf, wenn er auch sie manchmal etwas härter anfasste. Als er ihr damals mitten auf dem Marktplatz ein Veilchen verpasst hatte, weil sie ihre Augen nicht von einem Trupp johlender Bauarbeiter lassen konnte, war sie echt stinkig geworden. Zwei Wochen hatte sie ihn schmoren lassen, und er hatte es sich selbst besorgen müssen. Dabei ging er nie so richtig zu weit. Arzt oder Krankenhaus, das war bei ihm nicht. Er war schließlich keiner von diesen dämlichen Kloppern, die nicht wussten, wo Schluss war mit lustig! Und er konnte ja auch richtig zärtlich sein. Doch, das konnte er, wenn er wollte. Machte ihm manchmal sogar richtig Spaß. Und ihr auch. Aber trotzdem musste sie natürlich lernen, dass er die Hosen anhatte. Er war schließlich der Boss, und den Boss linkt man nicht oder betrügt ihn mit einem von diesen Warmduschern, die dauernd ihre Bildung raushängen lassen, weil sonst nichts zum Raushängenlassen da ist. Dennis zog kraftvoll den Schleim hoch und rotzte ihn in hohem Bogen aus. Bücher und so'n Zeugs sind was für Weiber, Mensch, aber doch nichts für richtige Männer!

Wütend versetzte er einer Zinkwanne einen heftigen Tritt. Sie liebten sich schließlich. Basta. Das würde dieser Großstadt-Wichser auch bald mitkriegen. Weil er es ihm nämlich glasklar flüstern würde, bevor er ihn plattmachte. Und hinterher würde er Linda erzählen, was er für sie getan hatte. Gefühlvoll tätschelte Dennis den Container, den er seit heute Morgen eigenhändig zur Hälfte mit Eisenschrott bestückt hatte. Linda liebte ihn. Und deshalb gehörte sie ihm. Ihm allein. So einfach war das.

Leo lauschte. Irgendwo im Inneren des Schrottplatzes schepperte etwas. Genervt seufzte er auf. Offenbar hatte das hirnlose Muskelpaket schon wieder vergessen, dass sie sich direkt am Kran treffen wollten.

Er verließ seine Deckung und bewegte sich vorsichtig auf das gelbe Ungetüm zu, das im Gegenlicht aussah wie ein futuristisches Rieseninsekt mit einem überlangen Rüssel.

Linda verdankte ihm wirklich viel. Nein, eigentlich alles, sinnierte er. Bereits bei ihrem ersten Zusammentreffen damals im Rahmen des Schleswig-Holstein Musikfestivals im Meldorfer Dom – sie hatte die Karten abgerissen – hatte er sogleich erkannt, welch geistiges Potenzial in diesem kindlich anmutenden Wesen schlummerte. Es bedurfte lediglich eines ebenso intelligenten wie empfindsamen Mentors, um aus dem unscheinbaren Mädchen einen funkelnden Stern zu machen. Und Linda liebte es, wenn er sie dezent unterwies und sie an seinem wahrlich nicht unerheblichen Wissensschatz teilhaben ließ. Auf der letzten Finissage hatte sie regelrecht geglänzt. Er lächelte zärtlich bei der Erinnerung, denn er hatte sich mit ihrer Vorbereitung auch ganz besondere Mühe gegeben. Ihre dankbaren Blicke, die sie ihm beim anschließenden Bummel durch das bezaubernde Städtchen zugeworfen hatte, waren ihm der schönste Lohn gewesen.

Ja, sie war sein Geschöpf, seine Kreatur, auch wenn dies für Außenstehende sicherlich unbescheiden, ja geradezu vermessen klang. Selbstverständlich hatte er sie nicht im biblischen Sinne erschaffen – wer war er denn, Gott bewahre! Leib, Seele und der freie Wille, so dieser denn überhaupt existierte, gingen natürlich auf ein anderes Konto. Leo schmunzelte anerkennend über seine gelungene Formulierung. Aber in gewisser Weise hatte er sie schon zum Leben erweckt, wobei er den Vergleich mit Higgins und Eliza kategorisch ablehnte. Linda und er, das war nicht derart profan wie in Shaws „Pygmalion", das ging tiefer, viel tiefer. Und genau das würde er diesem

testikelgesteuerten Möchtegern-Macho aus der Provinz –
den sie ihm mit Tränen in den Augen in einem dieser
postkoitalen Momente absoluter Intimität gebeichtet hatte – sogleich mit schlichten, aber dafür äußerst deutlichen
Worten klarmachen.

Da kam der eingebildete Trottel doch tatsächlich! Wahrscheinlich hatte er nur hergefunden, weil die Tante im
Navi ihm den Weg verraten hatte. Dennis griente über
das ganze Gesicht. Die Alte hatte dem Blödmann keinen
Gefallen getan. Wie konnte man nur so dämlich sein!?
Meinte der denn wirklich, er hätte auch nur eine klit-
zekleine Chance gegen ihn? Bullshit. Da hatte er schon
ganze andere Weicheier fertiggemacht! Dennis ballte seine Fäuste. Nee, der war garantiert Brei, wenn er mit ihm
durch war.

Er stieß sich vom Container ab und schlenderte ge-
mächlich auf den Kran zu. So hirntot konnte doch nun
wirklich keiner sein. Er stolperte, fing sich jedoch rasch
wieder. Oder ob der Typ eine Knarre im Hosenbund trug,
die er sich bei einem der Hamburger Luden besorgt hatte?
So schwer war das ja nicht. Nicht einmal für so einen
wie den. Linda hatte jedenfalls gesagt, der Knabe könne
ganz schön tückisch sein. Unauffällig blickte Dennis sich
um und entdeckte zu seiner Erleichterung ein etwa arm-
dickes, sehr solide aussehendes Rohr, das wie geschaffen
schien für das, was er vorhatte. Natürlich konnte er sich
eigentlich hundertpro auf seine Fäuste verlassen – wo er
hinlangte, rührte sich im Normalfall nichts mehr –, aber
man wusste ja nie. Sicher ist sicher. Er rülpste leise, bückte sich, tat so, als nestele er an seinem Schnürsenkel, und
hob dabei das Rohr auf. Wenn er mit dem Arsch fertig
war, würde er anschließend mit Linda ein ernstes Wört-

chen reden müssen. Auf seine Weise, verstand sich. Aber das mochte sie ja.

Dennis spie noch einmal kraftvoll aus und beschleunigte seine Schritte.

Leo spürte, wie er anfing zu transpirieren. Er ist gewalttätig, hatte Linda ihn gewarnt und dabei überaus ängstlich das Gesicht verzogen; wie ein kleines Mädchen, das sich im finsteren Wald fürchtet. Er haut, hatte sie sich gemüßigt gefühlt zu präzisieren, und er hatte sie automatisch verbessert. „Man sagt ‚prügelt‘, Schätzchen. Nicht ‚er haut‘. Das ist Vulgärdeutsch und wird von einfachen Menschen oder bestenfalls noch auf dem flachen Land gesprochen, keinesfalls jedoch in den gehobeneren städtischen Kreisen."

In manchen Dingen war sie wirklich völlig aufgeschmissen ohne ihn, doch in diesem Moment schwante ihm, dass sprachliche Feinheiten in seinem Leben in wenigen Sekunden nur noch eine untergeordnete Rolle spielen würden. Denn ihm war keineswegs entgangen, wie der Hohlkopf zum Rohr gegriffen hatte. Leo machte sich nichts mehr vor. Das sah ganz und gar nicht danach aus, als wollte er mit ihm in aller Ruhe das Problem ausdiskutieren. Und nun? An Flucht war nicht mehr zu denken, denn der Kerl besaß schließlich einen klaren Heimvorteil.

Sein verzweifelt umherirrender Blick fiel auf ein rostiges Riesenknäuel, dessen Einzelteile aus zeigefingerdicken Metallstangen bestanden. Ohne allzu große Hoffnung zog er an einem Ende und hatte tatsächlich Glück. Ein etwa eineinhalb Meter langer, gerader Knüppel löste sich aus dem Gewirr. Leo packte ihn mit beiden Händen – und stürzte mit einem Wutschrei dem Gegner entgegen.

„Möchtest du es vielleicht lieber selbst tun, Liebes?"

Linda schüttelte bestimmt den Kopf und kuschelte sich noch ein wenig enger an ihn. Was für ein Mann! Sicher, er war ein kleines bisschen älter als sie, doch ihretwegen hätten sie die ganze Nacht gemeinsam in dieser engen Kabine verbringen können.

„Nein, mach du nur, Liebling."

Sie hatte über dieses Problem lange nachgedacht, denn es hätte sie schon gereizt. Ein kurzer Druck aufs Knöpfchen und – bumm – mutierte sie zur Herrscherin über Leben und Tod, wie Leo es ausgedrückt hätte. Für einen kurzen Augenblick wäre das sicher der Oberknaller gewesen, der ultimative Kick. Aber was bedeutete letztendlich ein flüchtiger Moment, wenn man das ganze Leben noch vor sich hatte? Und Männer liebten es nun einmal, stark zu sein, sei es geistig wie Leo oder körperlich wie Dennis. Davon war Linda schon immer überzeugt gewesen. Doch inzwischen hatte sie darüber hinaus glasklar erkannt, dass zu ihrem Glück noch ein ganz entscheidender Punkt fehlte – nämlich Geld.

Wirklich lieben, das war ihr in den letzten Monaten bewusst geworden, konnte sie deshalb nur selbstsichere *und* vor allem erfolgreiche Mannsbilder, wie Wolf Preuske eines war. Und deshalb war es gut so.

Dröhnend sprang der Motor des Baggers an. Unter ihnen erstarrten Dennis und Leo mitten in der Bewegung, ihre Waffen in den erhobenen Händen, die Gesichter vor Angst und Wut verzerrt. Das Ganze hatte etwas Unwirkliches, wie ein Kunstfoto in Schwarz-Weiß. Dann löste Wolf die Sperre, und der Greifarm gab das pendelnde Autowrack frei. Wumm. Es staubte nicht einmal, sondern krachte nur.

Mit einem leisen Lächeln wandte er sich zu ihr um.

„Du bist frei, Linda."

„Ich danke dir", erwiderte sie förmlich.

Er beugte sich ein wenig vor und drückte ihr einen Kuss auf die Stirn, bevor er verkündete: „Ich habe eine Überraschung für dich, Kleines." Ihr Blick war erwartungsvoll. Er lächelte selbstgefällig. „Letzte Woche habe ich eine Doppelhaushälfte unter Reet gekauft. In Kampen auf Sylt, für 1,6 Millionen Euro. Komplett saniert, mit einem kleinen Gärtchen. Als Kapitalanlage für mich und Liebesnest für uns."

„Wolf", hauchte Linda entzückt.

„Du kannst da natürlich auch mal allein wohnen", bot er großzügig an. Dann lachte er leise, legte seine Rechte besitzergreifend auf ihren nackten Oberschenkel und drückte leicht zu.

„Aber das willst du natürlich gar nicht allzu oft, nicht wahr? Nein, ich gebe dir Bescheid, wenn es meine Zeit erlaubt. Und dann setzt du dich so schnell du kannst in dein Auto und machst deinen großzügigen Herrn und Meister glücklich. Was sagst du nun, Baby?"

Ihre Augen leuchteten wie Sterne, als sie mit erstickter Stimme hervorstieß: „Du bist wunderbar, Wolf!"

Gudrun Thomas-Fenker

Liebesgedicht

Wenn ich
den Glanz in deinen Augen
nicht mehr finde
wenn ich vergebens deine warmen
Hände suche
und in dem Moos versinke
das totgehoffte Wunden
wieder deutlich macht
dann nur
weil ich
dein Leid annehme wie mein Sonntagskleid

 Sommer

und dein Lächeln
sagte
nichts aus
über das Pochen
deines Herzens

In deinen Augen
der Schimmer
verriet es

Wachgeliebt

Tage verschlafen
Nächte durchwacht
nichts versäumt

Geliebt

und so vieles
nicht getan
von dem
was nicht wichtig ist
Ganz Erde und Himmel
untergetaucht
noch immer
obwohl
die Sonne
schon
über
den
Mittag ist

Liebe

Die Spiele
die du spielst
kann ich nicht
mit dir teilen
und deine Tänze
konnte ich noch nie

Du bist mir
trotz Gemeinsamkeiten
fremd geblieben
selbst wenn ich
für dich
mein Konto überzieh

An einen Freund, der zu lange schwieg

Du –
Hast du dir die Finger verbrannt?
Dir deinen Arm verknackst?
Hat man dich eingesperrt?
Dir deine Freiheit genommen?
Dir den Mund verboten?
Oder sogar das Rückgrat gebrochen?
Hast du etwa einen Autounfall gehabt?
Bist du abgestürzt?
Oder hast du dein Herz verschenkt?
Ausgewandert?
Du liegst doch nicht etwa im Krankenhaus?
? Tot ?

Hat dich die Sehnsucht verzehrt?
Die Furcht nicht geliebt zu werden?
Ist dein Himmel eingestürzt?
Hast du etwa vergessen, dass ich dich liebe?

… Oder bist du nur kleinlich?

Kim Rylee

Botschafter Baz

Mein Herz schlägt für ein ganz besonderes Tier. Um mehr darüber zu erfahren, machen wir eine Reise. Ich hoffe, du hast keine Flugangst? Denn wir werden circa 22 Stunden im Flieger verbringen. Es geht nach Australien. Dort besuchen wir Ruins Way Baz, liebevoll Baz genannt.

Nach unserer Landung in Sydney nehmen wir den Mietwagen. Wir fahren knappe vier Stunden an der wunderschönen Ostküste entlang. Dann haben wir unser Ziel erreicht. Wir sind in Port Macquarie, im Bundesstaat New South Wales, an der Mündung des Hastings River angekommen. Die Sommer dort sind heiß, um die 30 Grad und höher. Im Winter sinken die Temperaturen auf circa sechs Grad, was nach unserem Empfinden eher mild ist. Allerdings ist der Klimawandel in Australien spürbarer als bei uns.

Die Geschichte dieses kleinen Ortes mit seinen circa 48 000 Bewohnern ist in Kürze erzählt.

1821 wurde Port Macquarie als erste Siedlung an der Nordküste gegründet. Dorthin deportierte man die Gefangenen, die eines Verbrechens für schuldig befunden und deren Arbeitskraft für den Bau der Hafenanlage eingesetzt wurde.

Jetzt geht es erst einmal zum Termin im hiesigen Koala-Krankenhaus.

Baz sitzt in seinem Außengehege auf einem Ast, der sich einen Meter fünfzig über dem Boden erstreckt. Sein dichtes Fell ist silbergrau mit einer weißen Brust. Bei angenehmen 25 Grad mampft er laut vor sich her. Er sieht glücklich aus, bedenkt man, was er bereits durchleben musste.

„Hallo Baz. Ich möchte dich gern einmal der Leserschaft vorstellen. Hast du Zeit?"

„Mein Pfleger hat mir gerade das Essen gebracht", bedenkt er mich mit einem Seitenblick. Augenscheinlich möchte er nicht gestört werden. Doch ich lasse nicht locker.

„Was gibt es denn Feines?"

„Eukalyptus. Meine Lieblingsspeise."

„Muss lecker sein", entgegne ich. „Wir kennen Eukalyptus nur in Form von Hustenbonbons. Ich wusste nicht, dass man Eukalyptus auch anders verwenden kann."

„Nur wir Koalas fressen Eukalyptus", sagt er schmatzend. „Für alle anderen Lebewesen sind die Blätter giftig."

„Und ihr Koalas könnt es problemlos essen?", frage ich erstaunt.

„Nun ja. Auch für uns ist Eukalyptus alles andere als Schonkost. Doch wir besitzen ein 200 cm langes Coecum, also einen Blinddarm, der mit für die Verdauung der faserigen Blätter zuständig ist.

Zudem regelt Eukalyptus unseren Flüssigkeitshaushalt. Wir trinken also nicht."

„Ihr trinkt nichts?" Ich reiße die Augen auf. „So gar nichts?"

„Koala bedeutet in der Sprache der Aborigines ‚kein Trinken'. Das müssen wir nur in Ausnahmefällen. Zum

Beispiel, wenn es über einen längeren Zeitraum zu heiß ist und die Blätter trocken werden. Dann sind wir gezwungen, von den Bäumen auf den Boden zu klettern, um nach Wasser zu suchen. In den letzten Sommern ist das leider des Öfteren vorgekommen. Das ist sehr gefährlich für uns."

„Du denkst da an Feinde, wie zum Beispiel Warane …"

„Vor allem Hunde!", unterbricht mich Baz. „Und Autos."

„Hunde? Das verstehe ich nicht. Die sind doch eher harmlos. Oder meinst du wilde Hunde wie Dingos?"

Baz legt den Kopf schief.

„Die auch. Am meisten fürchten wir aber die Haushunde. Aus irgendeinem Grunde mag der beste Freund des Menschen uns nicht. Oftmals werden wir von ihnen angegriffen und gebissen. Schwer verletzt landen wir dann im Krankenhaus. Zum Glück gibt es für kranke oder verletzte Koalas einige Auffangstationen und Krankenhäuser entlang der Ostküste. Sie werden von Freiwilligen geführt und finanzieren sich überwiegend durch Spenden. Verwaiste Jungtiere bekommen ebenfalls ein sicheres Heim. Dort wird sich sehr fürsorglich um uns gekümmert."

„Das macht bestimmt Spaß. Ihr Koalas seid auch zu niedlich. Einfach zum Liebhaben!"

Baz unterbricht das Mampfen. Seine kleinen braunen Augen schauen mich lange an.

„Und dennoch gibt es – grob geschätzt – nur noch circa 30 000 von uns."

Ich plustere die Wangen auf.

30 000 Koalas, überlege ich. „Das sind nicht gerade viel", bestätige ich. „Was auch der Grund meines Besuchs ist. Die Leserschaft und ich würden gern deine Geschichte hören. Weshalb bist du überhaupt im Koala-Krankenhaus? Und vor allem, wann wirst du wieder in die Wildnis entlassen?"

Baz' Blick wirkt traurig.

Wie gern würde ich ihn in die Arme schließen und ihm eine ordentliche Portion Bauchkrauler geben. Da Baz an Menschen gewöhnt ist, lässt er sich gern mal streicheln. Bei einem Koala in der Wildnis würde ich eher davon abraten und Abstand wahren. Trotz ihres niedlichen Äußeren sind es noch immer wilde Tiere.

Besuch aus dem Nachbargehege lugt um die Ecke.

„Er wird nie mehr in die Wildnis entlassen werden können." Die Koaladame schaut ebenso betroffen wie Baz.

Gerade fühle ich mich, als durchbohrt ein Pfeil mein Herz.

„Und du bist …?", frage ich, um dem Trübsinn zu entkommen.

„Du kennst mich nicht? Woher auch! Bist ja gerade erst angekommen", entgegnet sie keck. „Ich bin Lismore Rose. Kannst mich aber Rose nennen. Lismore ist die Gegend, in der man mich als Waise fand. Ich hatte meine Mutter verloren. Ganz allein saß ich am Weg und hab' gewartet. Doch Mama kam nicht mehr."

„Das tut mir sehr leid. Und was ist mit Baz geschehen?", frage ich vorsichtig.

Rose gesellt sich zu uns. Mit der Pfote, die aus zwei Daumen und drei Fingern besteht, hält sie einen dünnen Ast umklammert, während sie sich auf das Hinterteil setzt. Aus jedem einzelnen Finger ragt eine lange Kralle. Ein wenig erinnert es mich an die Krallenhand von Freddy Krueger aus dem Film „Nightmare". Ihre sind ebenso scharf. Ihr Fell ist dunkler als das von Baz, eher braun, was seltener bei Koalas vorkommt. Meistens sind sie grau mit weißem Bauch. Hals und Brust hingegen sind bei Rose schneeweiß. Es sieht aus, als trüge sie eine Serviette um den Hals.

„Baz ist ein Überlebender des verheerenden Feuers im Jahr 2019. Als man ihn fand, schwelte noch sein Fell. Baz hatte schwerste Verbrennungen an seinen Händen, Füßen, Nase und war total dehydriert. Er wurde umgehend auf die Intensivstation gebracht. Mehrere Wochen kämpfte er ums Überleben. 24 Stunden täglich, sieben Tage die Woche wachte eine Pflegerin bei ihm. Versorgte die Wunden mit Brandsalben und gab ihm Medikamente. Baz dachte nicht daran aufzugeben und erholte sich allmählich. Leider hat er durch das Feuer seine Krallen verloren. Das sichere Klettern in den Baumwipfeln ist ihm nun nicht mehr möglich. Daher muss er hierbleiben."

Ich spüre, wie meine Augen feucht werden.

„Das ist sehr traurig", schniefe ich und greife nach einem Taschentuch. Der „schwarze Sommer" ist sogar mir ein Begriff. Über acht Monate wütete das Feuer und zerstörte rund 12,5 Millionen Hektar Wald. Das entspricht etwa einem Drittel der Fläche Deutschlands. Millionen Tiere starben, verloren ihr Zuhause und ihre Nahrungsquellen.

„Anfangs war ich auch sehr betrübt", erzählt Baz. „Jetzt hat man mir eine sehr verantwortungsvolle Aufgabe anvertraut. Ich bin nun Botschafter."

Ich stutze.

„Ein Koalabär als Botschafter?"

Er bemerkt meine Skepsis.

„Und genau da beginnt bereits meine Aufgabe."

„Und die wäre?", frage ich verblüfft.

„Pass gut auf. Jetzt kannst du etwas lernen", kichert Rose.

Baz gibt ein lautes, koalaartiges Bellen von sich, das kilometerweit zu hören ist.

„Das macht er, um sich Gehör zu verschaffen", zwinkert Rose mir zu.

„Also, meine Aufmerksamkeit hat er", bestätige ich mit einem verhaltenen Lächeln.

„Sein Bellen ist wirklich imponierend", schwärmt die Koaladame.

Ich nicke nur. Für mich klingen die Töne wie das Grunzen einer Sau, die unter Schluckauf leidet.

Nachdem Baz mit dem Lockruf für Koalaweibchen fertig ist, wendet er sich wieder mir zu.

„Zuallererst: Wir sind keine Bären", stellt er rigoros klar.

Das verwirrt mich. „Aber man sagt doch Koalabär?"

Baz schnaubt verächtlich. „Das sagt zwar der Volksmund, ist aber falsch. Wir Koalas sind Beuteltiere."

„Ihr seid mit den Kängurus verwandt?", stoße ich überrascht aus.

„Eher mit den Wombats", bemerkt Rose.

„Okay. Die sind bestimmt auch putzig", überlege ich laut, da ich keine Vorstellung habe, wie ein Wombat aussieht. Ich nehme mir vor, zu einem späteren Zeitpunkt nach Wombats zu googeln.

„Weiter mit dem Unterricht. Bald ist nämlich Schlafenszeit." Er gähnt. Zwei lange Schneidezähne jeweils am Ober- und Unterkiefer kommen zum Vorschein. „Als Baumbewohner leben wir hoch in den Kronen. Nur zur Paarungszeit kommen wir herunter, um uns ein Weibchen in unserem Revier zu suchen, mit dem wir Nachwuchs zeugen."

Rose schaut bedächtig auf ihren Bauch. Im unteren Bereich scheint sich etwas zu bewegen.

„Rose!", rufe ich erfreut. „Du bist schwanger?"

Sie nickt stolz. „Es dauert aber mindestens sechs Monate, bis mein Joey aus dem Beutel herauskommt und sich zeigen wird."

„Joey? Ist das sein Name?"

Ihr Ausdruck wirkt überrascht.

„Nein. Alle unsere Jungen werden Joey genannt. Halt so, wie ihr Menschen euer Junges als Baby bezeichnet."

Ich verstehe. „Dann wissen wir erst in gut sechs Monaten, ob du einen Jungen oder ein Mädchen hast."

Rose lächelt. „Bis dahin bleibt es sicher in meinem Beutel. Wenn es dann herauskommt, bringe ich meinem Joey alles bei, was es für das Überleben in der Wildnis benötigt."

„Und was wäre das?" Meine Neugierde steigt, wie mein Puls. Das alles ist sehr aufregend.

„Es reitet dann auf meinem Rücken und begleitet mich überall hin. Wenn wir fressen, lernt es den Unterschied zwischen den vielen Eukalyptusarten kennen. Nach über einem Jahr ist es in der Lage, sein eigenes Leben zu führen."

„Wie viele Eukalyptussorten gibt es denn?", möchte ich wissen.

„Oh. Du wirst es nicht glauben. Es gibt fast 900 verschiedene Arten."

Mir entweicht ein Pfiff. „Das ist wirklich eine Menge. Da habt ihr ja genug Nahrung. Besonders, da es in diesem Teil des Kontinents so viele Eukalyptuswälder gibt."

„Äh … Nicht ganz", fährt Baz fort. „Obwohl wir die einzigen Lebewesen sind, die ausschließlich Eukalyptus fressen, sind gerade mal 130 Arten als Futter tauglich. Und schmecken … Tja, richtig lecker schmecken uns davon nur 30 Sorten."

„Ihr seid sehr wählerisch", stelle ich fest.

Die Koaladame schüttelt den Kopf. „Jeder Eukalyptus bildet unterschiedlich starke Toxine, abhängig von der Jahreszeit, so dass wir nicht das gesamte Jahr über von derselben Baumart fressen können. Dabei hilft uns unser ausgesprochen guter Geruchssinn. Wir erschnüffeln, ob der Toxingehalt der Blätter gerade genießbar ist."

Daher also die großen Nasen, denke ich mir.

Baz und Rose gähnen zeitgleich.

„Das macht unseren Aufenthalt im Krankenhaus auch sehr aufwendig", meldet sich Baz wieder zu Wort. „Es wird langsam Zeit für ein Schläfchen."

Rose snackt noch ein paar Eukalyptusblätter, bevor sie sich auf eine Astgabel in ihrem Gehege zurückzieht und sich in eine fluffige Kugel verwandelt.

„Wir sehen uns dann morgen wieder", verabschiedet sich Baz.

„Erst morgen? Wie lange schlaft ihr denn?", stelle ich eine letzte Frage.

„Unser Verdauungsschlaf kann bis zu 20 Stunden andauern. Eukalyptusblätter besitzen kaum Nährstoffe, so dass wir nicht zu viel Energie verbrauchen wollen. Gute Nacht."

„Gute Nacht, Botschafter Ruins Way Baz. Gute Nacht, Lismore Rose. Danke für die Einladung und die nette Unterhaltung."

In einem Café erhascht ein Zeitungsartikel meine Aufmerksamkeit.

Was war geschehen?

Es gab einen Einbruch. Wie es üblich ist, wurden Fingerabdrücke gesichert. Einige konnten einem Verdächtigen zugeordnet werden. Doch ein Fingerabdruck gab der

Polizei Rätsel auf. Wie sich später herausstellte, war der mysteriöse Tatverdächtige ein Koala, der nach dem Einbruch in das Haus gelangte.

Ich konnte nicht anders und musste herzhaft lachen. Die Überschrift: *Koala führt Polizei an der Nase herum!* Was viele Menschen nicht wissen: Die Fingerabdrücke eines Koalas sind denen des Menschen sehr ähnlich. Sogar unter dem Mikroskop ist es schwierig, sie zu unterscheiden. Koalas sind uns ähnlicher, als wir ahnen.

Man muss sie einfach lieben!

Nachtrag:
Seit dem 11.02.2022 stehen Koalas auf der Liste bedrohter Tierarten.

Sowohl für Ruins Way Baz als auch für Lismore Rose habe ich 2020 eine symbolische Patenschaft übernommen, um das Koala Hospital Port Macquarie bei seiner Arbeit, der Rettung der Koalas, zu unterstützen.

Am 30.05.2021 starb Lismore Rose an Lymphdrüsenkrebs. Ihr Joey war noch zu jung und zu unterentwickelt, so dass es leider nicht gerettet werden konnte.

Seit 2019 ist Ruins Way Baz ein ständiger Bewohner des Koala Hospitals. Als Koala-Botschafter leistet er wichtige Aufklärungsarbeit für interessierte Besucher/-innen, Veterinär/-innen und Naturforscher/-innen darüber, welche Auswirkungen schwere Brandverletzungen bei einem Koala haben können.

Matte Borsdorf

Ein Ende

Seit Wochen ein Tasten und Erkunden
an Bahnhof, Bahn und in der Stadt
sah er ihr nach, folgte und verlor sie.

Am Morgen danach ist sie noch am Fenster
die Haare gelöst und ungelöst die Fragen
die sie nicht stellt

was war es und wie wird es sein
warum war es, trafen wir uns?
Sie wendet sich und ohne ein Winken

geht sie und sieht nicht zurück.

Tele

Sie machte Bonbons auf dem Blech
Gezuckert Gelee in Farbtönen rot-
orange die Stöpsel in den Ohren
fiepsend, Rückkopplung im Gerät.

Die Passstücke gedrückt in die Ohr-
Muschel, Großmutter hantierte in
der Küche der Zeile herum.
Die Glotze sirrte das Testbild

er drehte ihr den Rücken rauch-
blauflimmernd begann der Morgen
stieg auf vom Aschenbecherkristall
knisterte auf Fingern Stromstaub.

Du sollst nicht Tele sehen, ihre Stimme
aus der Küche Geklapper der Töpfe
wenn aus dem Textbild Bilder wurden.

Herrenzimmer

Kaulquappen im Wartezimmer
Strohblumen in den Fluren
in der Herrenkammer das Bild
eines Hinterns hängt da zur Anregung.

Staubig ist die Luft, schummrig das Licht
fettiger Ledersessel, abgewohnt, wie oft
hat hier einer gewichst, auch ich
eine der verhuschten Gestalten.

Machen ab, was sein muss, und sie
schütteln es in Plastikbecher,
mit Schraubverschluss wie Gurken-
gläser in Großmutters Keller.

Wie ein Kellerfenster die Nische,
in der Wand eine Tür. Da hinein die Probe
auf das Leben, es bewegt sich auf der Stelle
und nichts geht voran.

Welcome bag

Wien ist leer,
ohne dich.
Überall noch deine Dinge.

Die Papiertüte
„Welcome Bag"
steht darauf,
ein trauriger Witz,

mit Patschen darin, Büchern.
Und unterm Sofa,
deine Puschen,
sind leer.

Angelika Hartmann

Zukunft

Sarah stand vor der Spüle am Küchenfenster. Eine gelblich-runzelige Zwiebel und ein Küchenmesser lagen auf einem Holzbrett auf der Küchentheke.

Sarah beugte sich über die Spüle und öffnete das Fenster. Vogelgezwitscher mischte sich mit den Klängen aus dem Radio.

„… Stammzellenzüchtung im Labor, Durchbruch …"

Sarah drehte ihren Kopf und sah auf die gepackten Kartons im Flur. Morgen schon würden sie unterwegs sein. Sie nahm die Zwiebel in die Hand und drehte sie hin und her. Sie schaute in den Garten, hin zu den Frühlingsblumen und hin zu dem Fliederbaum.

„… wir werden uns gesellschaftlich neu orientieren müssen", quäkte das Radio.

Gestern hatte sie sich von ihrem Pferd verabschiedet. Es hatte sie mit der Nase angestupst, und sie hatte ihm die letzten Leckerlis gegeben.

Zögernd nahm Sarah das Messer und schnitt das obere Ende der Zwiebel ab. Sie hatte Paul zugestimmt, mit ihm nach China zu gehen. Für ihn würden sich neue Forschungsmöglichkeiten ergeben, hatte er ihr erklärt. Sie hatte nicht viel verstanden, irgendwelche *Blastozysten*, …

Ein weißer Schmetterling flatterte am Fenster vorbei.

Aus dem Radio tönte es weiter. „… noch haben die embryonalen Strukturen weder ein schlagendes Herz noch ein Gehirn. Ganz anders ist es schon bei den Mäusen …"

Sarah schnitt den unteren Teil der Zwiebel ab, der Geruch stieg langsam zu ihr empor. Sie würde schon weg sein, wenn der Flieder blühte. Ihr Vater hatte ihn gepflanzt, vor Jahren. Die Zweige schienen sich leicht hin und her zu bewegen. Die äußeren Blätter der Zwiebel hafteten fest, so dass sie sie stellenweise abschneiden musste.

„… umgerechnet wäre es wohl am Ende der vierten Schwangerschaftswoche … "

Was hörte sie sich da eigentlich an?

Das Telefon klingelte: „Ja, danke, Maria, ich wünsche euch auch alles Gute."

„… menschliche Embryonen im Labor …"

Sie musste sich beeilen, Paul würde gleich da sein.

Entschlossen schnitt sie die Zwiebel in mehrere Teile.

Ihre Augen fingen an zu brennen.

„… sozusagen wie echte … nur ohne Eltern und nur aus Stammzellen im Reagenzglas …"

Langsam ließ sie das Messer sinken.

Eine Tür klappte zu.

„Hallo!", rief Paul.

Tränen fielen auf das Holzbrett.

„Sarah", Paul wirkte verunsichert. „Wir können auch hierbleiben, wenn es dir so wichtig ist. Die Gesetzeslage hier muss eh überarbeitet werden und dann …"

Sarah sah ihn an: „Was wird aus ihnen werden? Ohne Liebe?"

Wolfgang Beutin

Erotische Literatur zum Thema Liebe[*]

1. Begrifflichkeit

Das Adjektiv „erotisch" leitet sich vom „Eros" her, dem Namen des Gottes der Liebe in der griechischen Antike. Zwar findet sich das Liebesmotiv in der Dichtung aller Zeiten, und Elemente der Erotik in Gestalt unbewusster Fantasien lassen sich in vielen Werken nachweisen. Dennoch fällt die erotische Literatur an sich zusammen. Kriterium der Abgrenzung beider ist die *Menge* oder *Gewichtigkeit* der von einem Autor *bewusst* in den Text eingebrachten erotischen Motive. Dominiert darin eines oder eine Mehrheit erotischer Motive über die sonstigen, wird man es der erotischen Literatur zurechnen.

---

[*] Für den Förderverein NordBuch e. V. stellte Prof. Dr. Wolfgang Beutin diesen wissenschaftlichen Essay zu dem übergreifenden Thema „Liebe" für die Anthologie als, wie er sagte, etwas schrägen Text zur Verfügung. Als Gründungsmitglied haben wir somit eine seiner Arbeiten als letzten Beitrag erhalten und gedenken seiner in Ehren. Prof. Dr. Wolfgang Beutin verstarb unerwartet am 19. Februar 2023.

Eine herkömmliche Anschauung besagt, das Erotische sei als vergeistigte Form der Liebe von der als niedrig betrachteten Sexualität (Neubildung des 19. Jahrhunderts zu lat. Sexus = Geschlecht) abzutrennen, demzufolge eine Liebesdichtung hohen Stils von niederen Arten der erotischen Literatur. Eine Merkwürdigkeit ist, dass man die so für sich gestellten niederen Arten auch wieder als „Erotika" bezeichnet. Während man der hohen Liebesdichtung offenbar „Harmlosigkeit" unterstellt, sollen die Erotika die bedenklicheren Motive enthalten, wobei man hier noch zu unterteilen pflegt: in Schilderungen, die man als vorgeblich höherwertig innerhalb der Grenzen der Literatur belässt („obszöne Literatur"), und in solche, die man, weil ästhetisch geringwertig, aus ihr hinauskomplimentiert („Pornografie"). Demgegenüber verwerfen die Vertreter einer neueren Anschauung, die auf tiefenpsychologischen Erkenntnissen fußt, die Abtrennung von Eros und Sexualität und betrachten beide Begriffe als gleichbedeutend, im Sinne des deutschen Wortes „Liebe" in dessen Gesamtumfang. Liebe ist danach kein instinktmäßiges, fast unveränderliches Verhalten, sondern ein auf biologischer Basis sich entfaltendes dynamisches, durchaus veränderliches seelisches System, das aus mehreren Komponenten besteht, den sog. Partialtrieben (wozu die Selbstliebe, Bezüge zur Mundzone, zu den Ausscheidungsorganen usw. gehören), und dessen Aktivität durch mehrere Faktoren bedingt wird: die Geschlechtsidentität der liebenden Person, das Sexualobjekt (die Person, wovon die Anziehung ausgeht) sowie das Sexualziel (die Handlung, wonach der Trieb drängt). Geht die konventionelle Auffassung von wesensmäßig verschiedenen Arten der Geschlechtlichkeit aus, so die neuere von dem einen einheitlichen Konstitutionsprozess der Sexualität, mit einer allerdings höchst komplexen Formenwelt, als deren Spiegelung die erotische Literatur verstanden werden kann, nicht so, dass ein einzelnes Werk die grenzenlose Fülle möglicher Motive bietet, aber so, dass die erotische Literatur (oder – die unbewussten Fantasien hinzugenommen – Literatur überhaupt) in ihrer Gesamtheit das Tableau der menschlichen Sexualität in ihrer ganzen Breite nachzeichnet.

2. Sonderformen

Die konventionelle Unterscheidung von Liebesdichtung, obszöner Literatur und Pornografie kann auf Grundlage der neueren Sicht tiefer gefasst werden, allerdings ohne eine Rangordnung herzustellen oder aus dem Blickwinkel der Sittlichkeit die „niederen" Arten abzuurteilen (als wertlos, unmoralisch, unliterarisch). Liebesdichtung ist dann derjenige Ausschnitt der erotischen Literatur, worin sich die Motive der „erlaubten" Liebe finden (zärtliche Neigung, Kuss, Umarmung usw.), dazu solche, die im Bewusstsein der Zeitgenossen als tolerierbar erscheinen (Sexualverkehr unter Verlobten; schon umstrittener: der Ehebruch). Die „bedenklichen" Motive hingegen sind das Charakteristikum der obszönen Literatur und Pornografie. Auf hier her gehörige Werke mag ein Leser empört reagieren, ein anderer, indem er Vergnügen empfindet (der vom Autor beabsichtigte Fall). Es scheint daher, als sei das Urteil „obszön" in der Leser-Reaktion angesiedelt (Ludwig Marcuse).

Neue Forschungen belegen indes, dass von dem Werk selber Signale ausgehen, die das Urteil hervorrufen. Die besondere Struktur eines solchen Werks zeigt eines oder eine Mehrzahl der folgenden Merkmale: ausführliche Schilderung des im engeren Sinne Sexuellen (Geschlechtsverkehr und -organe), Vorkommen von Varianten der Liebe (Perversionen), die Linguistik des Obszönen (volkssprachlicher Sexualwortschatz bzw. die „obszönen Wörter", ferner die „obszönen Metaphern" und Umschreibungen); ausführliche(re) Schilderungen der Ausscheidungsorgane und -funktionen, dazu auch die entsprechende Linguistik (v.a. die obszönen Wörter). In der Darstellung des Exkrementellen hat eine ganze Gruppe von Werken (nach der neueren Lehre der erotischen Literatur zuzurechnen) ihren Daseinszweck: die skatologische. Die dem obszönen Werk eignenden besonderen künstlerischen Mittel lassen einen Rückschluss darauf zu, worin die primäre Funktion der obszönen Literatur besteht. Es ist diese: dem Leser durch die zeitweilige Aufhebung von Unterdrückung und Verdrängung einen Genuss *unverhüllter* Sexualität zu ermöglichen, eine Vergnügung, die ihm das Alltagsleben sonst nicht bietet, welches die Verhüllung sexueller Praktiken und Accessoires erfordert. Dem Künstler aber gelingt es vermittels seiner spezifischen Technik, dem Leser etwas zugänglich zu machen, was dieser im Allgemeinen entbehrt, schon weil er die Fähigkeit eingebüßt hat, das unverhüllte Sexuelle zu ertragen. Die aufgelisteten Merkmale obszöner Texte treffen ebenfalls auf die als Pornografie klassifizierten Werke zu, deren Verfasser und Verleger ihre massenhafte Verbreitung betreiben und die sich unter dem ästhetischen Betracht als geringwertig erweisen lassen. Immer wieder zur Verkennung der Pornografie führt die Missachtung der Grenze zwischen außerliterarischer Realität und des Fantasieprodukts Literatur, so als sei Pornografie der Misshandlung von Frauen, ihrer Vergewaltigung gleichzusetzen (Andrea Dworkin), sondern sogar zu eines Anteils des menschlichen Seelenlebens, der sexuellen Fantasien. Innerhalb der erotischen Literatur sind noch als weitere Sonderformen herauszuheben: die Zote (zu Zotte, alt auch = Schamhaar, daher „Zoten reißen" = ins Schamhaar greifen), deren Ursprung ebenfalls darin liegt, das im Alltag verborgene Sexuelle punktuell zu entblößen. Sie tritt in Gestalt des mündlichen oder schriftlichen Witzes auf. Als Beispiele „pikanter Literatur" (zu frz. piquer = stechen) kann man solche Werke benennen, die zwar das unverhüllte Sexuelle wiederum verbergen, aber doch nur so, dass die Vorstellung des Lesers unentwegt darauf gelenkt wird (Anspielungen, sprachliche Finessen). Der Ausdruck „frivole Literatur" (frz. frivole = leichtfertig) wird gelegentlich gleichbedeutend mit dem Begriff erotische Literatur verwendet, jedoch missbräuchlich; denn es gibt frivoles Reden nicht nur über erotische Gegenstände, sondern auch über andere, bevorzugt sakrale, und innerhalb der erotischen Literatur bezeichnet er rechtens nichts mehr als eine Ausdrucksart.

3. Erotische Literatur und literarische Gattungen

Erotische Literatur ist nicht selber eine literarische Gattung, sondern eine Sammelbezeichnung sowohl für einige literarische Gattungen als auch für einige Werke anderer Gattungen. Zunächst ermöglichen *alle* Gattungen die Einbeziehung erotischer Motive, sogar die geistlichen (Motive der geistliche Liebe und mystischen Minne). In den weltlichen Gattungen gibt es zahlreiche Werke, worin die erotischen Motive *neben* anderen Verwendung fanden, sowie solche, in denen sie dominieren; ein Register sämtlicher Werke der letztgenannten Art ergibt den einen Hauptanteil des Gesamtfundus der erotischen Literatur. Außer den weltlichen Gattungen mit fakultativer Dominanz oder gelegentlichem Vorkommen erotischer Motive in den Werken existieren solche, zu denen ausschließlich erotische Werke zählen: Diese darf man als Gattungen der erotischen Literatur fassen; sie bilden den ergänzenden Teil des Gesamtfundus der erotischen Literatur. Wiederum innerhalb der erotischen Gattungen steht eine Gruppe obszöner Gattungen für sich, in welche lediglich obszöne Texte gehören.

4. Erotische Literatur und Gesellschaft

Starker Repression vonseiten der Kirche und des Staates war erotische Literatur besonders als obszöne Literatur und Pornografie ausgesetzt. Sexuelle, auch skatologische Motive treten gern in Verbindung mit Aggression auf und verleihen einem Text eine oppositionelle Tendenz; obszöne Themen sind geeignet, gesellschaftlich legitimierte Geschlechtsrollen und entsprechendes Sexualverhalten in Frage zu stellen. Schon die einfache Schilderung von Liebe eines Paars erscheint in den Augen der Anwälte künstlicher Massen wie z. B. Kirche, Staat und Heer als bedrohlich, wirkt der Eros doch „zersetzend" insofern, als ein liebendes Paar dazu neigt, sich von anderen Menschen abzusondern, also die Massen zu verlassen. Insofern gewährt die Gesellschaft, oft als „Schicksal" maskiert, in der Dichtung den Liebenden durchaus keinen Pardon und ruht nicht eher, als bis sie zur Strecke gebracht sind (tragischer Ausgang von Liebesdichtungen), mindestens aber durch Leiden „geprüft" (z. B. im griechischen „Liebesroman").

5. Erotische Literatur und andere Künste

Die Verbindung von erotischer Dichtung und Musik reicht bis in die ältesten Zeiten zurück (Liebes-, Tanzlieder, alt: „Buhllieder") und findet sich in den neueren bis hin zur musikalischen Großform der Oper (Mozart: *Don Giovanni*). Malerei, Bildhauerei und Architektur empfingen Anregung durch erotische Literatur (berühmte Quelle für bildnerische Motive: Ovids *Metamorphosen*) wie umgekehrt diese durch die bildenden Künste (z. B. Aretinos *Wollüstige Sonette* nach Zeichnungen des Giulio Romano, 1. Jahrhundert). Einige Künstler schufen Bild / Text-Kombinationen, etwa als erotische Zeichnung und Literatur (Heinrich Zille: *Hurengespräche*, zuerst pseudonym, Berlin 1913), beliebt v. a. in Form der pornographischen Comics.

6. Erotische Literatur unterrichtende Werke

Erotische Literatur tendierte stets zur Verschmelzung mit anderen geistigen Traditionen, z. B. der Philosophie (Platon: *Das Gastmahl*). Didaktischer Zweck und erotischer Gegenstand gingen ein Mischungsverhältnis ein in der Anweisungsliteratur oder erotischen Lehrdichtung. Entweder wurden Ratschläge gegeben für eine gute sexuelle Praxis (im indischen *Kamasutra*, auch: *Ars amoris indica*, von Vatsyayana, zwischen dem 1. u. 4. Jahrhundert; im *Duftenden Garten* des arabischen Scheichs Nefzaui, Tunis, 16. Jahrhundert), oder der Autor behandelte Fragen des Verhaltens in Liebesbeziehungen (Ovid: *Ars amatoria*); hinzu kommen analytische und historische Erörterungen als Liebestheorien oder -konzeptionen (neueres europäisches Beispiel etwa: Stendhals *De l'amour*, Paris

1822). Die Einzelwissenschaften ziehen die Erotik gern in ihren Untersuchungsbereich und bringen ein Schrifttum hervor, worin eingehende Befassung mit der Liebe nicht selten ist; die Theologie: Bußkataloge des Mas, Beichtspiegel, Kompendien der Sexualethik, den Index der verbotenen Bücher (der zeitweilig selber unter die verbotenen Bücher fiel, weil er als Auskunftei über erotische Literatur benutzt wurde); andere Disziplinen: ethnographische, folkloristische, kriminologische, psychologische Werke, die sämtlich wegen ihrer Beispiele und Falldarstellungen als erotische Literatur gelesen werden (können).

7. Geschichte

Berühmte erotische Erzählungen und Vorfälle, die in der Antike von den Dichtern bearbeitet wurden, sind z. B. die Entführung der Helena durch Paris (Voraussetzung für Homers *Ilias* u. *Odyssee*), Didos tragische Beziehung zu Aeneas (Vergil: *Aeneis*), Penelopes eheliche Treue (*Odyssee*), auch – in burlesker Weise behandelt – die zahlreichen Affären des Göttervaters Zeus, dazu die Liaison seiner Tochter Aphrodite mit dem Kriegsgott Mars (neueste Version: Eberhard Hilscher: *Venus bezwingt den Vulkan*, Berlin 1992). Homers und Vergils Epen sind Dichtungen mit mannigfachen erotischen Motiven, indes nicht insgesamt = erotische Literatur. Zu dieser gehören allerdings solche ausgesprochen erotischen Gattungen wie der griechische „Liebesroman" nach dem Muster Heliodors (*Aithiopika*), mit dem Zentralmotiv der Trennung und des Wiederfindens eines liebenden Paars, und die römische Liebeslyrik (v. a. Catull, Ovid). Als dem Obszönen zuneigende Gattungen und obszöne sind zu benennen: die „sotadische Literatur" (nach Sotades von Maroneis,

4./3. Jahrhundert v. Chr.), die „Hetärengespräche (u. a. von Lukian, 2. Jahrhundert), die Priapea (benannt nach dem Fruchtbarkeitsgott Priapus) sowie der griechisch-römische Mimus (szenische Possen).

Im Mittelalter kam Erotik in Gestalt zärtlicher Liebe (Minne) dem Minnesang zu und der weltlichen Epik: dem höfischen Roman sowie gelegentlich dem Heldenepos (*Nibelungenlied*: Liebe Sigfrieds und Kriemhilds). Extreme erotische Motive wie Askese, Transvestitismus u. a. begegneten häufig in der geistlichen oder geistlich inspirierten Dichtung (z. B. im Legendenroman Hartmanns von Aue: *Gregorius* der doppelte Inzest). Der weltlichen Kleinepik: den französischen Fabliaux, italienischen und deutschen Novellen in Prosa- und Versform, der Schwankliteratur – alles Gattungen, denen die Opposition zu den „höheren" (geistlichen und ritterlich-weltlichen) mitgegeben war – gehörte als dominante Variante der Sexualität die sinnliche, ferner einige der schwierigeren, jedoch tolerierten Motive wie insbesondere der Ehebruch.

Mit dem Beginn der Neuzeit erweiterte sich der Anteil der erotischen Literatur an der Gesamtliteratur bedeutend. Im 15. u. 16. Jahrhundert in Deutschland sind es einige der als „Volksbücher" bezeichneten Prosadichtungen, darunter die Schwankzyklen (*Till Eulenspiegel, Lalebuch* u. a.), die von der mittelalterlichen Kleinepik die Obszönität ererbten. Die verstärkte Rezeption antiker Literatur trug ebenfalls zur Erweiterung des Anteils der erotischen bei, so der stetig zunehmende Einfluss Ovids, der bereits seit dem 12. Jahrhundert als wichtigster Autor der erotischen Literatur anerkannt war, aber auch Lukians Werk. Die besonderen Gattungen der erotischen Literatur machten erneut Furore, allen voran der „Liebesroman" der Antike, welcher jetzt zahlreiche Nachkommenschaft erhielt

(Beliebtheit seines Zentralmotivs belegt etwa durch die Novellen und Dramen vom Typus *Romeo und Julia*-Dichtungen). Am meisten aber trug zur Erweiterung der erotischen Literatur das Emporkommen neuer Genres bei: des volkssprachlichen italienischen Versepos der Renaissance (Bojardo, Ariost, Tasso), in erster Linie aber des Romans und der Novelle. Dem frühneuzeitlichen Roman blieb noch die Obszönität der Kleinepik zu eigen (von Rabelais, Fischart über Grimmelshausen bis zu Swift). Liebe bildet auch das Motiv im Mittelpunkt vieler Romane des 18. sowie der neuesten Jahrhunderte (u. a. Fielding, Diderot: *Die Nonne* u. *Die indiskreten Kleinode*, Goethe: *Werther*; französische, russische, englische und deutsche Beispiele aus dem 19. Jahrhundert in großer Zahl). Für die europäische Gesamtentwicklung der Novelle entscheidend war Boccaccios *Decamerone*, entstanden um 1350, Erstdruck Venedig 1471 (vollst. Übers. ins Deutsche bereits im 15. Jahrhundert durch „Arigo"= Pseud.). Roman und Novelle bildeten die erfolgreichsten Formen der erotischen Literatur in der Neuzeit; daneben gab es unterschiedliche erotische Gattungen der Lyrik und Dramatik. Zwei eigentümliche Genres erotischer Literatur waren die Causerien (unterhaltende Dialoge, Plaudereien, vornehmlich über erotische Sujets, so bei Aretino in den *Kurtisanengesprächen* und in Brantomes *Lebensgeschichten der galanten Damen*, 16. Jahrhundert) und die – überwiegend fiktiven – Bio- und Autobiografien. Hierher gehört ein früher deutscher Text: *Der im Irrgarten der Liebe herumtaumelnde Kavalier* (mit bezeichnender Ortsangabe „Warnungsstadt", 1738) von Johann Gottfried Schnabel; das am öftesten gedruckte Werk der erotischen Literatur (mit welchem man traditionell die Pornografie beginnen lässt): *Memoirs of a Woman of Pleasure* (London, um

1750), abgekürzt zitiert auch: *Fanny Hill*, von John Cleland; Giovanni Giacomo Casanovas *Memoires* (1. Ausg. Leipzig 1822 ff. in deutscher Übers., erschienen vor der frz. Edition) sowie die kürzlich noch erneut mit Sanktionen belegte (und gerichtlich wiederum davon befreite) *Lebensgeschichte* der Josefine Mutzenbacher (Autor ungewiss, erschienen zuerst Wien, 1904 oder 1906). In der Tradition der Memoirenliteratur erotischer Färbung steht auch die sog. ‚Selbstentblößungsliteratur‘ des 20. Jahrhunderts (Henri Miller, Anais Nin usw.).

Kurzbiographien der Autorinnen und Autoren

Boshra Albaschawat: ist eine syrische Dichterin und Schriftstellerin. Sie lebt seit 2016 mit ihrer Familie in Kiel und studierte Medienwissenschaften an der Universität Damaskus. Veröffentlichung von drei Büchern: „Ruinenmuseum" in Damaskus. „Nakhal-Schritte", Hörbuch in Deutschland. „Ein kleines Mädchen hat ihr Kleid beschmutzt", 2023 in Damaskus erschienen. Ihre Gedichte liegen bisher nur auf Arabisch vor.

Rainer Alcayaga: 1962 in Kiel geboren und im Norden Deutschlands beheimatet, Informatikkaufmann und Vater einer Tochter. Die Liebe zum Schreiben besteht seit seiner Jugend, begonnen mit Gedichten, später wechselte er zu Fabeln und Kurzgeschichten, die häufig auf Reisen entstanden. Einige Veröffentlichungen, u. a. in Anthologien wie „Fundstücke".

Beate Bartoschewski: geb. 1955, verheiratet. Kinder und Enkel komplettieren die Familie. Mehr als drei Jahrzehnte ging sie ihrer Tätigkeit als Nachtwache in der Kinder- und Jugendpsychiatrie nach. Veröffentlichungen: 2003 erschien ihr erster Roman „Die törichte Liebe der Bestohlenen zum Dieb" im Schardt Verlag Oldenburg. Lesung im November 2004 am Literaturtelefon der Stadt Kiel sowie an verschiedensten Kulturstätten Schleswig-Holsteins; Beitrag in „Fundstücke" 2008. Nach längerer Schreibpause hat sie sich dem Schreiben erneut zugewandt. Ihr neuer Roman „Sinnlose Weisheiten" wurde im Mai 2023 veröffentlicht.

Marianne Beese: geb. 1953 in Stralsund, lebt heute in Rostock. Diplomlehrerstudium (Germanistik / Geschichte) an der Leipziger Universität; 1982 Promotion über die späte Lyrik Hölderlins. Anschließend Tätigkeit als Autorin und später als Lektorin sowie wissenschaftliche Mitarbeiterin in Projekten. Preise und Veröffentlichungen: Viermal Erhalt eines Autorenstipendiums. Veröffentlichte Dichterbiografien über Novalis, E. T. A. Hoffmann und Georg Büchner, ferner Essays und zwei Monografien mit historischer Thematik. Sie brachte elf Lyrikbände heraus, zuletzt „Unter dem blauen Mantel des Alls", 2020, und „Unbefestigtes Land", 2023.

Christiane Bender: lebt in Hamburg, studierte Soziologie, Politologie, Philosophie, Rechtswissenschaft, promovierte, habilitierte. Mit der ordentlichen Professur ist sie als wissenschaftliche Mitarbeiterin, Dozentin und als akademische Rätin tätig. Veröffentlichungen: Publikationen an verschiedenen Universitäten und in Zeitungen sowie Kurzgeschichten und Erzählungen.

Jürgen Bernien: 1950 in der Nähe von Ludwigslust geboren; verheiratet; vier erwachsene Kinder. 1973: Diplompsychologe; 1976: Dr. phil. auf dem Gebiet der Sportpsychologie; 1988: Fach-Psychologe der Medizin. Im Mai 1989 „illegal" nach Schleswig-Holstein übergesiedelt und seit 33 Jahren in Schönberg zunehmend verwurzelt. 1999: Approbation als Psychologischer Psychotherapeut; 40 Jahre lang im Bereich der Reha-Psychologie tätig. Mehrere Veröffentlichungen zu den Themen Entspannung, Gesprächsführung und Stressbewältigung (zum Beispiel in Kolenda: „Was mich stark macht". Schlütersche Verlagsgesellschaft 2010).

Vor 50 Jahren hat er mit dem Schreiben von Gedichten begonnen und es zur Entlastung und (Selbst-)Verständigung beibehalten, zwischen 2002 und 2021 war er in der „Bibliothek deutschsprachiger Gedichte" vertreten und in den Fundstücken „Meine Welt – unsere Welt" (2011).

Wolfgang Beutin: geb. 1934 in Bremen, verh., lebte seit 2000 überwiegend in Bayern und in der übrigen Zeit in Schleswig-Holstein. Berufliche Tätigkeit als Schriftsteller und Privatdozent an der Universität in Bremen. Belletristische Veröffentlichungen: zehn Hörspiele, ein Fernsehspiel, fünf Romane, ein Band Aphorismen, u. a. verstreut in Sammelwerken (z. B. „Fundstücke" 2001–2006) sowie zahlreiche wissenschaftliche Publikationen. Prof. Dr. Wolfgang Beutin verstarb am 19. Februar 2023.

Rica Biemann: in Schlesien geboren, lebt heute in Henstedt-Ulzburg (Flucht mit der Großmutter nach Bayern), seit 30 Jahren tätig als Malerin. Arbeiten mit Terracotta und Skulpturen. Veröffentlichungen u. a. in den Anthologien „Fundstücke".

Malte Borsdorf: geb. 1981 in Reutlingen, lebt in Flintbek. Studium Bibliothekswissenschaft, Europäische Ethnologie und Philosophie in Innsbruck, Wien und Köln. Preise und Veröffentlichungen: „Flutgebiet", Roman, Müry Salzmann Verlag 2019, ein Mira Lobe-Stipendium des Österreichischen Kulturministeriums 2013, 2014. Aufenthaltsstipendium des Landes Brandenburg im Künstlerhaus Schloss Wiepersdorf 2016 sowie weitere in den Literaturzeitschriften „Sprache im technischen Zeitalter", „podium", „keine!delikatessen" und im Hamburger Jahrbuch für Literatur „Der Ziegel" Seit 2022 ist er erster Vorsitzender des Schriftstellerinnen- und Schriftstellerverbandes in Schleswig-Holstein (VS).

Angela Bubser: beruflich tätig als Betriebsärztin, Fachärztin für Arbeitsmedizin. Sie lebt in Kiel, schreibt Lyrik und Prosa.

Susanne Cardinal: Jahrgang 1974, aufgewachsen in Mecklenburg-Vorpommern, lebt seit 2002 in Brühl (Rheinland). Fachärztin für Kinder- und Jugendpsychiatrie und -psychotherapie, freiberufliche Dozentin. Seit jeher hat sie ein Faible für das Träumen in der Natur, Musik und für verdichtete Wörter. Sie schreibt poetische Texte und Kurzgeschichten und ist Mitglied in dem Literatenverein „Die Gruppe 48".

Wolf-Ulrich Cropp: geboren und wohnhaft in Hamburg, ist von Beruf Dipl. Wirtschafts-Ingenieur. Der Autor schreibt seit 1980 Erzählungen, Kurzgeschichten, Reiseliteratur, Romane und Biografien. Preise und diverse Veröffentlichungen: Deutsche Akademie für Jugendliteratur in Volkach 1983; Buch des Jahres 2000, DIE WELT-Leserliste 2000; Publikumspreis des „Verband der Schriftsteller in SH e. V." 2013 und 2015. Weitere Infos: www.wolf-ulrich-cropp.com und auf Wikipedia.

Rune Deis: lebt in Schleswig-Holstein; bis zur Pensionierung war er als Pädagoge und Schulleiter tätig. Er widmet er sich u. a. dem Sport und Reisen. Veröffentlichungen: „Mehr als 6‘, Roman und zwei Erzählbände, „Fußball und unsere kleinen Freunde" sowie „Fußball in der Kritik", Engelsdorfer Verlag, Informationen: www.engelsdorfer-verlag.de

Christian Detlefsen: 41 Jahre, arbeitet als Erzieher auf dem AWO Kinder- und Jugendbauernhof in Kiel. Seine Texte und Gedichte beschäftigen sich häufig mit aktuellen Themen, meist verpackt in einer Menge

Wortspielereien und fantastischen Protagonisten. Der Humor kommt nicht zu kurz und es darf mal einfach nur Nonsens sein. Er tritt seit circa sechs Jahren auf Poetry-Slams in SH auf und war Finalist der SH-Landesmeisterschaften im Poetry-Slam 2022.

Hanna Dunkel: 1944 in Hamburg geboren, lebt seit 1974 in Kriftel am Taunus. Sie hat durch ein Fernstudium das Schreiben für sich entdeckt. Veröffentlichungen: Ein Radwanderführer „Taunus / Wetterau" im Deutschen Wanderverlag 1992 und 1995, das Märchenbuch „Von der Königin, die behaglich Tee zu trinken wünschte" 2001 im Leda Verlag. Dort 2010 der Kriminalroman „Mordsache Ulsnis" und 2017 der historische Roman „Sommervogel". Kurzgeschichten in verschiedenen Anthologien und in der Zeitung. Für das Kulturforum Kriftel organisiert sie seit 2008 ehrenamtlich Lesungen in Kriftel. Informationen: www.Hanna-Dunkel.de

Reimer Boy Eilers: geb. 1948, verlebte seine Kindheit auf Helgoland. Er promovierte in Wirtschaftswissenschaften auf dem Festland. Seine Schwerpunkte sind Reiseliteratur, Lyrik und Roman, Reportagen und Essays, 1984 Shortlist der Frankfurter Buchmesse für das beste Debüt. Landesvorsitzender des VS Hamburg, Mitglied im Deutschen PEN-Club, im Rat für Deutsche Rechtschreibung und im Syndikat der Vereinigung deutschsprachiger Krimiautor*innen. Herausgeber mit anderen im Verlag „Das Bosnische Wort", Wuppertal und Tuzla. Preise und Veröffentlichungen sowie Informationen bei: Wikipedia und www.reimereilers.de

Horst Ewert: 1948 in Stralsund geboren. Nach Abitur und Berufsausbildung auf der Volkswerft Stralsund absolvierte er ein Universitätsstudium zum Diplom-Ingenieur für Maschinenbau. Er ist verheiratet und hat zwei Kinder. 1988 wurde er aus der DDR ausgebürgert und siedelte mit seiner Familie in die Bundesrepublik über. Er lebt in Düsseldorf und schreibt Lyrik, Kurzgeschichten, Erzählungen und Romane. Veröffentlichungen: „Ostrin", ein satirischer Roman, 2014 Spica-Verlag, gefördert von der Theo-Münch-Stiftung für die Deutsche Sprache. Gedichtband „Entlang der Ufer", 2009 im Geest-Verlag. In den Anthologien „Fundstücke" 2011, 2019 und in der Anthologie „40 Jahre Freundeskreis Düsseldorfer Buch 75 e. V."

Renate Folkers: geb. auf Nordstrand / NF, lebt jetzt in Hannover. Alleinstehend, zwei Kinder und fünf Enkel. Das Berufsleben verbrachte sie an diversen Schreibtischen öffentlicher Arbeitgeber. 2009, mit dem Ausstieg aus dem aktiven Dienst, begann sie mit dem Schreiben – die kreative Phase ihres Lebens. Zahlreiche Veröffentlichungen. Informationen auf der Website: www.renatefolkers.de

Uta Franck: in Meldorf an der Westküste Schleswig-Holsteins geboren, studierte in Kiel, Köln und Frankfurt Biologie, Geografie und Germanistik. Dreißig Jahre lang arbeitete sie als Lehrerin am Dr. Richter Gymnasium in Kelkheim. Preise und Veröffentlichungen: mehrere Gedichtbände, Märchen- und Sagenbücher und Romane, zuletzt im April 2023 „Ein fast normales Paar" im Verlag Ralf Liebe, Weilerswist. Über einen Zeitraum von dreißig Jahren leitete sie die Kelkheimer Autorengruppe. 2006 wurde ihr der Kulturpreis der Stadt Kelkheim verliehen. Informationen: www.uta-franck.de

Joachim Frank: 1952 geb. in Hamburg, lebt seit 2000 in Prisdorf bei Pinneberg. Auf weltweiten Reisen entstanden zahlreiche Kurzgeschichten, die kleinen Begebenheiten an den Wegesrändern des Lebens nachspüren. Mehrere Preise und Veröffentlichungen. Informationen: www. joachimfrank.info

Karl-Heinz Groth: 1940 geb. in Lunden, lebt bei Eckernförde, pensionierter Schulleiter. Der Autor schreibt Prosa, Kurzgeschichten, Theaterstücke, Lyrik, er ist seit Jahren schriftstellerisch tätig (hoch- und plattdeutsch). Andere kreative Tätigkeiten: Schirmherr des Förderkreises für krebskranke Kinder und Jugendliche Kiel und im Schleswig-Holsteinischen Spendenparlament. Veröffentlichungen und Informationen: www.karl-heinz-groth.de

Jutta Haar: lebt in der Nähe von Hamburg, schreibt vergnügliche Texte über Wein, Liebe und alles, was sonst noch Spaß macht. Veröffentlichungen: Diverse Preise, Buch „haarige-zeiten", Informationen: www.jutta-haar.de

Ute Haese: lebt am Schönberger Strand bei Kiel und ist bereits eine regional bekannte Autorin. Die promovierte Politologin und Historikerin schreibt Krimis, Romane und Kurzgeschichten, widmet sich inzwischen auch verstärkt der Fotografie. Veröffentlichungen: sind u. a. Romane mit viel Lokalkolorit von der Ostseeküste und der Probstei wie beispielsweise in „Makrelenblues", ihre mehrbändige Krimireihe um das schräge Private Eye Hanna Hemlokk spielt an der Ostsee in der Probstei. Informationen: www.prawitt-haese.de

Sibylle Hallberg: 1953 geboren, lebt in Schleswig-Holstein nahe Hamburg. Die ausgebildete Übersetzerin und Sprachlehrerin schreibt seit Jahren Lyrik und Prosa. Seit 2010 ist sie 1. Vorsitzende des Fördervereins Landdrostei Pinneberg e. V., Autorin von Gedichten, Erzählungen, Kurzgeschichten und Essays. Veröffentlichungen und Preise: 1. Preis für Kurzprosa, NordBuch e.V. 2013, „Liebe, Leben und Tod", zehn lyrische Miniaturen, 2014, „Farben in Worten", zehn lyrische Miniaturen, 2018, „Bloß im Himmel", Erzählband, ihleo verlag, 2018, „Lebensjahresringe" 2019, zehn lyrische Miniaturen. „Die reinste Wahrheit" 2020, Erzählband, ihleo verlag, und „Vom Leuchten steiniger Lebenswege" 2023 im ihleo verlag, Husum. Lyrik und Prosa in Anthologien und Zeitschriften.

Brigitte Harkou: geb. 1950 in Kiel, lebt in Kiel. Autorin, Erzählerin und Freie Rednerin für Lebensfeste. Pensionierte Schulleiterin. Sie schreibt seit 1980 Gedichte und Kurzgeschichten. Mitglied bei NordBuch e.V., bei Euterpe und Förderverein Märchen e.V. Mehrere Veröffentlichungen: in Zeitschriften und Anthologien, „SHURKAN – Begegnungen mit Menschen aus Marokko", 2021. Website: www.brigitte-harkou.de

Angelika Hartmann: geb. 1956, lebt in Kiel, ein Kind. Beruf: IT-Entwicklerin. Die Autorin schreibt überwiegend Kurzgeschichten. Preise und Veröffentlichungen in den Anthologien Fundstücke bei „NordBuch e.V." u.a.

Peter Michal Heyer: 1936 geb. in Schleswig, lebt dort. Architekturstudium in Berlin, bekam ein Stipendium am Literarischen Colloquium Berlin. Veröffentlichungen und Preise: Ausstellungen im Rhein-Main-Gebiet, Schleswig-Holstein, Dänemark und VR China und in privaten Sammlungen; seine Lyrik ist in diversen Anthologien vertreten. Schwerpunkt neben der literarischen Arbeit sind Skulpturen aus Holz, Stahl und Farbe. Mitglied der Autorengruppe CoLibri, NordBuch e.V., Verband der Schriftsteller in SH e.V. und „Kunst im Norden".

Ingeborg Jakszt-Dettke: geboren 1941 in Stettin, lebt seit 1951 in Berlin. Bis 2003 war sie als Religionslehrerin tätig. Seit über 20 Jahren schreibt sie Prosa und Lyrik. Viele Geschichten und Gedichte wurden veröffentlicht.

Rolf Kamradek: geb. im Sudetenland, lebt in seinem Wunschort Schleswig. Er ist aufgewachsen in Bayern und Schwaben, studierte in Kiel und Marburg. Als Arzt in verschiedenen Bundesländern tätig. Der Autor schreibt Lyrik für die Zeitschrift „Schleswig Kultur" sowie Erzählungen für verschiedene Anthologien, veröffentlicht als Herausgeber die Anthologie CoLibretto der Autorengruppe CoLibri, deren Mitbegründer er ist. Mitglied bei NordBuch e. V., bei dem Verband Schriftsteller in SH e. V., der Autorengruppe CoLibri und der Karl-May-Gesellschaft. Weitere Veröffentlichungen: „Die seltsamen Reisen des R. K. in komische Welten", Seemann, 2016, „Josef und seine Träume in der Naturheilklinik „Bookshouse", 2017 satirischer Roman, u. a. bei Seemann: „Der Schrei im Kalkberg", 2017, das Jugendbuch, „Der Hexenrichter Tschenkowitz", 2017, „Der Schimmelreiter und die Schöne Lau", 2018, „Karl May – der Traum vom Fliegen", 2019, „Virus – ein dystopischer Kriminalroman", 2019, u. v. m.

Sönke Knickrehm: geb. 1948 in Hamburg, von Beruf Schriftsetzer. Seit 1984 Korrektor, Archivar, Schlussredakteur und Textchef. Ab 1971 künstlerische Arbeiten mit verschiedenen Materialien. Seit 1988 schreibt er Kurzprosa. Mitgliedschaft im Vorstand des Kreiskulturverbandes Pinneberg, des Kunstkreises Schenefeld, im BBK in Schleswig-Holstein – Bundesverband Bildender Künstler. Veröffentlichungen bei Ausstellungen als freier Künstler (Objekte und Assemblagen) sowie Teilnahme an jurierten und unjurierten Ausstellungen;

Texte in verschiedenen Anthologien sowie in den Anthologien „Fundstücke" von 2015–2023.

Orka Kuchenbeisser: geb. 1961, lebt mit Familie und Hund in Kiel. In der Freizeit schreibt sie an historischen Romanen unter einem Pseudonym sowie Kurzgeschichten. Veröffentlichungen: u. a. in den „Fundstücken".

Renate Labusga: geb. 1947 in Marburg, lebte von 1974 bis 2014 auf Fehmarn, heute in Kiel. Beruf: kaufm. Angestellte und selbstständige Versicherungsfachfrau. Sie schreibt seit ihrer Jugend Prosa und Lyrik. Ehrenamtliche Tätigkeit im Seniorenbeirat der Stadt Kiel. Veröffentlichungen: in verschiedenen Zeitungen und in den Anthologien „Fundstücke".

Kriemhild Martina Magyari: geb. in Rathenow / Havel, lebt im Schwarzwald, Kindheits- und Jugendjahre in Bleicherode / Thür., 1958 Flucht in die BRD. Sie lebte in mehreren Bundesländern, heute im Schwarzwald. Journalistin bei mehreren Zeitungen, jetzt freie Autorin. Preise und Veröffentlichungen: Kurzgeschichtenpreis der Recklinghäuser Zeitung, Auslandsstipendium des Deutschen Schriftstellerverbandes mit Aufenthalt in Portugal; nominiert vom „Verband Schriftsteller in SH e. V.", Hörspiel- und Erzählerpreis des Ostdeutschen Kulturrates und des Ministeriums für Gesundheit, Arbeit und Soziales, NRW, Anerkennung der ZDF-Redaktion „Mosaik"; erfolgreich im WDR-Erzählerwettbewerben; Erzählungen, Kurzgeschichten, Lyrik, Haiku, Essays in zahlreichen Zeitungen und Zeitschriften des In- und Auslandes, Feature, Kolumnen, im Rundfunk WDR. Viele Erzählungen in der „Kulturpolitischen Korrespondenz" Bonn, in über 100 Anthologien, u. a. mit Hemingway, Böll und

Grass. Bücher: „Ohne Visum und Visier". Erzählband mit Zeichnungen von Prof. Oskar Kreibich. „Mit Mann, Kind und Maus", Roman. Insgesamt fünf Katzenromane: „Samtpfote und der Duft von Gras", Langen Müller Herbig, München. „Auf Samtpfoten mitten ins Herz", „Samtpfote und der Geschmack des von Glück", „Samtpfote ganz verzaubert", „Samtpfote und der Ruf der Ferne", erschienen u. a. bei Ullstein, Knaur, bei RM, Medienvertrieb. „Auf Samtpfoten mitten ins Herz", Bertelsmann Berlin, 2011. Im „Großer Katzenkalender", Du Mont. mit Texten aus „Samtpfoten mitten ins Herz", und in Anthologien. Einige Katzenromane wurden in der Literatursendung WDR vorgestellt. In der Fernsehsendung des Mitteldeutschen Rundfunks „Tierisch-tierisch" wurden die Katzenromane „Samtpfote ganz verzaubert" von der Bestsellerautorin Kriemhilf Martina Magyari vorgestellt und verbunden mit einer Rätselfrage im Internet verlost.

Anna Malou: 1952 geb. in Berlin, lebt mit ihrer Familie heute in Norddeutschland. Viele Jahre als Lehrerin und freiberufliche Autorin, Malerin (Aquarell), Fotografin und Lektorin tätig. Sie schreibt Gedichte und Geschichten, aber auch Reiseberichte über ihre Reisen auf den Jakobswegen und auf dem Mönchsweg. Sie hat von ihren faszinierenden Reisen eine Vielzahl Naturfotografien mitgebracht, die in Bildbänden mit philosophischen Sprüchen erschienen. Von siebzehn Büchern sind am aktuellsten: „Spurensuche – 100 Jahre Frauengeschichte", Leipzig 2018 und „Munkevejen: Eine Pilgerwanderung auf dem Mönchsweg in Dänemark", Leipzig 2020 Informationen unter www.annamalou.de

Birgit Marbs: geb. 1966, lebt in Kiel. Sie schreibt seit 1978 Lyrik und Prosa, ist von Beruf Dipl.-Chemie-Ingenieurin. Veröffentlichungen in den Anthologien „Fundstücke".

Elisabeth Melzer-Geissler: 1950 geb., Abitur und Berufsausbildung in Sachsen. Musikstudium in Weimar, Theologiestudium in Leipzig, Examen in Baden-Württemberg. Seit 1984 in Schleswig-Holstein zu Hause. Tätig als Autorin, Erzählerin und Musikdozentin. Veröffentlichungen: Seit 2003 eigenständige Lyrik, Kurzprosa, Biografien und Texte in Anthologien. Mehrere Lyrikpreise. Letztes Buch „Eine Reise zu IGOR MITORAJ". Weitere Informationen: www.elisabethmelzergeissler.de

Sünje Meyer: geb. 1967 in Flensburg, lebt mit Familie und Tieren als tierärztliche Spezialistin in Kiel. Sie schreibt seit 1988 Prosa und Lyrik und arbeitet zurzeit an einem magischen Roman und einem, der Hundefans gewidmet ist. Veröffentlichungen in mehreren Anthologien und Krimi-Kurzgeschichtensammlungen.

Christel Mirus-Bröer: geb. in Schönberg/Holst., verheiratet, lebt in Kiel, drei Kinder und drei Enkelkinder. Beruflich tätig in Krankenpflege und Verwaltung, daneben Studium für „Moderne deutsche Literatur des 20. Jhdts.". Sie schreibt Lyrik und Prosa. Seit 2002 Erste Vorsitzende des Föderverein für zeitgenössische Literatur NordBuch e.V., dessen Herausgeberin der Anthologien „Fundstücke". Sie leitet Lesungen und Schreibwerkstätten, seit 2017 das „Lesesofa" für Kiel TV (bei Youtube.com unter „Lesesofa"). Veröffentlichungen: Lyrikpreis für das Projekt „Soziale Stadt Kiel", 2011, drei Lyrikbände, zuletzt Lyrik „Vergessene

Stille", Engelsdorfer Verlag 2019; in Anthologien u. a. „Fundstücke", 2001–2023.

Sabine Muchow: geb. 1957 in Hamburg, lebt in Bad Homburg, verheiratet. Sie studierte Pädagogik, Anglistik und Sportwissenschaften für das gymnasiale Lehramt. Seit 1983 bei der Deutschen Lufthansa berufstätig, war Mitglied der Personalvertretung. Ihre Freude am Schreiben begann mit spontanen Gute-Nacht-Geschichten, die sie erzählte und schrieb. Später folgten Märchen-Schreibkurse bei der Autorin Uta Franck. Danach entstand ein Kinderbuch, das die Autorin selbst illustrierte. Veröffentlichungen: u. a. 2018 „Die Abenteuer des kleinen Drachen Krawum", Edition Pauer.

Arne Rautenberg: 1967 geb., lebt als Dichter und Künstler in seiner Geburtsstadt Kiel. Er schreibt Gedichte und für verschiedene Feuilletons. Veröffentlichungen: Zuletzt erschienen die Gedichtbände „mut ist was gutes" (Peter Hammer Verlag, 2023) und „sekundenfrühling" (Das Wunderhorn, 2023). Informationen: www.arnerautenberg.de

Kim Rylee: in Hamburg geboren, schreibt Romane in den Genres Thriller, Fantasy sowie Kindergeschichten. 2022 lieferte Kim die Buchvorlage zu „Spiel auf Lebenszeit", das von der Shining-Film Production für Kurzfilmfestivals verfilmt wurde. Dabei zeichnete sie auch für das Drehbuch verantwortlich. Wenn Kim nicht gerade schreibt, spricht sie im Studio Hörbücher ein oder setzt sich für den Schutz und die Erhaltung der Koalas, der Wale und Delfine ein. Weitere Informationen gibt es auf ihrer Homepage: www.arc-of-suspense.de

Ursula Schark: geb. in Insterburg/Ostpreußen, lebt seit 1958 in Kiel. Lange Jahre war sie leitende Krankengymnastin in einer Universitätsklinik. Schon früh war es für sie ein Bedürfnis, die Natur in Gedichten zu beschreiben. Sie liest gerne, ist im regen Austausch mit anderen in einem Lesekreis und Mitglied bei Nord-Buch e.V. Veröffentlichungen in den Anthologien „Fundstücke".

Barbara Schleich: geb. 1960 in München, wohnt in Kiel, beruflich tätig als Diplom-Sozialpädagogin und Gesundheits- und Krankenpflegerin. Viele Reisen mit mehrmonatigen Aufenthalten in Indien, Neuseeland, Südamerika und einem halben Jahr Flüchtlingshilfe auf der griechischen Insel Levos prägen ihr Leben, und ihre Erfahrungen fließen in Kurzgeschichten und Gedichte mit ein. Veröffentlichungen in den Anthologien „Fundstücke".

Henning Schöttke: geb. 1952 in Hamburg, entwickelte1982 die Comic-Katzenserie „Flohbus", die 1986 vom Rowohlt-Verlag als Buch herausgegeben wurde. Er zeichnet diverse Comicserien für Print und Internet und illustrierte über 100 Schulbücher. Seit 2002 ist Henning Schöttke auch als Autor tätig und schreibt Drehbücher für prämierte Kurzfilme. 2011 erschien sein erster Roman, weitere folgten. Er ist seit einigen Jahren Dozent für Kreatives Schreiben und wurde 2016 Kulturvermittler des Landes Schleswig-Holstein. Veröffentlichungen: u. a. „Gulas Menue", „Acedias Traum", „Superbias Lied", „Luxurias Glück".

Georg von Sternberg: 1959 geb. in Hamburg, wohnt in Kaltenkirchen. Er schreibt seit 2003 Satiren und Fantasy-Romane, 1. Vorsitzende im „Verband der Schriftsteller in SH e.V." sowie 2. Vorsitzender bei NordBuch e.V. Mehrere Veröffentlichungen. Weitere Informationen: www.georgvonsternberg.de

Tonja Teutschebein: 1944 geb. in Dresden, lebt in Heikendorf bei Kiel, von Beruf Erzieherin. Sie malt, schreibt Lyrik, Kurzprosa und Erzählungen seit dem 40. Lebensjahr. Kreative Tätigkeiten in der Malerei. Veröffentlichungen: „Wie ein Vogel hinter Gitterstäben", Kleinverlag; diverse Ausstellungen ihrer künstlerischen Werke in verschiedenen Städten und Veröffentlichungen in den Anthologien „Fundstücke".

Rudolf Thiel: geb. 1932 in Königsberg, lebt in Schönberg/Holstein, von Beruf Tischler und Grafiker. Mitglied bei NordBuch e.V.; der Autor schreibt seit 1993 Lyrik und Prosa. Veröffentlichung und Preise: 2. Preis „Steinreich" der Stadtbücherei Kiel, 1992, Kindheitserinnerungen „Veilchenweg 79", Fischer Verlag, und „Stücke", Selbstverlag, unter anderem „Weihnachtsgeschichten am Kamin", Verlag ro ro ro, Bd. 8, 15, 17, und in Anthologien „Fundstücke" sowie Ausstellungen für kreative Fotografien und künstlerische Werke.

Antje Thietz-Bartram: geb. in Kiel, studierte Jura und Literaturwissenschaft. Heirat, drei Kinder, lebt seit 1958 in Hamburg. Sie war langjährig Vorstandsmitglied im Verband der Schriftsteller in SH e. V., zuletzt Schatzmeisterin, seit 2016 Revisorin für den Förderverein NordBuch e.V., Beisitzerin im Vorstand der Hamburger Autorenvereinigung. Veröffentlichungen: „Die Weihnachtsuhr", Gedichte, Geschichten und Rezepte, vier Lyrikbände, „Das Eichhörnchen und der Maulwurf", ein Kinderbuch, „Die Schwiegermutter" und „Kleider, die ich hatte, Menschen, die ich traf", zwei Bücher mit autobiografischen Kurzgeschichten, Christians Verlag Hamburg, „Die sechs Tanten", 2011, und Lebensbilder und Erinnerungen, „Was ich nicht wusste", 2019, u. a. sowie in Anthologien.

Gudrun Thomas-Feuker: geb. in List/Sylt, lebt jetzt in Kiel. Freischaffende Künstlerin, schreibt seit der Kindheit, studierte Grafik, Malerei, Germanistik und Kunstpädagogik in Kiel und ist anerkannte Bühnenbildnerin. Ihre Gedichte wurden ins Englische, Griechische und Polnische übersetzt, Lesungen: seit 1975 in Deutschland sowie seit 1989 in Griechenland. 1. Preis für Lyrik von NordBuch e. V. 2015. Veröffentlichungen: „Auf schwarzen Seen", expressive Lyrik und Bildgestaltung, in „Kultur Schleswig", in „CoLibretto" mit der Autorengruppe CoLiBri, in Wortanalysen für „Armani" Paris, in den Anthologien „Fundstücke" sowie Ausstellungen.

Sabine Windschild: 1942 geb. in Lübeck, lebt in Kiel, Ausbildung zur Krankenschwester, drei Kinder, verwitwet seit 1986, schreibt seit 1982 Lyrik und Prosa. Bisherige Veröffentlichungen: in den Anthologien „Fundstücke".

Silvia Luise Wöhlk: lebte bis 1945 in Berlin – bis 1968 in Kiel, heute in Felm, verwitwet und Mutter von drei Töchtern mit acht Enkelkindern. Die Autorin schreibt Erzählungen, Lyrik und autobiografisch in Hoch- und Niederdeutsch. Als Literaturdozentin gründete und leitet sie seit 1990 die Autorengruppe GEDANKEN-FILTER. Jurymitglied bei NordBuch e.V. Veröffentlichungen: im BR, NDR, Literaturtelefon, Literatur-Magazinen, autobiografisch „Zwischen Muttermilch und Rentnerpass" sowie in Anthologien.

Anke Wolff: ist Journalistin und Autorin. Ihr breites schriftstellerisches Repertoire von annähernd 40 Büchern umfasst neben Kinder- und Jugendbüchern Erzählungen und Kurzgeschichten, die zu Bestsellern wurden. Kürzlich erschien ihr viel beachteter neuer Roman „Brombeerzeit", ein Werk „über den Verlust und das Weiterleben, eine berührende Reise in den späten Sommer" mit autobiografischem Hintergrund. Die gebürtige Fehmaranerin ist beruflich und privat ihrer Insel stets treu geblieben, war jahrzehntelang Redakteurin des Fehmarnschen Tageblattes und Mitarbeiterin verschiedener Zeitungen und Zeitschriften, u. a. als Reiseschriftstellerin. Als Kolumnistin schreibt sie seit mehr als 40 Jahren (heute noch unter dem Pseudonym Melusine) ihre Wochenend-Kolumne. Anke Wolff, verwitwet, drei Kinder, gilt als fehmarnsche Institution.

Udo Zielke: geb. 1956, lebt in Kiel. Schreibt Lyrik und Kurzprosa. Veröffentlichungen: u. a. in Anthologien, Zeitungen, Zeitschriften, Rundfunk. Mehrere Lyrikbände im Eigenverlag.

Cornelia Zurawczak: geb. 1959 in Bad Oldesloe, im Alter von 17 Jahren erlernte sie ihren Traumberuf, Krankenschwester. Es schlossen sich Ausbildungen zur Heilpraktischen Psychotherapeutin und zur Bürokauffrau an. Im Team Zurawczak unterstützt sie seit vielen Jahren ihren Sohn Sascha, der sich dem Genre Fantasy verschrieben hat. Seit 2015 ist sie in eigener Mission unterwegs und schreibt Gedichte, die Mut machen: Denn mit Humor und Gelassenheit lassen sich die Stolpersteine des Lebens besser jonglieren. Veröffentlichungen: „Es geht weiter …", 2016, Gedichte, die Mut machen, „Pfadlos? Finde deinen eigenen Weg", 2017, „Alles Grau in Grau? Male dein Leben bunt!", 2018. Mitveranstalterin der Literaturmesse „BookOldesloe" 2017/2018 in Bad Oldesloe. 2021 „Connys Nr. 4", Gedichte und Fotografien.

Sascha Zurawczak: lebt in Bad Oldesloe, schreibt u. a. Fantasy-Romane und Kurzgeschichten. 2017/19/21 Mitinitiator und Organisation der Messe BookOldesloe in Bad Oldesloe. Veröffentlichungen: 2015 „Die Eiche", ein Theaterstück, aufgeführt zur Interkulturellen Woche in Bad Oldesloe. 2016 erschien im Lente Verlag, Essen, „Die Wächter der Auserwählten", ein Roman im Genre Abenteuer-Fantasy. 2017 erschien bei BoD der Fantasyroman „Die Reise nach Gardaron", Mystery „Bad old LOW", 2023, Informationen bei Facebook – Autorenseite: Sascha Zurawczak – Autor, Webseite: saschazurawczak-autor.jimdo.com, Youtube Kanal: Sascha 08/14

Ebenfalls erschienen im
ihleo verlag

Lesen ist Leben, Bücher sind dessen Gehilfen: Information, Ratgeber, Inspiration, Weckruf, Lebensbegleiter! Sie sind Freunde, Geliebte und manchmal auch nachhaltige Enttäuschungen.

Eine Sammlung von Erlebnisberichten und Analysen, kritisch, buchverliebt, erhellend, leidenschaftlich.

Ein Buch für Literaturliebhaber, Buchfreunde, Leseratten und Menschen, die einfach nur das freie Wort schätzen. Denn das alles können Bücher. Und sie können es wirklich.

Heinrich Mehl / Ursula Wedler / Rudolf Klinge (Hrsg.)
Wir lieben Bücher – Über die Leidenschaft für das gedruckte Wort
Klappenbrochur, 232 Seiten, 12,5 × 20,5 cm
ISBN 978-3-96666-058-7